鲁雪莉 著

殷夫年谱

浙江大学出版社·杭州
ZHEJIANG UNIVERSITY PRESS

图书在版编目（CIP）数据

殷夫年谱／鲁雪莉著．—杭州：浙江大学出版社，2024.5

ISBN 978-7-308-25031-3

Ⅰ.①殷… Ⅱ.①鲁… Ⅲ.①殷夫(1909－1931)—年谱 Ⅳ.①K825.6

中国国家版本馆 CIP 数据核字(2024)第 102868 号

殷夫年谱

鲁雪莉　著

责任编辑	吕倩岚
责任校对	周烨楠
封面设计	周　灵
出版发行	浙江大学出版社
	（杭州市天目山路 148 号　邮政编码 310007）
	（网址：http://www.zjupress.com）
排　　版	浙江大千时代文化传媒有限公司
印　　刷	杭州宏雅印刷有限公司
开　　本	880mm×1230mm　1/32
印　　张	11.25
字　　数	253 千
版 印 次	2024 年 5 月第 1 版　2024 年 5 月第 1 次印刷
书　　号	ISBN 978-7-308-25031-3
定　　价	108.00 元

浙江省文化研究工程指导委员会

浙江文化研究工程成果文库总序

有人将文化比作一条来自老祖宗而又流向未来的河,这是说文化的传统,通过纵向传承和横向传递,生生不息地影响和引领着人们的生存与发展;有人说文化是人类的思想、智慧、信仰、情感和生活的载体、方式和方法,这是将文化作为人们代代相传的生活方式的整体。我们说,文化为群体生活提供规范、方式与环境,文化通过传承为社会进步发挥基础作用,文化会促进或制约经济乃至整个社会的发展。文化的力量,已经深深熔铸在民族的生命力、创造力和凝聚力之中。

在人类文化演化的进程中,各种文化都在其内部生成众多的元素、层次与类型,由此决定了文化的多样性与复杂性。

中国文化的博大精深,来源于其内部生成的多姿多彩;中国文化的历久弥新,取决于其变迁过程中各种元素、层次、类型在内容和结构上通过碰撞、解构、融合而产生的革故鼎新的强大动力。

中国土地广袤、疆域辽阔,不同区域间因自然环境、经济环境、社会环境等诸多方面的差异,建构了不同的区域文化。区域文化如同百川归海,共同汇聚成中国文化的大传统,这种大传统如同春风化雨,渗透于各种区域文化之中。在这个过程中,区域文化如同清溪山泉潺潺不息,在中国文化的共同价值取向下,以自己的独特个性支撑着、引领着本地经济社会的发展。

从区域文化入手,对一地文化的历史与现状展开全面、系统、扎实、有序的研究,一方面可以借此梳理和弘扬当地的历史传统和文化资源,繁荣和丰富当代的先进文化建设活动,规划和指导未来的文化发展蓝图,增强文化软实力,为全面建设小康社会、加快推进社会主义现代化提供思想保证、精神动力、智力支持和舆论力量;另一方面,这也是深入了解中国文化、研究中国文化、发展中国文化、创新中国文化的重要途径之一。如今,区域文化研究日益受到各地重视,成为我国文化研究走向深入的一个重要标志。我们今天实施浙江文化研究工程,其目的和意义也在于此。

千百年来,浙江人民积淀和传承了一个底蕴深厚的文化传统。这种文化传统的独特性,正在于它令人惊叹的富于创造力的智慧和力量。

浙江文化中富于创造力的基因,早早地出现在其历史的源头。在浙江新石器时代最为著名的跨湖桥、河姆渡、马家浜和良渚的考古文化中,浙江先民们都以不同凡响的作为,在中华民族的文明之源留下了创造和进步的印记。

浙江人民在与时俱进的历史轨迹上一路走来,秉承富于创造力的文化传统,这深深地融汇在一代代浙江人民的血液中,体现在浙江人民的行为上,也在浙江历史上众多杰出人物身上得到充分展示。从大禹的因势利导、敬业治水,到勾践的卧薪尝胆、励精图治;从钱氏的保境安民、纳土归宋,到胡则的为官一任、造福一方;从岳飞、于谦的精忠报国、清白一生,到方孝孺、张苍水的刚正不阿、以身殉国;从沈括的博学多识、精研深究,到竺可桢的科学救国、求是一生;无论是陈亮、叶适的经世致用,还是黄宗羲的工商皆本;无论是王充、王阳明的批判、自觉,还是龚自珍、蔡元培的开明、开放,等等,都展示了浙江深厚的文化底蕴,凝聚了浙江人民求真务实的创造精神。

代代相传的文化创造的作为和精神,从观念、态度、行为方式和价值取向上,孕育、形成和发展了渊源有自的浙江地域文化传统和与时俱进的浙江文化精神,她滋育着浙江的生命力、催生着浙江的凝聚力、激发着浙江的创造力、培植着浙江的竞争力,激励着浙江人民永不自满、永不停息,在各个不同的历史时期不断地超越自我、创业奋进。

悠久深厚、意蕴丰富的浙江文化传统,是历史赐予我们的宝贵财富,也是我们开拓未来的丰富资源和不竭动力。党的十六大以来推进浙江新发展的实践,使我们越来越深刻地认识到,与国家实施改革开放大政方针相伴随的浙江经济社会持续快速健康发展的深层原因,就在于浙江深厚的文化底蕴和文化传统与当今时代精神的有机结合,就在于发展先进生产力与发展先进文化的有机结合。今后一个时期浙江能否在全面建设小康社会、加快社会主义现代化建设进程中继续走在前列,很大程度上取决于我们对文化力量的深刻认识、对发展先进文化的高度自觉和对加快建设文化大省的工作力度。我们应该看到,文化的力量最终可以转化为物质的力量,文化的软实力最终可以转化为经济的硬实力。文化要素是综合竞争力的核心要素,文化资源是经济社会发展的重要资源,文化素质是领导者和劳动者的首要素质。因此,研究浙江文化的历史与现状,增强文化软实力,为浙江的现代化建设服务,是浙江人民的共同事业,也是浙江各级党委、政府的重要使命和责任。

2005 年 7 月召开的中共浙江省委十一届八次全会,作出《关于加快建设文化大省的决定》,提出要从增强先进文化凝聚力、解放和发展生产力、增强社会公共服务能力入手，大力实施文明素质工程、文化精品工程、文化研究工程、文化保护工程、文化产业促进工程、文化阵地工程、文化传播工程、文化人才工程等"八项工程"，实施科教兴国和人才强国战略，加快建设教育、科技、卫生、体育等"四个强省"。作为文化建设"八项工程"之一的文化研究工程，其任务就是系统研究浙江文化的历史成就和当代发展，深入挖掘浙江文化底蕴、研究浙江现象、总结浙江经验、指导浙江未来的发展。

浙江文化研究工程将重点研究"今、古、人、文"四个方面，即围绕浙江当代发展问题研究、浙江历史文化专题研究、浙江名人研究、浙江历史文献整理四大板块，开展系统研究，出版系列丛书。在研究内容上，深入挖掘浙江文化底蕴，系统梳理和分析浙江历史文化的内部结构、变化规律和地域特色，坚持和发展浙江精神；研究浙江文化与其他地域文化的异同，厘清浙江文化在中国文化中的地位和相互影响的关系；围绕浙江生动的当代实践，深入解读浙江现象，总结浙江经验，指导浙江发展。在研究力量上，通过课题组织、出版资助、重点研究基地建设、加强省内外大院名校合作、整合各地各部门力量等途径，形成上下联动、学界互动的整体合力。在成果运用上，注重研究成果的学术价值和应用价值，充分发挥其认识世界、传承文明、创新理论、咨政育人、服务社会的重要作用。

我们希望通过实施浙江文化研究工程，努力用浙江历史教育浙江人民、用浙江文化熏陶浙江人民、用浙江精神鼓舞浙江人民、用浙江经验引领浙江人民，进一步激发浙江人民的无穷智慧和伟大创造能力，推动浙江实现又快又好发展。

今天，我们踏着来自历史的河流，受着一方百姓的期许，理应负起使命，至诚奉献，让我们的文化绵延不绝，让我们的创造生生不息。

2006 年 5 月 30 日于杭州

浙江文化研究工程成果文库序言

易炼红

国风浩荡、文脉不绝，钱江潮涌、奔腾不息。浙江是中国古代文明的发祥地之一、是中国革命红船启航的地方。从万年上山、五千年良渚到千年宋韵、百年红船，历史文化的风骨神韵、革命精神的刚健激越与现代文明的繁荣兴盛，在这里交相辉映、融为一体，浙江成为了揭示中华文明起源的"一把钥匙"，展现伟大民族精神的"一方重镇"。

习近平总书记在浙江工作期间作出"八八战略"这一省域发展全面规划和顶层设计，把加快建设文化大省作为"八八战略"的重要内容，亲自推动实施文化建设"八项工程"，构筑起了浙江文化建设的"四梁八柱"，推动浙江从文化大省向文化强省跨越发展，率先找到了一条放大人文优势、推进省域现代化先行的科学路径。习近平总书记还亲自倡导设立"文化研究工程"并担任指导委员会主任，亲自定方向、出题目、提要求、作总序，彰显了深沉的文化情怀和强烈的历史担当。这些年来，浙江始终牢记习近平总书记殷殷嘱托，以守护"文献大邦"、赓续文化根脉的高度自觉，持续推进浙江文化研究工程，接续描绘更加雄浑壮阔、精美绝伦的浙江文化画卷。坚持激发精神动力，围绕"今、古、人、文"四大板块，系统梳理浙江历史的传承脉络，挖掘浙江文化的深厚底蕴，研究浙江现象、总结浙江经验、丰富浙江精神，实施"'八八战略'理论与实践研究"等专题，为浙江干在实处、走在前列、勇立潮头提供源源不断的价值引导力、文化凝聚力、精神推动力。坚持打造精品力作，目前一期、二期工程已经完结，三期工程正在进行中，出版学术著作超过 1700 部，推出了"中国历代绘画大系"等一大批有重大影响的成果，持续擦亮阳明文化、和合文化、宋韵文化等金名片，丰富了中华文化宝库。坚持砥炼精兵强将，锻造了一支老中青梯次配备、传承有序、学养深厚的哲学社会科学人才队伍，培养了一批高水平学科带头人，为擦亮新时代浙江学术品牌提供了坚实智力人才支撑。

文化是民族的灵魂，是维系国家统一和民族团结的精神纽带，是民族生命力、创造力和凝聚力的集中体现。在以中国式现代化全面推进强国建设、民族复兴伟业的新征程上，习近平文化思想在坚持"两个结合"中，以"体用贯通、明体达用"的鲜明特质，茹古涵今明大道、博大精深言大义、萃菁取华集大成，鲜明提出我们党在新时代新的文化使命，推动中华文脉绵延繁盛、中华文明历久弥新，推动全党全国各族人民文化自信明显增强、精神面貌更加奋发昂扬。特别是今年 9 月，习近平总书记亲临浙江考察，赋予我们"中国式现代化的先行者"的新定位和"奋力谱写中国式现代化浙江新篇章"的新使命，提出"在建设中华民族现代文明上积极探索"的重要要求，进一步明确了浙江文化建设的时代方位和发展定位。

文明薪火在我们手中传承，自信力量在我们心中升腾。纵深推进文化研究工程，持续打造一批反映时代特征、体现浙江特色的精品佳作和扛鼎力作，是浙江学习贯彻习近平文化思想和习近平总书记考察浙江重要讲话精神的题中之义，也是浙江一张蓝图绘到底、积极探索闯新路、守正创新强担当的具体行动。我们将在加快建设高水平文化强省、奋力打造新时代文化高地中,以文化研究工程为牵引抓手,深耕浙江文化沃土、厚植浙江创新活力,为创造属于我们这个时代的新文化贡献浙江力量。要在循迹溯源中打造铸魂工程,充分发挥习近平新时代中国特色社会主义思想重要萌发地的资源优势,深入研究阐释"八八战略"的理论意义、实践意义和时代价值,助力夯实坚定拥护"两个确立"、坚决做到"两个维护"的思想根基。要在赓续厚积中打造传世工程,深入系统梳理浙江文脉的历史渊源、发展脉络和基本走向,扎实做好保护传承利用工作,持续推动优秀传统文化创造性转化、创新性发展,让悠久深厚的文化传统、源头活水畅流于当代浙江文化建设实践。要在开放融通中打造品牌工程,进一步凝练提升"浙学"品牌,放大杭州亚运会亚残运会、世界互联网大会乌镇峰会、良渚论坛等溢出效应,以更有影响力感染力传播力的文化标识,展示"诗画江南、活力浙江"的独特韵味和万千气象。要在引领风尚中打造育德工程,秉持浙江文化精神中蕴含的澄怀观道、现实关切的审美情操,加快培育现代文明素养,让阳光的、美好的、高尚的思想和行为在浙江大地化风成俗、蔚然成风。

我们坚信,文化研究工程的纵深推进,必将更好传承悠久深厚、意蕴丰富的浙江文化传统,进一步弘扬特色鲜明、与时俱进的浙江文化精神,不断滋育浙江的生命力、催生浙江的凝聚力、激发浙江的创造力、培植浙江的竞争力,真正让文化成为中国式现代化浙江新篇章中最富魅力、最吸引人、最具辨识度的闪亮标识,在铸就社会主义文化新辉煌中展现浙江担当,为建设中华民族现代文明作出浙江贡献!

2023 年 12 月

凡　例

一、本丛书之谱主均系公认的浙籍作家。其主要标识为出生于浙江，或童年、少年时期在浙江度过，或长期与浙江保持密切联系，其家世影响、成长经历、文学素养的形成，受到浙江地域文化的浸染，其文学观念、文学创作留有鲜明的浙江文化印记。浙江"身份"尚存争议的作家，暂不列入。

二、本丛书之谱主的主要文学成就，均在"中国现当代文学"时期（包括1949年以前的"现代"期和中华人民共和国成立后的"当代"期）产生过广泛影响的各种文学创作、文学活动及其他相关文化活动。其他历史时段与谱主相关的活动，从略记述。

三、每位谱主之年谱为一册，以呈现谱主之文学创作、文艺思想、文学组织、文学编辑等成就为重点，相关背景呈示多侧重其与文学的关联性；年谱亦涉及谱主在中国革命史、思想史、文化史上的成就与贡献，充分展示谱主在建构我国20世纪新文化中的特殊贡献。

四、每部年谱共由三部分组成。第一部分为家世简表、谱主照片等有关材料；第二部分为年谱正文和少量插图，图片配发在正文相应部位，以便形成文图互证；第三部分为谱主的后世影响，主要包括正文未及的谱主身份、价值的确切定位及相关悼念、纪念活动，以及谱主的全集出版、著作外译、谱主研究会的成立、重要研究成果等，均予以择要展示。文后附参考文献。

五、年谱使用规范的现代语体文。直接引用资料采用原文文体；人名、地名、书名、文章篇名及引录的原著繁体字或异体字文句，凡可能引起歧义、误解者，仍用原繁体字或异体字。

六、年谱以公历年份作为一级标题，括号内标注农历年份。谱主岁数以"周岁"表述，出生当年不标岁数，只标为是年"出生"。为便于阅读，按通行出版惯例，年、月、日及岁数均采用阿拉伯数字。

七、年谱在一级标题下，以条目形式列出本年度与谱主的文学（文化）活动密切相关、对谱主产生重要影响的若干条"年度大事记"。

八、年谱以公历月份作为二级标题。在二级标题之下，以日期标识谱主相关信息。所有日期均为公历；若农历涉及跨年度等特殊情况，则换算为公历，将所述内容置于相应年份，以利于读者识别。

九、年谱中部分具体日期不明的重要信息，均置于当月最后位置，以"本月 ……"说明之；若有关信息只能确定在"春季""夏季"之类时间段内，则置于本年度末，以"春 ……""夏 ……"等加以说明；若有关信息只能确定在本年度的，则亦置于本年度末，以"本年 ……"进行表述。

十、中华人民共和国成立前国家、民族、地名、组织、机构、职官等名称，除明显带有歧视、污蔑含义者须加以适当处理外，原则上仍用文献记载的原名称。

十一、鉴于资料来源多元和考证繁杂，年谱中若观点出现有待考证或诸说并存的,借助"按……"的形式,简要表述编撰者的考辨,或者以注释形式加以说明。

十二、凡有补充、评述等特别需要说明的内容,皆以注释形式说明。对以往诸家有关谱主传记文字的误记之处,在录入史实后,均用注释的方式予以纠正。

十三、年谱正文原则上不特别标识信息来源;若确需说明的,则以分门别类的方式,在正文表述中进行适当处理。

十四、年谱注释从简。确需注释的,统一采用当页脚注。发表报刊一般不注,用适当方式通过正文直接表述;其中,民国时期报刊之"期""号"等,原则上依照原刊之表述。

十五、因时代关系,部分历史文献之标点符号不甚规范,录入时已根据现时标点符号规范标点。以往相关书籍史料中收录的谱主文献,不同版本在部分文献上有不同的断句,本年谱所录之文系在比对各种资料后基于文意定之。

十六、谱主已知的全部著述,均标注初刊处、写作日期、初收何集、著述体裁(如小说、散文、漫画、艺术论述、童话、诗词、评论、译文、书信、日记、序跋等)。若谱主著译版本繁多,一般仅录入初版本。若该作品有多处重刊、转载或收入作品集,则在正文中进行说明,以表明作品的重要性和社会影响。未曾发表的作品注明现有手稿及作品的现存之处。

十七、谱主的主要社会评价,既反映正面性评价,也反映批评性评价,以体现存真的目的,尽可能体现年谱对谱主的全面评价意义。有代表性的评价文字,节录原文以存真。社会评价文字根据原文发表时间,放在相应的正文中表述;若无法确定时间,则放在相应的月份末尾或年份末尾予以恰当叙述。

十八、年谱若遇历史文献中无法辨认之字,则用"□"表示。

十九、年谱中有关谱主的后世影响，根据不同谱主状况，依照类别和时间顺序，在谱后进行详略有别的叙述。

《浙江现代文学名家年谱》编纂委员会
2020 年 8 月

家 世 简 表

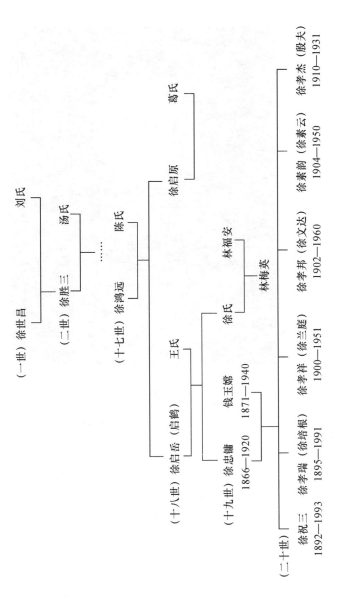

（一世）徐世昌　刘氏

（二世）徐胜三　汤氏

（十七世）徐鸿远　陈氏

徐启原　葛氏

林福安

林梅英

徐氏

（十八世）徐启岳（启鹤）　王氏

钱玉娇　1871—1940

（十九世）徐忠镛　1866—1920

徐孝邦（徐文达）　1902—1960

徐素韵（徐素云）　1904—1950

徐孝杰（殷夫）　1910—1931

（二十世）

徐祝三　1892—1993

徐孝瑞（徐培根）　1895—1991

徐孝祥（徐兰庭）　1900—1951

殷夫像

同济大学德文补习科全体同学合影，第三排左九为殷夫

1924年春节殷夫（左一）与大哥徐培根（右一）、
三兄徐文达（右二）及培根女思衡（左二）在杭州西湖边合影

殷夫手迹《孩儿塔》

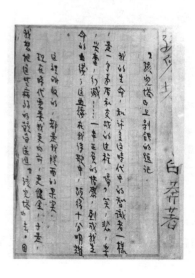

殷夫手迹《"孩儿塔"上剥蚀的题记》

目　录

1910年(庚戌,清宣统二年) 出生

▲ 2月12日,广州革命党人倪映典号召新军起义,为水师提督李准所败,倪映典牺牲。此后主持者为黄兴、赵声、胡汉民、朱执信等。

▲ 2月20日,梁启超在上海创办《国风报》(旬刊),以"忠告政府,指导国民,输进世界之常识、造成健全之舆论"为宗旨,1911年停刊,共出53期。

▲ 3月31日,汪精卫、黄复生、喻培伦等谋炸摄政王载沣,事泄未成。

▲ 8月29日,《小说月报》在上海创刊,由王蕴章、恽铁樵等主编,商务印书馆总发行,以"移译名作,缀述新闻,灌输新理,增进常识"为宗旨。1920年前为鸳鸯蝴蝶派的主要刊物之一,1921年第12卷起成为文学研究会的机关刊物,1931年停刊。

▲ 11月13日,孙中山、黄兴、赵声、胡汉民在南洋槟榔屿开会,谋于广州再次举事。

6月

11日　农历五月初五辰时,出生于浙江省宁波府象山县怀珠乡大徐村徐家。谱名孝杰,书名柏庭,又名祖华、徐白。笔名白莽、殷夫、任夫、徐文雄、徐任夫、徐殷夫、徐白、沙洛、殷孚、莎菲、Ivan、一俘等。

按:象山县居浙江省东部沿海,位于象山港与三门湾之间,

1

由本土象山半岛东部和沿海 600 余个岛礁组成,为宁波市属县之一。春秋属越国鄞地,秦、汉以降,先后分属鄞、宁海两县。唐神龙二年(706)立县,设治于彭姥村(今丹城镇西北地)。因村西北有山形如伏象,故名象山。本土象山半岛东部,北临象山港,东濒大目洋,南邻猫头洋,西接宁海县,三面环海,一路穿陆,境内山岭绵延。象山县城丹城,居象山半岛北部。有南朝梁陶弘景于城西山中炼丹之说,故称丹城,因城形似蚶,又称蚶城。

大徐村地处丹城东北部,东倚珠山支脉飞鹰山西麓,毗邻东海大目洋,南望苍象山,西近马岙坑山东麓,邻接象山港支港西沪港,北靠珠山西脉龙角岩。大徐村历史悠久,在象山立县之前,即为初唐鄞县安化乡一个古村落。

大徐村东珠山,又名珠岩山,高冠县北诸山,为"东乡少祖山"。山顶一岩圆如珠,高百余丈,因名珠岩。宋宝庆《四明志》有"海舶遥望,岩顶宝光射星汉"之说,又有"赤玉盘堆削琢峰"之赞。登珠山巅四望,数百里山海尽收眼底。山上层峦嵯峨,怪石嶙峋。殷夫幼年曾多次跟随父母登临珠山,珠山之奇幻雄伟给他留下了深刻印象。1928 年秋冬,他与同窗好友、革命同道王顺芳、陈元达等人同游珠山,因而,在多首诗中提及珠山,不仅吟咏了"珠山的绿荫""珠山的回路""珠山的邻村"等自然景致,更抒发了与友人"同登珠山""同梦珠山"的情思。在同年所作《给——》诗中,他曾回忆与女友盛孰真①的珠山之行,怀念美好时光。"在珠山的绿荫下,依旧醴泉溜过白石,只是你的小脸,何时再与我同映一次?"《旧忆》诗中,更表达与盛孰真"同梦珠山"

---

① 盛孰真(1911—2005),原名淑真,浙江浦江人,殷夫女友。1925 年随父至杭州,考入浙江省立女子蚕桑讲习所读书,与殷夫二姊徐素云同班。1926 年下半年与殷夫通信交友后,应殷夫建议,将名字改为孰真。

的愿景,抒发物是人非、爱人杳无音讯的怅惘,"你今在天涯,还在地角,还……?且由我祝祷,愿我俩同梦珠山"。在《我还在异乡》诗中,他又将印象中的珠山构想成"Sphinx":"珠山的顶戴,云的冠冕,汽的帐,这千古沉默的 Sphinx,构想,构想",发出"人间荒凉,谜样"的感慨。《感怀》诗中,他回溯过往岁月,表达由"雄伟珠山"那遥远的时空触发的"潜伏的感伤":"我抚扪我过往的荒径,蜿蜒从那雄伟珠山的邻村,唉,修道士的山岩,终古不破的沉静。我不禁回忆故家的园庭,反响着黄雀歌儿声,绿的草丛上飞金的苍蝇,衰色的夕阳下逃跑了我的青春。"故乡的山水,内化为殷夫心灵深处的精神风景,频繁显现在诗歌创作中,成为他日后抒发情感、表达思想的意象来源与精神寄托。

徐家宅院坐落在大徐村东南隅沙朴树下"花园井"之北,为一座三合院式平房,由大门、正屋、左右偏屋组成,坐北朝南。正屋三开间,有中堂和东、西大房。东大房为父母卧室,殷夫及兄姊均诞生于此。

按:殷夫在丹城、上海读书回家期间,一般随母居东大房。西大房后为殷夫仲兄徐兰庭婚房。中堂为奉祀祖先与接待宾客之所。长兄徐培根荣达后,在中堂设置案几,上挂渔樵耕读图,两侧挂对联:"柳营春试马,虎帐夜谈兵""文章西汉两司马,经济南阳一卧龙"。东西两厢偏屋各六间。东厢三间原为子辈卧室,北首小房为殷夫青少年时居住,后作三兄徐文达婚房。西厢三间为农具室与猪牛圈。正屋与两厢之间的庭院八十平米见方,为全家活动场所,殷夫父亲徐忠镛在世时每日晨练于此。宅院有一后园,面积亩许,为果木、蔬菜种植之地,童年殷夫常在此处与小伙伴嬉戏玩耍。

按：在 1928 年所作《我还在异乡》诗中，殷夫曾追忆童年在家乡度过的温馨岁月。

> 久忘的故家，
>
> 残白，破户，和月季花；
>
> 薄云，帆般的飞，快。
>
> 古红的床儿，
>
> 睡过哥姊，母亲，爸爸。
>
> 顶上的花饰已，已歪。
>
> ……
>
> 绿色泛滥的后园，
>
> 春泥气氛，
>
> 草丛上露珠闪金，
>
> 旋舞着金的，绿的，红的苍蝇。
>
> 干草堆儿，
>
> 母鸡样，
>
> 慈和地拥我晒过冬阳。

按：据上海鲁迅纪念馆编《上海鲁迅研究》2009 年第 2 期，应文天《魂系大徐》记述：

殷夫的家，坐落在大徐村东南角，小地名叫"沙朴树下"。相传早年这一带是座花园，故年长者也有称之为"花园"的。

……

殷夫的故居，是一座江南传统风格"一正两横"木构架平房三合院，迄今已逾百数十年。早年院墙正中两扇钉着金光锃亮圆头铜钉的——既有辟邪除凶又具安全美观作用的黑色大门，至今还深深印在我的脑际。大门外东侧有块小园，园里有株繁茂挺拔的桂花树，那是我童年与小朋友常去攀爬嬉戏的去处。隔路有口建于清嘉庆年间的古井，名叫"花园井"，井水清澈如镜，冬暖夏凉，方圆近百户人家的饮水，都依赖着它，就是旱天，也从不干涸，人称是口宝井。

大门内东西两侧，有石砌花坛，东植石榴、美人蕉，西有一架葡萄和应时花草，让人想见当年主人的闲情逸致。"道地"（即天井）系鹅卵石铺成，颇具江南特色。只是五间正屋，东西各三间的厢房内，没有一间铺有木质地板，都是泥地坪，可见当年徐家祖上虽有书生的雅兴，但经济实力，确也平平。

中堂的摆设简朴淡雅。正中靠壁是一张长形叫做"香橱桌"的供桌。当中放着一口"自鸣钟"。两旁放着两只插有尘帚的瓷"帽筒"和香炉、烛台等"五祀"用具。中堂两侧各有两把夔龙雕饰垒的仿红木的"大坐椅"和古色古香的茶几。相传这里是殷夫父亲接待病人把脉治病和母亲念经诵佛的主要场所。中堂东首"大房"，是父母的卧室，也即是殷夫的出生地，东厢北首小房，则是殷夫青少年时的居室。自从父亲去世，母去西寺，兄弟外出求学、工作，姐妹婚嫁离家，数十年来，故居始终由二哥兰庭一家居住保护。兰庭在生时，刻意使一切陈设和环境气氛维持原样，以为纪念。今天我们步入了殷夫《我还在异乡》诗中所说的《久忘的故家》，依然看到了他所忆念"睡过哥姐母亲爸爸"的"古红的床儿"等等当年旧物。

故居屋后毗连着一个面积近亩的园地。早年经殷夫父亲设计安排，西侧种着桑树、桃树、梅树，东侧为一排棕榈树和多年生的苎麻，正中则是一片丛生深深的竹林。这就是殷夫在《感怀》《我还在异乡》等诗中不时忆念的"反响着黄雀歌儿声"的"绿色泛滥的后园"。童年的时候，我与徐家兄妹常在这里捉迷藏玩。

徐氏始祖徐世昌,鄞西①人。南宋淳祐年间(1241—1252),徐世昌任象山县学司训,退职后与夫人刘氏留居象山。生一子,名胜三,赘配大徐村汤氏。后汤氏子姓寥落,徐氏发为一族,世称"下汤徐"。

按:清乾隆五十八年癸丑葭月十五世孙徐绍奎撰《徐氏宗谱重修旧序》记载:

"下汤徐",吾鼻祖世昌公,宋淳祐间贡任象学司训,退居于此肇基也。夫人刘氏,生子胜三公,赘配本村汤氏之室。实以下汤子姓寥落,而徐氏启族,遂有"下汤徐"之称。……则徐氏虽有"上大徐"之分,而要其源流支派,实同姓不族也。

按:大徐村徐姓有"上大徐"与"下汤徐"之别,二者同姓不同族。"上大徐"始祖徐旃(684—769),字志勉,奉川小万竺(今属宁波市奉化区)人。唐中宗神龙二年(706)象山立县,出任首任县令,草创肇始,政绩卓著,受封"太中大夫"。停官后,与夫人黄氏寓居邑东大徐,生一子,名延长,字悠远。后发为一族,因聚居地靠近村东飞鹰山西麓,故称"鹰山徐"。其聚居地地势较高,又称"上大徐"。"下汤徐"原聚居地在"上大徐"西首平川上,因原住民姓汤,地势较"上大徐"低,故名"下汤徐"。

"下汤徐"分东、西两房。东房分五房,以"一成维鸿启,忠孝振家声"排行。东五房传至十七世"鸿"字辈,有世孙徐鸿远,娶陈氏,生二子一女:长子徐启岳,次子徐启原,即"下汤徐"第十八

---

① 今宁波市鄞州区西乡。

6

世。女嫁邻村包家弄。徐启岳、徐启原早年读过私塾,成年后业农。徐启岳(一作"启鹤")娶王氏,生子女各一:子名忠镛(一作"忠庸"),为"下汤徐"第十九世,即殷夫之父。女嫁本村林福安,即殷夫姑母。徐启原娶妻葛氏,无嗣。

按:《谱稿附录·东五房祖先余庆堂》记载:

鸿远公,配陈氏,嗣启岳、启原,女(适)包家弄。合葬洋家山。

《谱稿附录·东五房祖先余庆堂·祖先名录》记载:

启岳公,配王氏,嗣忠庸,女(适)本村林福安。启原公,配葛氏,嗣无。

《徐氏东五房合支谱》记载:

[十七世]鸿远,[十八世]启鹤、启原,[十九世]忠庸(镛)

殷夫为"下汤徐"第二十世"孝"字辈裔孙。

殷夫父徐忠镛(1866—1920),字孔甫[①]。时年四十四岁。早年入过私塾和书院,通四书五经及唐诗宋词。农耕之余自学中医,擅治麻疹、伤寒、妇科杂症,以亦农亦医闻于乡里。兼善卜易、堪舆、择吉。亦好习武健身,能"十二路谭腿""铁环七拳头"等拳术。

母钱玉嫦(1871—1940),一名月嫦,原籍本乡陈山村,系吴越王钱镠后裔象山分派族人。时年三十九岁。早年家贫,未受启蒙,十八岁嫁徐忠镛后,耳濡目染,粗通文墨,能诵读唐宋名家

---

① 徐忠镛逝世后,长子徐培根以用于表字之"甫"与"父"同音且互通,尊称其为"徐孔父"。民国二十二年四月,徐培根请国民党军委会参谋总长、军委会办公厅主任朱培德撰《孔父先生诔》。

诗词。持家之余,虔诚信佛。

殷夫出生时,徐家已有三子二女。兄姊情况如下:

长姊徐祝三(1892—1993),因之前已有两姊夭折,故出生时起名祝三,寄寓祝祷神明,祈求平安有福之意。儿时不曾入学,由父母督教识字。时年十八岁,尚未出嫁,已于上年许字丹城东澄河蒋殿英[①]。

长兄徐培根(1895—1991),谱名孝瑞,书名芝庭,字石城。时年十五岁。清光绪三十三年(1907)保送入象山县立高等小学堂,就读两年,宣统元年(1909)以第一届第一名毕业。同年秋,因家贫故,未能就读普通中学,考入宁波府立师范学堂,入读师范一学期。本年,考入浙江陆军小学堂。

仲兄徐兰庭(1900—1951),谱名孝祥,书名兰庭(一作兰亭),字元馨。时年十岁。入大徐义塾四年,因学业欠佳,加之家庭经济拮据,于上年辍学习农。

三兄徐文达(1902—1960),谱名孝邦,书名松庭,字墨涛。时年八岁。就读大徐义塾,学业优良。

二姊徐素云(1904—1950),一名素韵,亦作疏韵。时年六岁。在家由父兄督教识字。

---

① 蒋殿英(1885—1941),原名蒋景辰,字殿英,又字田隐,号豫仙。从浙江省立两级师范学校毕业后,曾在宁波、象山各地执教中小学数年。后进入政界,任象山县政府教育科长。徐培根出任国民政府军事委员会航空署副署长、署长后,蒋又转入军界,前往杭州笕桥机场,任航空署军需科少校科长,主管财务会计业务。航空署迁往江西南昌机场后,他转至笕桥中央航空学校任职。民国二十三年七月,南昌机场火灾,徐培根受派系倾轧,被人诬为派人纵火毁灭"贪污军费罪证",蒋介石十分恼怒,将徐拘禁审查(史称"航空署火案")。此事涉及曾为军需科长的蒋殿英,其被拘押至南昌,立案审查。结案后,辞归象山,任职于象山私立立三中学。抗战中,患病去世。

仲兄徐兰庭之童养媳陈素英（1903—1971），一名素音，时年七岁。同乡毛湾村（今属涂茨镇）人，三岁丧母，父亲捕鱼为生，由外婆养育。外婆年高后，徐忠镛夫妇见其身世可怜，虑及兰庭日后娶妻困难，有意纳为儿媳，故领养之。

按：据上海鲁迅纪念馆编《上海鲁迅研究》2009年第2期，应文天《魂系大徐》记述：

殷夫的祖父，按《徐氏宗谱》"一成维鸿启，忠孝振家声……"的行第词，属启字辈，名启鹤。生独子，即为殷夫的父亲忠庸。忠庸是个读书人，书名孔甫。守着祖辈留下的五六亩田产，还行中医，擅长妇科和治疗小儿麻疹。家境虽不算富裕，但也还安定可过。

……

忠庸以他读书人的清高思想，选芝、兰、松、柏四字为序，为自己四个孝字辈的儿子，在谱名之外，依次给另取书名：长子孝瑞，书名芝庭（即培根），次子孝祥，书名兰庭（亭），三子孝邦，书名松庭（即文达），谱名孝杰的殷夫，书名就叫柏庭。他还很尊重族中传承"皆知国法早完课，各训儿书冀发科"的祖宗古训，崇尚读书育人。先是让儿子上村中义塾，继而尽力把他们次第送上丹城读高小，以至到外地去求学深造。

殷夫寤生，属难产，母钱玉嫦分娩时险丧命。

按：殷夫在上海期间曾对一位左联同志说，他生来就是一个"叛逆者"。

按：当时民间说法，农历五月初五端午节是正羊公忌日，极

9

不吉利。因而,殷夫在此日出生,信奉占卜之术的父亲认为是不祥之兆。殷夫出生的辰时,为子、丑、寅、卯、辰等十二地支第五个时辰,按阴阳家说法,是"冲了五神"。

出生后,母亲因生产时流血过多,患产后血晕症,经多方调理,并请道士"祈福消灾",终险渡难关。然因气血两亏,元气大伤,无乳哺子。

婴儿时期,曾食近邻应尚连妻乳。

按:1986年象山县政协文史资料委员会编《象山文史资料》第1辑载王庆祥《殷夫史料十考》,文中曾写到徐祝三的回忆:

母亲生殷夫前一天晚上,曾裹了很长时间的棕(粽)子。裹好后,还放到锅里煮,准备第二天做端午吃。没煮多久,母亲便要临盆了。到快天亮时分,约辰时光景,殷夫便落地了。殷夫落地不一刻,母亲就得了产后血晕,出了很多血,昏死了过去。全靠父亲和邻居的帮忙,用热米醋灌,热烙铁烫,才救了回来。所以,那个端午节就没有怎么过。……"旧社会讲迷信,说母亲那天犯病是冲了'五神',端午不是五月初五吗?四弟不是生在辰时吗?子、丑、寅、卯、辰,又是一个五。所以当时除了用土办法抢救母亲外,还搞了'撇邪'。以后每逢端午,也结合做节,替四弟'消灾',一直搞到他离家读书。"

按:据上海鲁迅纪念馆编《上海鲁迅研究》2009年第2期,应文天《魂系大徐》记述:

我们应家与徐家是仅一墙之隔的近邻世交。童年时代听祖母说,应徐两家无论大小事情,总是相互照应,常来常往亲如家人。我的祖父叫应尚连,较忠庸年长,于1909年始生我父亲一子,而此时忠庸则早已育有三子二女了。忠庸好心地为我应家门庭祝福,但愿同样也能子孙繁茂,就为我父亲取名茂庭。第二年端午节,殷夫出生,我父亲大他半岁。殷夫的母亲大约因多育子女和家务劳累,产后身体很是羸弱,奶水非常短缺,小殷夫常嗷嗷待哺,祖母心疼他,常抱过来与父亲并奶吃。据说,童年时代的殷夫,对我父亲总是以"茂庭哥"相称呼。

1911年(辛亥　清宣统三年)　1岁

▲ 4 月 27 日,黄花岗起义爆发,殉难者七十二人,起义以失败告终。

▲ 7 月 15 日,中央教育会在北京召开会议,通过试办义务教育章程,振兴实业教育等十二项议案。

▲ 8 月 24 日,《申报》创办《自由谈》副刊。

▲ 10 月 10 日,辛亥革命爆发。湖北革命军政府成立。

▲ 12 月 13 日,云南都督蔡锷通电主张迅速组织中央政府,定国名为"中华民国"。29 日,十七省代表会于南京,选举孙中山为临时大总统。

10 月

本月中下旬　武昌起义胜利,湖北宣告独立后,各省纷起响应。正在浙江陆军小学堂就读的长兄徐培根,投入相应的宣传活动。

11 月

4 日　夜,徐培根加入浙江陆军小学堂学生队,配合浙江新军,参加"光复杭州之役"。在王金发等人指挥下攻占清旗营"军械局",夺取武器弹药,武装革命新军。

5 日　杭州光复。

按:据 2011 年象山县政协文史资料委员会编《辛亥革命之象山记忆》,王庆祥《徐培根参加"光复杭州"之役考略》记述:

省城光复,各府响应。宁波革命党人于 6 日宣布独立,并成立了军政分府。但徐培根参加"光复杭州"之役的消息传到象山大徐,却引起了一个不小的风波。因为在他父母和亲朋好友看来,这是"犯上作乱""罪当株灭"的事情。因此,一家老小(包括初生的殷夫)都投亲靠友,四处躲藏。好在为时不久,象山即于同月 19 日也宣告光复,方相安无事。

本月　浙江陆军小学堂停办解散。

本年　仍由长姊徐祝三、二姊徐素云以粥汤、糕糊替代母乳喂养。

本年　家中经济日渐拮据。

按:据 1986 年象山县政协文史资料委员会编《象山文史资料》第 1 辑,王庆祥《殷夫史料十考》记述:

从殷夫出生至一九二二年以前,可以说是比较清苦的"中产农家"。当时之所以清苦,主要由两方面原因造成:一方面是吃口重,大大小小八九口,而田地有限,劳力又少,只父亲一个,种田种地还要叫"散工(即短工)",开支大。再一方面是子女学费负担沉重。先是长子徐培根入县立高小,以后又入宁波省立师范。接着三子徐文达又入县立高小,以后也入宁波省立师范。再是次女徐素云及殷夫也进县城入小学。因此,徐孔甫夫妇常常为支付子女学费向邻居借挪。也因此,徐培根虽"品学兼优",只读了一学期师范,便去报考杭州陆军小学堂。这在"好铁不打钉,好男不当兵"的当年,不能不说是一种违心的事情。到了一九二○年父亲患病以至亡故前后,殷夫家内的经济状况更拮据了。全家只有他二哥徐兰庭一个半劳力,要负担徐培根、徐文达、徐素云以及殷夫本人四个人的学费开支,困难程度是可想而知的。当时全靠他母亲内外操劳,真是"集艰难于一身"。

1912年(壬子,民国元年)　2岁

▲1月1日,中华民国宣告成立,孙中山发布《宣言书》《告全国同胞书》。

▲3月10日,袁世凯在北京宣誓就职临时大总统。

▲4月,蔡元培电邀范静生、夏穗卿、袁观澜、钟宪鬯、蒋竹庄、许季茀(寿裳)、周豫才(鲁迅)、谢仁冰、汤爱理、王云五、杨焕芝、胡梓芳、曹子谷、钱轶裴、高叔钦、陈墨涛、马振吾、林冰骨、赵幻梅、胡孟乐、张鼎荃、洪季苓、杨乃康、张燮和、顾养吾、许季上等北上组织教育部。

▲8月18日,孙中山应袁世凯邀请北上。9月上旬,敦促黄兴来京,以实行南北"统一"。

▲12月13日,伍廷芳、熊希龄、虞洽卿、于右任等发起组织中华民国救国会。

春夏之交 徐忠镛早年在珠山书院求学时的学长张统恩①主动托媒说亲，愿将十六岁的次女张芝荣②许配徐培根。徐忠镛托媒占卦，卦象上吉，遂为徐培根与张芝荣定下亲事。

冬 经"南北议和"，南京光复后停办的陆军中学复校。北京陆军部发出通知，原陆军小学肄业学生可升入南京陆军中学堂受训。徐培根前往南京，继续学业。

本年 始学说话，口齿清楚，表达得当，表现出极强的记忆力。

1913年(癸丑 民国二年) 3岁

▲ 3月24日，章太炎因宋教仁被刺，致电上海《神州日报》记者汪德渊请以舆论谴责。次日，孙中山在日本得知宋教仁遇刺，急速回国。并嘱党人"合力查此事原因，以谋昭雪"。

▲ 4月9日，上海《中华日报》发表题为《强盗政府》的社论，指斥袁世凯"日以杀人为事，其行为无殊于强盗"，"实全国人民之公敌。"

▲ 6月22日，袁世凯发布《尊孔祀孔令》，为复辟帝制制造舆论。

▲ 7月，李烈钧在江西举兵讨袁世凯，"二次革命"爆发。

▲ 9月，"二次革命"失败。

---

① 张统恩，生卒年不详，字忠安，号烒如，象山县龙屿村人(今属黄避岙乡)。国学生，家境富裕，嗜好读书，乐行布施。

② 张芝荣(1896—1950)，一名次云、紫云，象山县龙屿村人。

秋　徐培根就读的南京陆军中学堂,课程程度相当于高中。外语分设英语、日语、德语、法语四种,由学生选修。徐培根选修德语,成绩优异。

秋冬　长姊徐祝三的未婚夫蒋殿英从浙江省立两级师范学校毕业。

徐忠镛夫妇借钱筹备徐祝三出嫁。出嫁日,徐祝三因徐培根投考南京陆军中学堂时动用了夫家聘金,致嫁妆不够体面,不肯上轿。母钱玉嫦再三相劝,向其允诺徐培根将来若有一官半职,定然提携蒋家。

徐祝三上轿之时,三岁的殷夫紧拉不放,姐弟情深,依依惜别。

本年　从父母与兄姊学方块字,由父亲把字写在硬纸卡片上,大姊徐祝三每天教认五到十字。开始诵读《三字经》《百家姓》等启蒙读物。

按:徐祝三曾回忆,殷夫小时候喜读"蜻蜓飞高,蝴蝶飞低,风和日暖,其绿绮绮"诗句。

本年　喜好故事与猜谜。每临睡,必先听故事、猜谜语。

1914年(甲寅,民国三年)　4岁

▲ 7月,孙中山在日本召集革命者组成中华革命党,宣布"以扫除专制政治、建设完全民国为目的""以实行民权、民生两主义为宗旨"。

▲ 同月,第一次世界大战爆发,袁世凯政府宣布中立。

▲ 9月,日对德宣战后,乘机强占原为德国租借我国的山东

胶州湾。

▲ 12 月，袁世凯公布《修正大总统选举法》，规定总统任期改为十年并可连任。

7 月

本月　长兄徐培根从南京陆军中学堂毕业，升入河北保定陆军军官学校第三期，修习步兵科，与同期同科的白崇禧、张治中、吴石、徐庭瑶等交谊甚深。

本年　随父习《神童诗》和唐宋名家小诗。

按：1928 年所作《我还在异乡》诗中，有"檐下；我记得，读倦了唐诗，抱膝闲暇"句，追忆幼时读诗情境。

按：据《纵横》2011 年第 9 期，徐振飞《忆四叔"左联"诗人殷夫》记述：

据大姑妈（徐祝三，编者按）讲，她长四叔 18 岁，四叔小时候就是她带大的。幼年时的四叔十分聪明，记性很好，是家中、邻里都很喜欢的孩子，五六岁就能背诵唐诗宋词。在小学时，他的多篇文章经常被老师当作范文在学生们中间宣读。他个性很强，平时说话不多，但遇事很有主见，想做的事只要认准了就尽力去做，决不半途而废。

本年　常随父母与兄姊去外婆家陈山村。

按：陈山村位于大徐村西西沪港南岸。西沪港的白墩码头，是殷夫乘渡轮外出杭州、上海求学的出发之地。西沪港"浩茫的江中""飘遥的东风"引发了他诸多诗意的浩叹。1928 年冬，殷夫作《飘遥的东风》一诗，写到西沪港的夜景，抒发送别友人王顺芳时的心境。

本年 常在大徐村南侧的枫溪游玩，或在溪边帮助母亲、姊姊洗涤衣物。

按：枫溪发源于珠山之脉，自东向西绕大徐村而过，流经十亩地，与源于龙角岩下的龙溪合流，至海口村汇入象山港支港西沪港。1928年冬，殷夫作《干涸的河床》一诗，忆儿时在枫溪的印象：

> 忆那时，两旁拱护芳馥青藤，
>
> 镜波微涟扰不破茸茸的绿影，
>
> 玉般的白色睡莲伫立，
>
> 瞌倦地等候着水底的精灵。
>
> 阳光天真地游跃，
>
> 林泽的 Nymph 常来入浴，
>
> 她们润黑的长发，
>
> 漂浮在波纹上奔逐。

按：此诗或可解释"殷夫""任夫"笔名的由来。诗中 Nymph，译作"宁芙"，在古希腊神话中泛指居于山林水泽的女神或精灵，多以美丽女子形象出现，歌声优美动听，有时会化身为树、水和山等自然之物，因而常被诗人以自然之神入诗。1929年春，在上海的殷夫曾向少年同学许福莹解释过，他的笔名"任夫"与"殷夫"就是从英文 Nymph 的谐音而来。象山方言中，"任"字用作姓氏时，读作"宁"，"夫"与"芙"同音。诗人以 Nymph 译音作为笔名，似有以抒发的诗情比拟 Nymph 的歌声之寓意。第一次被捕后，"徐白"之名不可再用，他便以"任夫"为笔名发表了长诗《在死神未到之前》。又"殷夫"与"任夫"音近，亦以笔名"殷夫"（以及后来使用的另一笔名"殷孚"）发表诗文。由此可推知笔名"殷夫""任夫"即脱胎于故乡的山水之间。

1915 年(乙卯,民国四年)　5 岁

▲1 月 18 日,日本政府向北洋政府提出妄图灭亡中国的"二十一条"。

▲5 月 9 日,袁世凯派外交总长陆徵祥、次长曹汝霖往使馆递交复文,接受日本通牒要求。

▲9 月 15 日,《青年杂志》(月刊)创刊,陈独秀编辑,上海群益书社发行。该刊出至第 2 卷第 1 号,改名为《新青年》,并成立新青年杂志社。

▲12 月,袁世凯正式宣布接受帝位,改国号为"中华帝国",以 1916 年为洪宪元年。

春末　与父亲市集购番藤秧,遇小偷,揭发之,被踢,父亲制服小偷。遂起向父亲学拳之念。

9 月

12 日　时象山大旱,大徐村民"祈雨"。殷夫扮列"童男童女"队伍中,受父命即兴作祈雨诗。

按:《象山港》1980 年第 1 期徐祝三口述文章《忆四弟——殷夫》中曾回忆:

那年大旱,各地纷纷求雨,当时父亲借此机会考察柏弟,因此教他以求雨为题,写一首诗,他不加思索提笔就写"锣声镗镗,鼓声喧天……"意思是号召四方风云,要求普降喜雨。此诗博得

众人的称赞。

1916年（丙辰，民国五年） 6岁

▲1月22日，邵力子、叶楚伧任总编辑的《民国日报》在上海创刊。该报为中华革命党人反对袁世凯复辟帝制而创办。1924年国共合作后成为国民党机关报。

▲3月22日，袁世凯被迫宣布废除帝制，重归共和。

▲6月6日，袁世凯在北京病殁。9日，《临时约法》恢复。

▲10月5日，陈独秀致函在美国的胡适："文学改革，为吾国目前切要之事。……《青年》文艺栏意在改革文艺""吾国无写实诗文以为模范，译西文又未能直接唤起国人写实之观念，此事务望足下以作写实文学，切实作一改良文学论文，登之下期《青年》。"

7月

本月 大徐初级小学开始招收女生，二姊徐素云进入该校就读三年级。

秋 三兄徐文达从初级小学毕业，考入象山县立高等小学校，寄宿在丹城长姊徐祝三家。

冬 长兄徐培根从保定陆军军官学校毕业，分发至浙江陆军第一师，在驻守巨州①栖霞岭的第一旅（时任旅长潘国纲）教导

---

① 即衢州。

队担任初级教官。

冬　徐忠镛夫妇为次子徐兰庭与童养媳陈素英举行"圆房"仪式。

本年　从父学"十二路谭腿",强健身体。因年纪尚小,身材甚矮,习单练。始学步型、手法、腿法,继学六路、十路、十二路。

本年　常与童年玩伴、年岁相仿的姑母女儿林梅英一起嬉戏,在村西马岙坑山麓"福庆庵"(俗称"西北殿")一带林间、溪滩放牧、游玩。

按:1927年殷夫第一次被捕出狱回象山期间,曾写下《呵,我爱的》一诗。诗中的"姑娘"即指他的"梅英表姐"。

本年　与另一童年好友应茂庭一起游玩,在庭院中打弹珠,下棋,在后园里捉迷藏,捉蜻蜓,在田野间抓螃蟹,抓泥鳅。

按:1929年,殷夫在《短期的流浪中》诗中感忆当年与应茂庭一起度过的"黄金年头"生活:"小的白的双脚浸在凉水中,脏的黑的手儿放在馋口,莫说不知天地、人生和宇宙,满心只想捉水下的泥鳅。"

按:据上海鲁迅纪念馆编《上海鲁迅研究》2009年第2期,应文天《魂系大徐》记述:

父亲(应茂庭,笔者按)说他曾与殷夫一同上村中的义塾读书,朝夕相处,情同手足,直到他(殷夫,笔者按)去丹城读高小,他(殷夫,笔者按)母亲也同时进了丹城西寺皈依佛门后,两人才分开。殷夫高小毕业,和他母亲及小妹素韵一同回大徐来要去杭州,父亲曾依依惜别地为他送行。后来殷夫在上海读书期间,曾有一次回象山来搞宣传(大约就是在"五卅"运动"外交后援会"活动中),返回上海时,他的一只藤箱,一只网袋,也是父亲相帮送到白墩码头的。

1917 年(丁巳,民国六年)　7 岁

▲ 1 月 4 日,蔡元培出任北京大学校长。同月,陈独秀正式就任北京大学文科学长,并将《新青年》由上海迁至北京编辑。

▲ 2 月 1 日,陈独秀《文学革命论》发表于《新青年》第 2 卷第 6 号。文称为首举文学改良义旗的胡适作声援,并提出文学革命军的"三大主义":"推倒雕琢的阿谀的贵族文学,建设平易的抒情的国民文学";"推倒陈腐的铺张的古典文学,建设新鲜的立诚的写实文学";"推倒迂晦的艰涩的山林文学,建设明了的通俗的社会文学"。文章对文学革命抱决绝态度:"有不顾迂儒之毁誉,明目张胆以与十八妖魔宣战者乎? 予愿拖四十二生之大炮,为之前驱。"

▲ 7 月 1 日,张勋等拥溥仪复辟。

▲ 10 月 7 日,孙中山通电否认冯国璋、段祺瑞政府,并下令北伐。

▲ 11 月 7 日,俄国十月革命爆发。

9 月

本月　入读大徐初级小学,正式开蒙,拜师周阿年先生。先生赐学名"徐祖华",瞩望他为徐氏祖宗增添光华。先生亦为同行的二姊素云赐学名"素韵","素韵"意即朴素之音韵。

大徐初级小学设于村东周四房老祠堂内。本年仅 30 余名学生,4 个年级合成复式班,由周阿年次第授课,涉及国文、美术、体操、国画、珠算、唱歌等科目。国文科目除新白话文外,亦教授

古文,如《论语》《孟子》等。

按:据 1986 年《鲁迅研究资料》第 15 辑,康锋《关于殷夫致徐素云信——兼谈〈鲁迅全集〉中关于殷夫原名的注释》记述:

一九一六年他进故乡大徐的村东一所私塾里读书时,教员周先生替他取了个学名叫徐祖华,这个学名一直沿用到一九二〇年至一九二三年在象山县立高等小学读书时。一九二一年三月印行的该校《同学录》有他的名录和住址。

按:周阿年为前清老童生,古文功底扎实。之前在家设帐授徒,徐培根曾为其高足。本村开办大徐义塾后,周阿年受聘塾师,先后教过徐兰庭、徐文达。民国初年,义塾改办初级小学,继续任教。

本年 勤读善思,好学强记。熟习新旧文章,背诵与对答能力常为同学所不及。令周阿年先生大为惊叹,谓几十年教书生涯,未有出其右者,将来必有前程。

1918 年(戊午,民国七年) 8 岁

▲ 1 月 15 日,胡适、钱玄同、刘半农在《新青年》第 4 卷第 1 号发表通信,讨论新文学的语言和音韵问题。同月,《新青年》开始使用白话文排版和新式标点符号。

▲ 5 月 15 日,鲁迅小说《狂人日记》发表于《新青年》第 4 卷第 5 号。

▲ 5 月 21 日,孙中山离开广州赴上海。护法运动失败。

▲ 9 月 28 日,中日订立满蒙、山东铁路借款各二千万元合

同。北京陆军部与日本银行团订立二千万元参战借款合同。

▲ 11 月 11 日,第一次世界大战结束。

秋 三兄徐文达以第 9 届第 11 名自象山县立高等小学校毕业,考入宁波浙江省立第四师范学校。同时毕业者有马定康[①]、贺威圣[②]等。

本年 在校读书勤奋刻苦,深得周阿年先生嘉许。

本年 继续从父习武,基本掌握"谭腿"套路。徐忠镛始授"铁环七拳头",自"铁环"始,分步习"通风挥袖""燕子入林""猿猴献桃""横扫千军",日益精进。徐忠镛嘱武术之道在健身强体与适当防卫,不可欺凌弱小。故平素不轻易展露武术。

按:据《现实》1939 年第 7 期,姜馥森《鲁迅与白莽》记述:

因为他的父亲是武术家,他是最小的一个儿子(他共有兄姊六人)。他的父亲很爱他,常常教他练拳,所以在高小时他能打得十二路好谭腿。他的年龄虽然比我们小,可是我们都是很忌惮他,即是怕他。

---

① 马定康,生卒年不详,字静斋,丹城西门人。殷夫二姊夫。抗战爆发后,赴重庆陆军大学任职人事科中校科长。南京解放前夕,随陆军大学迁往广州,后去台湾。

② 贺威圣(1902—1926),字刚峰,号薏农,象山贤庠镇海墩村人。1918 年从象山县立高等小学校毕业。1924 年,考入上海大学社会科学系,下半年在上海大学加入中国共产党。1925 年,"五卅"惨案爆发后,被选为上海大学临时委员会委员,兼任上海全国学联宣传部部长、上海工商学联执行委员兼宣传部主任等职。在宁波、象山指导"五卅"运动。该年 7 月任共青团上海闸北部委书记,9 月被选为国民党上海市执行部宣传委员。1926 年 7 月,任中共杭州地委书记,领导群众开展革命斗争,并参与策动浙江省省长夏超倒戈。该年 11 月 3 日,被北洋军阀孙传芳部逮捕,13 日被孙传芳部下枪杀于杭州清波门外梅东校场。贺威圣是象山党组织的主要创建人,是党在浙江最早献身于革命的领导人。

1919年(己未,民国八年) 9岁

▲ 1 月 18 日,巴黎和会召开。

▲ 1 月 19 日,周作人在《每周评论》第 5 号发表《平民文学》。文章认为平民文学是与贵族文学在精神上相反的文学,这是"以普通的文体,写普遍的思想与事实","以真挚的文体,记真挚的思想与事实"的文学。

▲ 5 月 4 日,北京爆发反帝反封建的"五四"爱国运动。

▲ 10 月 10 日,孙中山将中华革命党改组为中国国民党。

▲ 本年秋,北京大学、南京高等师范学校、岭南大学开始破例招收女生。

5 月

11 日 在"五四"运动推动下,三兄徐文达的同学贺威圣与原象山县立高等小学校学生赵文光、姜颖鸾、林庆训等联合师范讲习所学友,组织象山学生联合会。

按:象山学生联合会成立后,经常领导学生举行游行示威、上街演讲、印发传单、张贴标语,进行反帝反封建宣传,并组织学生分别在丹城和黄溪、白墩、石浦等码头查禁日货,将查获日货在丹城南校场销毁。

夏 三兄徐文达从宁波省立第四师范学堂肄业,赴广东黄岗投考军校。

秋 长兄徐培根考入北京陆军大学第六期。

本年 继续在大徐初级小学求学。

1920年（庚申，民国九年） 10岁

▲1月29日，直隶当局镇压反对出卖山东主权的爱国学生，五十余名学生受重伤。

▲3月，北京大学"马克思学说研究会"成立。发起人有李大钊、邓中夏、高君宇、瞿秋白等。同月，共产国际代表魏金斯基来华，同李大钊、陈独秀等联系，帮助建立中国共产党。

▲8月，上海共产主义小组成立。成员有陈独秀、李汉俊、李达、陈望道、沈雁冰等。同月，由陈望道翻译的马克思、恩格斯著作《共产党宣言》第一个中文全译本出版。

▲9月1日，《新青年》第8卷第1号辟"俄罗斯研究"栏。该栏至第9卷第3号终，刊出李汉俊、陈望道、李大钊、震瀛等人的译文，介绍苏俄情况。

▲本年，迫于新文化运动蓬勃开展的形势，北洋政府教育部训令全国各国民学校一二年级改国文为语体文，即白话文。

1月

28日 农历腊月初八，父亲徐忠镛遽发疾患，见次子徐兰庭与从学校赶回的殷夫最后一面，溘然长逝，享年五十四岁。

灵柩由母亲钱玉嫱率在乡子女浮厝于自家后园西北角。[1]

按：其时长兄徐培根远在北京陆军大学求学,恰逢第一学期期末考试；三兄徐文达时任浙江陆军第一师尉官,在浙西某地执勤；长女徐祝三因路途不便,母亲钱玉嫱虑及经济拮据,均未告知丧父噩耗。

按：据上海鲁迅纪念馆编《上海鲁迅研究》2009 年第 2 期,应文天《魂系大徐》记述：

可惜天不假年,当他准备把心爱的小儿子柏庭(又名祖华)送去县城读高小的前夕,竟不幸以 54 岁未暮之身就辞世了。忠庸在世时,为供养 6 个子女的读书升学,家境本已日渐不支。他去世后,徐家的经济一度走向低谷。母亲和二哥兰庭苦苦一力支撑,让殷夫上了丹城的高小。幸好到 1922 年,徐培根由陆军大学毕业后分发到浙江陆军第一师当干部,寄钱回家才得缓解。

6 月

本月　以优异成绩从大徐初级小学毕业。

7 月

本月　长兄徐培根暑假回乡。

---

[1]　民国二十二年(1933),徐培根由陆军军官学校高等教育班班主任调任国民政府军事委员会航空署副署长,决定为其父迁葬。他遵照父亲遗愿,在大徐村西马岙坑山麓"屹起岩"下鸠工筑墓,同时又以《象山徐孔父先生行状》,请得朱培德、蒋介石、于右任等一批党政要员为其父撰诔词、题像赞,使迁葬活动平添了浓重的政治色彩。之后,他又以诔赞为主要内容编印了石印本《哀思录》追念其父。1985 年,王庆祥在搜集殷夫烈士史料时,从黄避岙乡龙屿村一位张姓老人处发现了朱培德、蒋中正、于右任等 17 人题写的诔赞石印件。经复印,送徐祝三甄别,认定为当年石印本《哀思录》的残页。

9 月

上旬　由长兄徐培根陪同,赴丹城报考象山县立高等小学校,被录取。徐培根向未来岳父张统恩借资金一笔,用作殷夫与徐素云学费,之后返回北京。

12 日　由二姊徐素云陪同,前往丹城县立高等小学校报到,以"徐祖华"学名注册,入校住读。

按:1921 年 3 月编印的《象山县立高等小学校同学录》"一年级同学部"记载:"徐祖华,东乡大徐。"

按:象山县立高等小学校,清光绪二十九年(1903)以丹山书院改建。丹山书院始建于南宋嘉定十一年(1218),原址在丹山(又名炼丹山、蓬莱山)东麓"栖灵观"(唐代称"蓬莱观")之左,曾是驰名浙江的官办书院之一,培养过诸多官宦和文化名人。清光绪二十九年增建原址下新学舍,更名"象山县立高等小学堂",学制 7 年。除原有在校各级学子外,开始招收各地私塾肄业同等程度学子插班就读。殷夫长兄徐培根(其时学名"根培"),即于光绪三十三年(1907)插班就读五年级,寄宿于母亲一位堂兄弟之家,至宣统元年(1909)以第一届第一名毕业。

民国元年(1912),学堂改建为"象山县立高等小学校"(简称"县立高小"),分设初小、高小两部。初小学制四年,高小学制三年。民国三年后,停办初小,仅设高小,学制仍为三年。殷夫三兄徐文达,即于是年秋季入读,寄宿在长姊徐祝三家。

学校规模较小,是年学生仅 99 人,其中三年级 27 人,二年级 35 人,一年级 37 人,包括校长在内的教师仅 6 人。除王炳焘老先生学历无考外,其余均为民国改元前后宁波或杭州师范毕业生。其时,县立高小经"五四"新文化运动洗礼,政治气氛浓厚,师生中颇有思想新进的积极分子。在反帝反封建思想影响下,他们组织校内外宣传活动,推崇民主与科学,宣传"五四"新文化。校长仇训崇[①]为人方正,思想开明,热诚办学,悉心育才。他首创"勤恕诚朴"校训,曾从宁波聘请数位进步青年教师,在校内宣传反帝爱国思想,推行白话文,开展体育教育。在他的倡导和支持下,国文教员樊崇煦、方赞堂等改革教学内容,重视德育、体育教育,同情学生进步活动。方赞堂、郑方荣、郑良华均为社会活跃分子。尤其体育教员郑良华,结交甚广,颇具号召力。学生中,亦有多位受"五四"学生运动锻炼,组织校内外宣传活动颇具魄力的同学,如三年级王钢、史佩左、姜馥森、范有生,二年级宋轼、翁国祚、陈世鹤、刘积铨、周开福等。殷夫所在一年级亦多思想活跃之人,如班长周开乾、副班长许福莹及冯开治、倪旭初、周兆珺、沈本厚等。

本月 开学之初,因丧父,情绪消沉,颇受班主任方赞堂关注。

按:据 1987 年象山县政协文史资料委员会编《象山文史资料》第 2 辑,倪旭初[②]《县立高小琐记》记述:

校长是仇水心先生,名训崇,水心是他的字,后以字行。他毕业于杭州优级师范,在当时已经是相当有学历、治学有素的长者了。聘请的教师也大多是教育界颇有声望的先生,如樊崇煦(字葳芗)、张静斋、郑楚湘、郑贞甫、林仲和、蒋田隐等,皆为同学

---

① 仇训崇(1886—1971),字水心,丹城南乡仇家山村(今属丹西街道)人。清宣统二年(1910)毕业于浙江省立两级师范学校优级理化科。其在主持象山县立高小校长事务期间,教育理念兼收并蓄,主张学校教育与地方实情结合,渗透地方历史文化和社会时势,致力于培养合格公民,享有较高声望。

② 倪旭初,生卒年不详,殷夫在象山县立高小的同学。

们所崇敬。课程设置比较完善,有国文、英语、算学、自然、地理、历史、劳作、美术、音乐、体育等。教学设备除教室外,还有劳作室,备有刀锯斧凿等工具;体育室备有木枪、哑铃、棍棒等器械及各种球类;实验室有各种动植物标本、教学仪器、化学试管等;音乐室置有风琴、丝竹、鼓号等乐器,还有留声机和新式唱片。记得赵元任博士的灌音片,注音字母的标准发音唱片等很流行,几乎每个学校都必备。学校图书室还藏有数千册书籍和各种报刊杂志,在二十年代初期,小学有如此教学设施,算是比较完备了。

县立高小的教学方法和学生成绩也很可取。当时担任国文科先生必是这一级的级任教师。他不仅对所任课程负责,而且对于该年级全部学科关心,随时考查,注意学生的学习态度。经常开展个别谈话,有时突击抽查,促使你持续上进,不敢怠惰,更杜绝侥幸心理。因此,学风、校风均较好。每个学生对学业成绩名次争得十分激烈,谁都想名列一、二、三名,而且要保持到毕业。这对任课老师也有一定压力。如劳作、美术、音乐、体育各课,学生多认为是次要课程,每每不很重视。但由于教师教育有方,认真负责,一丝不苟,使同学们渐渐兴趣起来。如郑楚湘先生教体操,讲授示范,动作优美娇(矫)健,更吸引大家。每逢体操课铃响,个个持木枪、哑铃、棍棒,跑步到操场,脱下长衫,穿上短装,自动排好队伍,等待楚湘先生到来。为鼓励学生学习劳作、美术的积极性,学校常举办劳作、美术作品展览会,不少同学为自己的作品能展出,常废寝忘食,精制作品。上自然课的老师,采用新的教学方法,对照课文内容,让同学观察标本,或用仪器做实验,获得感性知识。有一次,讲解热胀冷缩原理,用一只钢球放到试圈上能顺利通过,然后在酒精灯上加热,再放到试圈上,就搁住了。又讲解摩擦生电,叫大家暂且不看课文,先把两手合掌用劲摩擦，一分钟后，即将双手掌放到鼻子上嗅，说出有什么感觉。大家都说热辣辣地有股火烧味。此时，老师才笑咪咪地说：这就是摩擦生电的现象。接着，又拿一根火漆棒，用一块猫皮使劲地摩擦，然后在纸屑上来回移动，只见纸屑亦在上下跳动，大家看到了既奇怪又兴奋。这时，老师才叫我们打开课本，讲解摩擦生电、产生电磁，以及同性相斥、异性相吸等电学的初步原理。这些在八十年代的今天，当然微不足道，但在二十年代的初期，都是比较先进的实验教学手段，是难能可贵的。

一天正规课程下来，每天下午都有四十分钟的课外活动。项目多样，有各种球类、田径、棋类、丝竹娱乐、打擂台等，由自己选择。我和徐祖年（应作"华"，引者注）（殷夫）喜欢打擂台，利用操场下首一个大土堆和一条出水沟作为擂台。分护擂和打擂两方，人数相等，大小搭配相当。活动开始，打擂一方冲上土堆，把护擂人拉下来，护擂一方则排好阵势，齐心协力捉住打擂人，关进水沟里，也可互换人质。活动结果，谁方人多，谁方就胜利。我和祖华人小力弱，参加护擂方，易被拉下来，加入打擂方，则常被关进水沟。有一天，我俩被"捉"进水沟，久久不得换出，看来要关到下课了。于是动脑筋，唱起歌来，以分散护方的注意力，让打擂方乘机冲上去，一连拉下两个护方人，把我们替换出来。这一活动，至今回想起来，犹感到兴趣盎然。

本月 二姊徐素云入读象山县立女子小学。

本学期 学习成绩平平。对白话文和新文艺感兴趣，常在日记簿上写新诗，并与同学相互切磋。向体育老师习拳，勤奋上进。

按：据 1986 年象山县政协文史资料委员会编《象山文史资

料》第 1 辑,王庆祥《殷夫史料十考》记述:

从学业成绩来讲,许、徐、王三先生都说,殷夫在头两学期不见得突出,但他是很用功的,经常捧着书本,读读写写,进步很快。……殷夫还有一个兴趣爱好,就是经常喜欢学习武术。他经常跟体育老师学习拳术、弹腿等,而且很认真。有人还说他平时臂膀里藏有"铁拳头"。可见他在这方面已有一定基础了。

本学期 国文教员樊崇煦①在课堂上讲授秋瑾《宝刀歌》、文天祥《正气歌》与民族英雄戚继光抗倭、张苍水抗清事迹,深受爱国思想熏陶。

本年 班级排演街头话剧《铁路工人与警察》。话剧讲述两个铁路工人与警察作斗争的故事。被班主任安排扮演"警察",因不愿扮演负面角色,婉拒,后"警察"角色由班主任上场排演。该剧在十字街成功演出后,台下喊起"打倒走狗!""工人万岁!"等口号,深受感染。此后,逐渐活跃,屡次参与此类宣传活动。

按:据 1986 年象山县政协文史资料委员会编《象山文史资料》第 1 辑,王庆祥《殷夫史料十考》记述:

殷夫在县立高小那三年,正处于"五四"革命浪涛冲击旧思想、旧文化的年代。当时,县立高小新进气氛颇浓,师生中常有宣传国民革命,打倒军阀列强之议论,还组织上街宣传,发表讲演,表演"文明戏"及"双簧"等。殷夫就曾与许福莹同台演出多次。他为人本分,开头有些怕难为情,特别不愿扮演反派人物。后来,也逐渐活跃了起来。

本年 开始学写白话新诗,展露诗人气质与才华。

---

① 樊崇煦,生卒年不详,字葳芗,丹城东乡人。

本年　母亲钱玉嫱拜丹城北门外象鼻山麓的等慈禅寺①明耀住持为师，带发修行，入住寺内。

1921 年(辛酉，民国十年)　11 岁

▲ 1 月 4 日，文学研究会正式成立于北京。发起人为周作人、朱希祖、耿济之、郑振铎、瞿世英、王统照、沈雁冰、蒋百里、叶绍钧、郭绍虞、孙伏园、许地山等 12 人。其宗旨为介绍世界文学、整理中国旧文学和创造新文学。提倡文艺反映人生、改良人生。

▲ 5 月 5 日，孙中山就任非常大总统，并发表就职宣言。

▲ 6 月 8 日，留学日本的郭沫若、郁达夫、成仿吾、张资平、田汉、郑伯奇、穆木天等人组成创造社。

▲ 7 月 23 日，中国共产党第一次全国代表大会在上海举行，通过了党的第一个党纲，选举了党的中央机关——中央局，陈独秀任总书记，李达任宣传主任，张国焘任组织主任。

▲ 8 月，中国共产党领导工人运动的公开机关——中国劳动组合书记部成立，在 1925 年 5 月中华全国总工会成立后撤销。

---

①　等慈禅寺，又称西寺，始建于南朝宋元嘉二年(425)，为象山名刹。现存寺舍多于民国初期重建。

3月

本月　与三年级校友刘积铨[①]、姜馥森[②]互换兰谱，结为拜盟兄弟。刘积铨为大哥，姜馥森为二哥，殷夫为小弟。

按：义结金兰的发起人是姜馥森，与殷夫有远房表亲关系。殷夫进县立高小之初，姜因知他自小学拳术，向他求教“十二路谭腿”和“铁环七拳头”。殷夫则因先父遗训，不愿张扬，故推脱。刘积铨父祖辈皆为名中医。殷夫父亲徐忠镛自学中医，曾得益于刘积铨父亲的指教，两人过从甚密。殷夫与刘亦成为好友。三人结义后，常一同在丹山桃园[③]聊天、练拳。

按：作为殷夫的朋友，他们对殷夫的思想产生了一些影响。特别是刘积铨，之后到上海读书，与杨白[④]等人成为殷夫革命的引路人。

---

①　刘积铨（1905—1945），小名福寿，一名洁川，象山县东乡下俞岙（今名夏雨岙）人。1919年秋考入象山县立高小，1922年春毕业，考入宁波浙江省立第四中学就读初中。1924年夏，与同学许福莹等发起成立象山旅甬学生进步团体“新蚶社”。1925年秋，初中毕业，考入宁波县立甲种商业学校，就读会计科（学制四年），在校期间加入共青团。1926年，由共青团员转为共产党员。后因言行激进，为孙传芳驻宁波部属注目，于1927年初离校避往上海，在金神父路（今瑞金二路）日晖会计补习学校补习商务会计，蒋介石发动“四一二”反革命政变后，转入地下活动。1928年春，考入复旦大学商科读书，1931年秋毕业，考得会计师资格，任职杭州笕桥机场国民政府军事委员会航空署（署长徐培根）总务处财务科。1933年，随航空署迁江西南昌军用机构。1937年冬，南京沦陷，又随迁四川成都，从事空军抗日后勤服务。抗战胜利后，患肺痨客死成都。

②　姜馥森（1906—1937），字伯莹，又字树林，号馥森，又号冰生。丹城后塘街人。

③　今址在丹城丹西街道桃源路。

④　杨白（1903—1929），字永清，化名杨广武。1925年加入共产主义青年团，1926年转为中共党员，是象山历史上第一任中共象山支部书记。

本学期　结交新入校一年级学生王永茂[①]。与之同宿舍，朝夕相处，亲密无间。

按：据1986年象山县政协文史资料委员会编《象山文史资料》第1辑，王庆祥《殷夫史料十考》记述：

另据许福莹、许九岷、王永茂三先生回忆，殷夫在县立高小读书期间，一直是"住读生"，住在学校里。后两年，还是与王永茂同住一室，两人亲密无间，"宛如一家兄弟"。

本学期　学有余力，开始广泛涉猎各类小说。

按：据《现实》1939年第7期，姜馥森《鲁迅与白莽》记述：

（殷夫）在小学时就有"神童"的雅号。平时教员讲书时，大半在抽屉底下看小说。教师走过去一拳头："你干什么？"他就很傲慢的答道："我看小……说！你先生讲的教科本我全册都已自己明白了。"因为他年轻，教员也不好意思十分责备他；可是他的功课年年考试是第一。到了中学时代，上课时，还是这个态度，仍旧每年考第一。到了中学辍学后一年，他把全部中学的课程自修完毕；因为他要想学德文，所以考同济大学。

本学期　班主任方赞堂因需主持学校教务工作，卸去班主任职务，改由林锡瑾[②]任新班主任。

按：林锡瑾文学功底深厚，且诗书画印皆有专长。其教学理念注重挖掘地方人文历史掌故，结合开展忠孝节义、爱国爱乡教育。其时，象山城内人文历史建筑遗迹颇多。县立高小周边东

[①]　王永茂（1909—1990），丹城南乡独岙村（今属东陈乡）人。世家业农。民国十年（1921）秋入读象山县立高小一年级，民国十三年（1924）秋毕业。后至宁波民强中学读初中，又至上海惠灵中学读高中。毕业后赴舟山沈家门学校任教，后又转入省外银行任职。解放后回宁波人民银行工作，1970年退休。

[②]　林锡瑾，生卒年不详，字仲和，丹城东乡溪沿村人。

北侧有"钱尚书祠",祠内奉祀明洪武初年冒死向朱元璋进谏的刑部尚书钱唐[①],并袝祀明末抗清兵部尚书张煌言;校外西街东首"父子进士坊",纪念明正德年间因弹劾奸臣刘瑾而失官的监察御史王涣和他的第三子王挺;校门西侧"东岳宫",崇祀明代末年拒不降清而惨遭钳齿割舌的县令姜圻。林锡瑾讲授国文课,屡屡结合先贤先烈事迹,开展生动活泼的乡土教学。

本学期 各科成绩名列前茅。诗歌写作屡获林锡瑾点拨。林锡瑾将殷夫诗作合编成册,分发给一些师生。

按:据王庆祥对殷夫同班同学、当时任班长的许福莹的访谈记载,许福莹曾得到过一册林锡瑾编辑的殷夫诗作。在"四一二"反革命政变时,许福莹因共产党员身份被国民党反动派通缉,诗集被烧毁。

本学期 "诗人"名声益盛。收到曾于年前从本校毕业,考入宁波工业学校的学长何志浩之信,信中云其在宁波工业学校筹备成立学生诗社,邀殷夫加入。终因路途太远,联系不便,未果。

7 月

本月 二姊徐素云从县立女子小学毕业,因家中经济情况尚未好转,无力去外地升学。开始在家自学初中课程,并帮助家中农活。

本月 暑假,回到象山。

---

① 钱唐(1314—1394),字惟明,号白石山人,丹城城西白石村人。博学敦行,明洪武元年(1368)举明经,以对策著称。著有《疏稿》及《白石山人集》。

本年　诗文常被选中刊登在教室后壁的"习作园地"。

按：据 1986 年象山县政协文史资料委员会编《象山文史资料》第 1 辑，王庆祥《殷夫史料十考》记述：

到后来几个学期，他的各科成绩都比较好。还经常见他在班上的"习作园地"里发表一些东西，如白话诗、游记之类。

本年　节假日屡去西寺探望母亲。往返途中，见山边路旁的"孩儿塔"①，目睹妇人啼哭弃婴情景，触发无限忧虑悲思。

按：殷夫曾在 1929 年"于上海流浪中"写下《孩儿塔》一诗，表达了他的哀叹。

本年　三兄徐文达因不适军旅生活，去上海一家工厂任职员。

1922 年（壬戌，民国十一年）　12 岁

▲ 1 月 21 日，共产国际在莫斯科召开远东各国共产党及民族革命团体第一次代表大会。瞿秋白、王尽美、邓培等人出席大会。

▲ 3 月 4 日，英国军警在香港九龙沙田公然向广州工人开

---

①　孩儿塔，一称"瘗孩塔"，雅称"徒名祠"。民间以其石件结构形如石橱或石塔，呼之"鸣娃橱"或"鸣娃塔"。曾经，象山因小儿破伤风症流行，初生婴儿死亡率很高，村庄里常有"生一班，抛一山"之惨事。村人因不忍婴尸被豺狼与野狗偷食，故兴起构筑孩儿塔之习俗。据 1926 年编纂的《象山县志》记载，全县各地共有孩儿塔 48 座（今尚存 6 座），其中附建于义冢地内的称"冢塔"。殷夫诗中所指"故乡冢地中"的孩儿塔，系指大徐村西南的"汤家店义冢地"内的"冢塔"，今已不存。殷夫父母所生第一、二、七胎三个死婴即抛入这座孩儿塔。因这座孩儿塔位于大徐至丹城的路边，殷夫在象山县立高小读书期间进出丹城路过此地常会见到，故印象极深。

枪,打死 6 人,造成"沙田惨案"。

▲4 月 5 日,"五四"以后第一个新诗社"湖畔诗社"成立于杭州。成员多为浙江第一师范学校的学生,有应修人、冯雪峰、潘漠华、汪静之、魏金枝、谢旦如、楼建南等。

▲5 月 1 日,第一次全国劳动大会在广州召开。到会者 173人。大会接受共产党提出的"打倒帝国主义""打倒军阀"的口号,通过"八小时工作制""罢工援助"等 10 项决议。

▲5 月 5 日,中国社会主义青年团第一次全国大会在广州召开。到会代表 25 人,代表团员 5000 余人。会议选出蔡和森、张太雷等组成的团中央执行委员会。

6 月

本月 象山县立高等小学校举行建校二十周年纪念会,学生表演游艺节目,邀请学生家长及校外人士参加。

按:据 1987 年象山县政协文史资料委员会编《象山文史资料》第 2 辑,倪旭初《县立高小琐记》记述:

在此期间,校长张静斋有鉴于办校二十载以来,联络家庭、表演艺术等会绝无一次举行,殊为缺憾。于是商同各教职员于闰五月举行二十周年纪念会,表演游艺节目,邀请学生家长及校外同志参加,一时热闹非凡,记得时事公报也作过报道。

本学期 张静斋任校长,上任伊始即整顿校园绿化环境。

按:据 1987 年象山县政协文史资料委员会编《象山文史资料》第 2 辑,倪旭初《县立高小琐记》记述:

一九二二年,张静斋先生任校长,尤重绿化环境。原学校教室前大门甬道两旁有四块木球场。晴天灰尘飞扬,雨天泥污溜滑。他一上任,即决定木球场迁至操场一角。这四块场地,则发动学生整翻成园圃形状,四周种冬青树,中间植四季花木,环境顿幽雅清洁。校内各处空地亦栽风景树和常绿灌木。

本学期　学校新设英语课程,开始学习英语。听课认真,记性甚好,笔试成绩优异,令英语教师张光焕①甚为欣赏。

英语教师张光焕因乡音较重,未曾受专业训练,英语口语发音不准,致使全班学生的听力、口语成为问题。殷夫之后进入上海民立中学时,在全英文教学的听力、口语学习方面存在诸多困难。

训育教师赖大钜②协助管理学生事务并担任课程教学,还发动住读生早晚锻炼身体。其听闻殷夫打得十二路谭腿,希望殷夫传授住读生拳术。因先父遗训,未允,后在班主任鼓动下,与赖先生及同学多有切磋。

夏　徐培根从北京陆军大学毕业,发回浙江陆军第一师,师长为陈仪将军。安家于杭州横广福路6号寓所。

9 月

本月　开学,进入第三学期学习。樊崇煦任班主任,其性格老成稳重,国文功底深厚,字词句章皆有学问,令殷夫受益匪浅。

---

①　张光焕,生卒年不详,字章甫,又字章夫,丹城西乡庆半桥(今属西周镇)人。象山县立高小第七届第一名毕业生,后考入宁波省立第四中学初中部。毕业后任英语教师,在外地教过多年小学、初中英语。

②　赖大钜(1898—1975),字云章,丹城西乡赖家山村(今属西周镇)人。象山县立高小第八届第六名毕业生,后考入宁波省立第四师范学校。毕业后曾在宁波一带任教。因社会活动能力较强,又爱好体育活动,象山县立高小请他协助管理学生事务。后凭借武术考入黄埔军校,参加北伐,曾任国民党慈溪县和宁海县县长,解放前夕去往台湾。

本学期　因成绩优秀,被选为班委,分管学习事务。其时,班上人数减至 20 余人。班长许福莹当选全校学生自治会主席,班长职务由沈本厚①接任。

冬　时在上海某工厂任职的三兄徐文达回到象山,与周素菊结婚。

本年　二姊徐素云在家自习初中课程,希望继续升学,以便自立,奉养母亲。因虑殷夫尚未毕业,徐母答允缓图。

1923 年(癸亥,民国十二年)　13 岁

▲2 月 7 日,京汉铁路总工会举行工人大罢工。吴佩孚镇压,造成"二七惨案"。

▲5 月 27 日,郁达夫在《创造周报》第 3 号发表《文学上的阶级斗争》。文章试图以欧洲各国的文学变迁,来说明文学上的阶级斗争的事实。他主张文学是表现人生的,应该为阶级斗争服务。这是首次在中国文艺界提出"阶级斗争"这个名词。

▲6 月 12 日,中国共产党第三次全国代表大会在广州召开。会议中心议题是讨论和制定同孙中山领导的国民党建立统一战线问题。

---

①　沈本厚(1907—1931),字朴斋,象山石浦镇人,后随母移居丹城北门。1920 年秋考入象山县立高等小学校,与殷夫同班。1923 年秋高小毕业,至宁波工商同业会作抄写,参与编辑《商钟》《七邑指南》等刊物。为人正直,思想激进。1926 年春加入中国共产党,同年任宁波地委书记,开展革命活动,1928 年因行踪被特务发现被捕,1931 年死于狱中。

▲6 月 15 日,《新青年》改为季刊,成为中国共产党中央委员会主办的理论刊物,迁往广州出版,卷期号另起。季刊第 1 期出版"共产国际号",刊出瞿秋白译的《国际歌》歌词及其所作之《世界的社会改造与共产国际》长篇论文。

▲10 月 20 日,中国共产主义青年团中央机关刊物《中国青年》周刊在上海创刊。

1 月

24 日 长兄徐培根与张芝荣结婚。徐培根时年 28 岁,任浙江陆军第一师少校参谋。徐培根因遇台风,车船停阻,不及赶回,由二妹素云代为成礼,翌晨方至家。

3 月

本月 进入县立高小最后一学期学习。学有余力,开始预习新制初中国文、算术等课程。预习笔记成为全班楷模,被誊印分发给全班同学。

按:据 1987 年象山县政协文史资料委员会编《象山文史资料》第 2 辑,倪旭初《县立高小琐记》记述:

一九二三年,全国施行学制改革。高小由三年制改为二年制,取消春季始业,改为秋季始业,教科书也作相应调整。同时,还实行道尔顿制教学方法。这个制度以培养学生独立思考能力为宗旨,并可缩短学程。当时,由樊葳芗先生主持这一教学方法的试行。以自学辅导为主,直接教学为副。课本内容先由学生自己阅读理解,疑难问题再由教师统一综合解答。同时不限学程,根据自己的学习能力,学完一单元课程,由教师出试题进行考核评定。不及格者,须补课补考。试行结果,学生成绩悬殊,老师教学压力加重,仅实行一学期而中止了。

其后不久,由方赞堂(一说唐,字雨霖)任县立高小校长。方早年毕业于宁波师范学堂,应邀至日本横滨华侨创办的中华学府就教。接任县高小校长后,身兼教育,每周三、六两日还教学生唱京剧,学新戏。课程仍设国文、算术、英语、自然、历史、劳作、美术、体育等。一九二五年十二月,又举办为期两天的第一次成绩展览会,陈列各科展品五六百件,琳琅满室。各界人士前往参观者络绎不绝。进门处有五年级合作之泥塑"理想之花园"及"校舍模型",惟妙惟肖。壁上皆是雕刻楹屏和写生画、滑稽画、模仿画及各种美术画。以补习科姜树敏、倪兴汉的写生画,六年级王先之滑稽画最为出色。工艺科之竹器雕刻、木器模型,美术科之中山画像、山野写生、西洋画等亦别具一格。展览会中间桌上置作文、英文及算学成绩,咸得与会者称赞。

4 月

4 日前后 学校放春假,组织远足。与王永茂等同学游览城东郊区东南的瑞龙禅寺和爵溪沙头。

殷夫曾在 1929 年写诗《给茂》追忆当时情景:

> 现今呦,是春的季候,
> 故乡的田野撒满黄花,
> 六年前我要拿住小手,
> 和你并肩地踏完春假。
> 记否呀,那郊外的田阡,
> 丛丛密密地长着毛茛;
> 我们在一个晴朗早晨,

我来了黄花向你献呈？

按：关于诗中所写"六年前"踏完春假一节，王永茂曾回忆说：

这应当是在祖华将要毕业那一年，即 1923 年学校放春假的时候。那年清明前后，学校放春假，组织有兴趣的同学远足，我曾经与祖华等一批同学游览了城东郊区东南的瑞龙禅寺和爵溪沙头。当时黄鱼丰收，沙头上一堆一堆的，都是黄鱼，大家看了真是开眼界，很是快乐。但那次祖华有否"来了黄花"向我"献呈"，已经不记得了。

本学期　稍有闲暇即往图书馆阅读。

6 月

本月　从象山县立高等小学校毕业。毕业考试每门功课全班第一。取得盖有"象山县公署"章的县立高等小学校毕业证书。在毕业典礼上代表毕业生发言，并获校长赠书。

本月　回到大徐故家。长兄徐培根此前已从杭州回至大徐。

本月　母亲钱玉嫦请来兄弟钱绍川，召集家中子女进行分家。长兄徐培根表示放弃家庭财产继承，并许诺担负弟妹的培养费用。

分家结果如下：徐培根放弃析产；徐文达已在丹城小河头置产，亦放弃析产；殷夫保留西厢敞堂与山头小房；其余皆归徐兰庭所有。紫山归兰庭管业，田地由兰庭、文达、殷夫三人分割，按地块大小好坏搭配，并签订田地房产分爨书契。

本月　决定继续外出求学。

本月　在长兄徐培根带领下,往丹城拜访方赞堂、林锡瑾、樊崇煦等诸位先生,又专程看望仇训崇校长。

　　本月　与二姊、母亲随长兄徐培根赴杭州。入住徐培根在西湖边横广福路 6 号的寓所。

　　本月　与家人同游西湖。

　　按:据上海鲁迅纪念馆编《上海鲁迅研究》2009 年第 2 期,应文天《魂系大徐》记述:

　　1923 年殷夫高小毕业,徐培根担当起"长兄代父"的责任,他决定把家中的产业交与二弟兰庭照管,把母亲和小妹素韵、小弟殷夫都接去杭州居住。对小弟殷夫,还特别关心爱护,让他到上海报考民立中学读书。

7 月

　　2 日　获悉上海《申报》前月 27 日、29 日刊载"上海民立中学校招生广告"。广告内容如下:

　　本校定于阳历七月八日,阴历五月廿五日上午九时,招考预科生;下午一时半,招考新制初级中学一、二年级生。报名:阳历七月七日截止。报名手续:中学须缴最近四寸半身软照片一张,报名费一元。

　　按:上海民立中学建立于 1903 年,是一所私立中学,由祖籍福建的上海富商"苏氏四兄弟"(苏本立,字道生;苏本炎,字筠尚;苏本铫,字颖杰;苏本浩,字养存)遵循其父苏鲛(字梦渔)"教育救国"遗愿和"为民而立"的办学宗旨而创办,并由上海圣约翰大学毕业的苏本铫亲任校长。校名取自顾炎武的格言:"国以民立,民以国存。天下兴亡,匹夫有责。"学校以"治学严谨,学融中西,注重书法,尤以英文见长"著称于沪。受西方教育思想影响,办学方针颇具民主自由色彩。教师教学,允许多种学术争鸣;主张学生人格培养,发挥爱好特长。学校师资力量雄厚,教学设施一流,是沪上三大名校①之一。

4日 报名截止日期在即,在徐素云陪同下拍照,准备行装及学费。

6日 抵达上海,暂住徐文达在八仙桥附近租住的宿舍。

7日 更改学名为"徐白",以"徐白"名前往地址在南市大南门的民立中学报名。

按:据1986年《鲁迅研究资料》第15辑,康锋《关于殷夫致徐素云信——兼谈〈鲁迅全集〉中关于殷夫原名的注释》记述:

后来殷夫嫌"徐祖华"这个名字过于通俗,改了个富有诗意的名字叫徐白。他在县高小后几学期的作文本中已用了这个名字。去年春,笔者曾查到他在一九二三年七月考入上海民立中学时用的也即是徐白之名。由此可见"徐白"是殷夫的学名。据徐祝三反映,殷夫生下时并非"颜色是黑黑的"(鲁迅初见殷夫时的印象),而是胖乎乎的很白,所以母亲钱月嫦替他取了个小名叫"阿白"。后来哥姊们就都叫他"白弟",有的亲戚则叫他"白"(如大姊夫),徐白之名即由此而来。姜馥森又认为"白莽二字即脱胎于此",因为殷夫"自己常说:'白乃一个莽夫啊!'"(《鲁迅与白莽》)无疑,这个看法是有一定见地的。他第一次使用这个笔名,是在一九二九年五六月间向鲁迅主编的《奔流》投寄《彼得斐·山陀尔行状》一文时。至于将"徐白"用于作笔名,是他在一九二九年十一月《列宁青年》二卷四期上发表一篇题为《一个青年女革命家的小史》的译文时。这以后他用这个名字发表了许

---

① 沪上三大名校,分别为浦东中学、民立中学、澄衷中学。

多犀利的政论文章。

8 日　下午,参加民立中学入学考试。其中英语考试方式特别,注重考查英语读写与口语能力。

11 日　收到民立中学录取通知。《申报》刊登"上海民立中学校录取新生案",录取通知并附告"以上诸生,惟于阳历八月三十一日(即阴历七月二十日)来校"。此届共计录取新制初级中学一年级新生 102 名,"徐白"在第 57 名。

8 月

25 日　获悉民立中学开学延期。《申报》刊登"上海民立中学校开学展期"声明:

本校原定于阳历八月三十一日开学。现因来学者众,校舍不敷应用,即于暑假期内添建寄宿舍七幢。前因天雨连绵,进行阻碍,不克如期竣工,不得已展期至阳历九月十日开学。特此登报声明。

本月　等待开学期间,游历老城隍庙、龙华寺等名胜古迹,以及同济、复旦等大学和澄衷、浦东等中学名校。并于各式书店书摊间,购得中外诗歌、小说与剧本若干,有胡适诗集《尝试集》、郭沫若诗集《女神》、冰心散文集《繁星》《春水》和格言式自由体小诗,潘漠华、冯雪峰、汪静之、应修人等诗集《湖畔》《春的歌集》等,以及此年秋出版的鲁迅短篇小说集《呐喊》。

9 月

10 日　前往民立中学报到注册,参加开学典礼。

按:民立中学设有"初中预科"与"新制初中"两部,学制均为三年。"新制初中"一年级新生,除录取殷夫此批 102 名外,后又招收了几批,加上"初中预科"三年级升入"新制初中"一年级的,总共 200 多名,编为甲乙丙丁戊己六班。殷夫被编在乙班(一说编在丙班)。

10 月

本月　课余,在民立中学听名人讲演。

按:民立中学校长苏颖杰在校内锐意革新,除照章授课外,每星期会敦请名人讲演以增学生闻见。

按:《申报》1923 年 10 月 18 日载:"本学期如高硕士践四讲环境与教育,李君怀霜讲政治与教育。二君对于讲题发挥无遗,听者动容。"

11 月

2 日　下午,在民立中学听美国柯脱博士讲演《近世之进化》。柯脱博士由天演论与达尔文进化论的差异,阐释进化与人生之关系。

按:《申报》1923 年 11 月 3 日载:此次民立中学讲演"除该校学生外,复有附近清心等校学生及社会人士听讲,达二千余人"。

本月　民立中学筹建图书馆。

12 月

本月　民立中学筹备办校二十周年纪念大会。

本学期　各科成绩在班级与年段排名中位居前列。各门课程中尤其爱好英文,因外籍教师所教英语与县立高小所教音标读音存在差异,故在英语学习中更加刻苦练习语音。期末,英语口语与听力水平有所改善。

按:据1993年政协上海市静安区文史资料委员会编《静安文史》第8辑,署名上海市静安区教育局的《民立中学首任校长苏本铫》记述:

苏本铫在民立中学担任校长四十余年中,建立起一套比较完整的管理体系和规章制度。他注重国文、英文、算学和中西书法,重视师资质量。灵活使用教材,逐渐形成了"治教严谨、讲求实用、文科好,尤以英文见长"的办学特色。

苏本铫把依靠一大批具有真才实学而又诲人不倦的教师视为办学之本。当时,在民立中学高中任教的教员都有数十年的丰富教学经验,初中教员有不少是本校高中毕业的优秀学生。国文是学习其他科目的基础,因此早期教员大多数为前清秀才,以后聘请的也都擅长古文,精于书法。

……英文是苏本铫最为注重的课程。民立中学使用的教材,除国文、中国历史和中国地理以外,其它均采用英文原版本。他还亲自编了一套《共和国民英文读本》,由商务印书馆出版,在初中和预科督授。学生升入初二,每周必交一篇英文作文,苏本铫亲自抽查,不及格者一律重写,初中部英文教员大部分聘请英文程度高的圣约翰大学毕业生,高级英文则聘西人教授,以便学生直接听讲,并学习会话。二十年代中期,学校聘请的英、美、澳籍教师有七人之多。

苏本铫对学生的中西书法要求严格,规定从初一起,每天须完成《灵飞经》小楷和英文习字各一页,由专门教师批阅,校长亲自抽查。书写马虎者,在布告栏里公布姓名,中午休息时召去校长室,亲自谈话训诫。

在学生管理方面,苏本铫也以严格闻名。招考新生"宁缺勿滥",要求学生以"正心诚意为立身之本,实事求是为学问之本"。在 1925 年重订的章程中规定:"考试作弊须开除","衣服贵洁,不得奢华","住宿生眠食起居悉照一定时刻","烟酒赌博严行禁止","体操不得托故推诿","学生或为不足之处,互相勉励"等。

本学期 课余,在图书馆阅读书籍报刊,爱好诗歌、小说、散文。

本年 生活上颇得在上海工厂任职员的三兄徐文达关照。

按:据上海鲁迅纪念馆编《上海鲁迅研究》2009 年第 2 期,应文天《魂系大徐》记述:

殷夫的三哥松庭(文达),长殷夫 8 岁。早年在丹城高小毕业后考入宁波湖西省立第四师范,读了一学期,即因家庭经济拮据去上海一家工厂做工自立。殷夫 1923 年秋投考上海民立中学和后来转浦东中学求学期间,生活上多得到他三哥的关照。

1924 年(甲子,民国十三年) 14 岁

▲1 月 20 日,中国国民党第一次全国代表大会在广州召开,孙中山以总理身份担任主席。大会通过《中国国民党第一次代表大会宣言》,接受了中国共产党提出的反帝反封建主张,重释三民主义,将旧三民主义发展为新三民主义。

▲6 月 16 日,黄埔军校正式举行开学典礼。

▲6 月,北洋政府教育部通令各省取缔私塾,增设学校。

▲9 月,江浙战争爆发。随之,第二次直奉战争爆发。中国

国民党发表《北伐宣言》。

▲11月，"语丝社"在北京成立，成员有鲁迅、周作人、林语堂、刘半农、孙伏园、钱玄同等。

1月

1日　参加民立中学举办的二十周年纪念大会。

按：该日上午先举行纪念礼，苏颖杰校长致辞。纪念礼后，各项游艺表演至夜深。

2日　参加民立中学举办的二十周年纪念大会。上午为各种运动、拳术、球战、游戏等表演，下午及晚间为各种游艺活动表演。尤为关注演剧节目。

按：《申报》1924年1月3日载："次晨开运动会，下午复表演各项游艺，夜间并举行提灯游行大会"。

醒民《民立中学观剧记》（《新闻报》1924年1月4日）载："凡校友有一技之长皆于是日有所贡献"，"是日夜有丝竹拉戏及瘦鹃之说书"，"而昆腔诸剧尤擅胜场"。

《民立中学廿周纪念写真》（《时报》1924年1月4日）载："表演节目繁多，最令人注意者，为该校学生排演之新剧，如《循环离婚》《恩怨了了》及校友排演之独幕剧《牛瘟》、新剧《水落石出》等描写社会情状，惟妙惟肖如西剧《拿破仑与理发师》一幕，尤见神采异常"，"而周瘦鹃君之新说书，郑正秋君之黄老大说梦，顾肯夫君之滑稽说书，毛志良君之评话等，亦有趣味。"

中旬　收到二姊徐素云信，获悉长兄徐培根的部队驻扎杭州，素云与母亲将往杭州过年。信中嘱寒假回杭。

下旬　寒假，乘火车抵杭。住在徐培根横广福路6号寓所。

2 月

5 日　三兄徐文达抵杭向母亲拜年。

5 日至 18 日　春节期间，与徐培根及其未满两岁的女儿蕴玉①及徐文达游览西湖。途经照相馆，拍合照留念。

按：1983 年象山县志办公室在浙江省博物馆的故纸堆里发现此照片，部分已经霉变，但四人面目尚可辨识。在照片的硬衬板两旁，各见毛笔题款：右题"云妹惠存，时在甲子正月白弟将赴上海，摄于杭州"，左题"培根署"。由此可知，这张照片系由徐培根题赠于徐素云。可证殷夫当时杭州之行的一个细节。

19 日　返回民立中学，开始第二学期学习生活。

本学期　总结第一学期经验教训，力求在各门课程之间填平补齐。期中考试总分跃居全班前列，英语笔试、口语成绩亦达优等水平。

大量课外阅读，广泛涉猎胡适、郭沫若、徐志摩、汪静之和冰心等诗人诗作。写下诸多随感小诗。

本学期　关注学校演剧活动。

按：据 1914 年新剧小学社出版的朱双云《新剧史·春秋》记载，上海的圣约翰书院、南洋公学、民立中学等学校都是学生演剧活动较为活跃的地方。1905 年冬，民立中学学生汪仲贤在观看了圣约翰书院的学生演剧后，回到民立中学，在校内组织业余剧社文友会，就此使学生演剧从校园走向社会，且有后继者纷起效仿。为了与旧戏有所区别，大家称这一新颖的表演形式为"新

---

①　蕴玉，此系小名，学名为徐思衡，徐培根长女。

剧""文明新戏"。该文友会领起了沪上的学生演剧活动。《新剧史》称其"实开今日各剧社之先声"。

5 月

月底 作《放脚时代的足印》诗八首。此诗第一次以"白莽"笔名编入自编的《孩儿塔》集,后收入《殷夫诗文集》《殷夫选集》《殷夫集》。

一

秋月的深夜,

没有虫声搅破寂寞,

便悲哀也难和我亲近。

二

春给我一瓣嫩绿的叶,

我反复地寻求着诗意。

三

听不到是颂春的欢歌,

"不如归,不如归……"

只有杜鹃凄绝的悲啼。

四

希望如一棵细小的星儿,

在灰色的远处闪烁着,

如鬼火般的飘忽又轻浮,

引逗人类走向坟墓。

五

我有一个希望,

戴着诗意的花圈,

美丽又庄朴，

在灵府的首座。

六

星儿在天微语时，

在带香的夏风中，

一条微丝柔柔地荡动了：

谁也不知道它。

七

泥泞的道路上，

困骡一步一步地走去，

它低着它的头。

八

我初见你时，

我战栗着；

我初接你吻时，

我战栗着；

如今我们永别了，

我也战栗着。

按：《放脚时代的足印》借"放脚"抒发思想解放心声，是这一时期殷夫的代表诗作，是"他试着表现各种情绪"的"美好的抒情诗"（阿英《殷夫小传》语）。诗中有对美好自然的欣喜，"春给我一瓣嫩绿的叶，我反复地寻求着诗意"；也有初恋中细腻的内心波动，"我初见你时，我战栗着；我初接你吻时，我战栗着；如今我们永别了，我也战栗着"；更有对希望的追寻与幻灭，"希望如一棵细小的星儿，在灰色的远处闪烁着，如鬼火般的飘忽又轻浮，引逗人类走向坟墓"；还有对重重负累下的社会与时代之忧思，

"泥泞的道路上,困骡一步一步地走去,它低着它的头",也预示着诗人追寻理想与希望的艰辛与坚韧。

诗中大致可以窥见殷夫当时的思想觉醒情况。处于大革命浪潮中的他敏锐地感觉到了社会生活中的春意。但是"春光"能否永驻人间,他却茫然无知。因而,他的觉醒之歌的旋律里还夹杂着较为浓郁的感伤杂音:"听不到是颂春的欢歌","只有杜鹃凄绝的悲啼"。感到春之将逝的怅惘,他的心情是忧愤而寂寞的:"星儿在天微语时,在带香的夏风中,一条微丝柔柔地荡动了:谁也不知道它。"表露了他对于这个变革时代既热烈向往,又因为看不清革命前景而心情忧郁的矛盾思想。

诗歌从风格看,如冰心的"春水体",又有汪静之"蕙的风"诗风,从中可见"五四"抒情小诗对少年殷夫的影响。刚开始新诗创作的殷夫,此时尚未形成独特的风格。

6 月

月底 期末考试结束,回到象山。正值夏收夏种期,帮助仲兄夫妇农作。

8 月

下旬 暑假结束,返校报到。

9 月

3 日　由于"江浙战争"①爆发,战火逼近南市,在校长苏颖杰率领下,与其余在校学生避兵租界。"新制初中"二年级并班。

按:并班情况以及殷夫并入何班,无考。

10 月

本月　战事渐平,回到民立中学。学校复课。

本学期　复课后,所在二年级,除国文与历史两课,其余各课包括算法(代数、几何)、博物(物理、生物)、生理、体育以及英语等,均实行全英文教学。

12 月

本月　受"江浙战争"余波影响,交通、邮政皆不畅通,徐培根托人带口讯到上海,嘱其在徐文达处过年。

本学期　课余,阅读诸多中外诗歌、小说与剧本,写抒情小诗,并向文艺性报刊投稿。

按:据当时同学回忆,上海有家小报曾发表过殷夫多首诗作,署名徐白。但至今尚未发现此报,未能证实此事。

---

①　江浙战争,又称齐卢战争、甲子兵灾,是1924年中华民国江苏督军齐燮元与浙江督军卢永祥之间进行的战争。这场战争是直系军阀与反直系军阀势力之间的一次重大较量,也是第二次直奉战争的导火索。

本学期 期末各科成绩全优,获奖学金。

1925 年(乙丑,民国十四年) 15 岁

▲1 月 26 日,中国社会主义青年团第三次全国代表大会在上海召开,更名为中国共产主义青年团。

▲2 月 25 日,匡互生、朱光潜、丰子恺、陶载良、刘熏宇等人因不满旧的教育制度,发起创立"立达中学"。

▲5 月 1 日,第二次全国劳动大会在广州开幕。大会正式成立了中华全国总工会。

▲12 月 1 日,毛泽东在《革命》半月刊上发表《中国社会各阶级的分析》,运用马克思主义基本原理,分析中国社会各阶级的经济地位及其政治态度,指出无产阶级是革命的领导力量,农民则是民主革命最可靠的同盟军和主力军。

1 月

中旬 寒假开始。

23 日 除夕,在三兄徐文达处。

同日 时在上海大学学习的共产党员贺威圣回到象山,在县城组织少时同学赵文光、杨白、范船僧、姜馥森四人共商成立"乐群学会",致力于革命宣传。

按: 这些象山的革命青年,与殷夫在日后多有交集,并对殷夫的革命思想产生过重要影响。

2 月

7 日　新学期始,返回民立中学读书。

按:本学期课余,在图书馆广泛涉猎中外文学、哲学、政治学经典著作。

按:本月 25 日,民立中学在《申报》发布公告:

民立中学图书馆,为裨益社会起见,最近发寄各医院及监狱等公函一件,兹照录于下:启者:敝图书馆,存有中西文杂志多种,其中虽有卷帙不全者,而用于病房消遣、狱中修养,极为相宜。远考东西各国人士,除发展图书馆事业外,兼顾及社会进化,且已行之颇有成效,是以敝图书馆,亦拟仿行,期在社会间病人日减,优秀者日增,潜移默化而渐进于仁寿文明之域。

春　象山"新蚶社"成立。这是一个由象山籍旅甬、旅沪青年组织的进步文艺团体,社址设在丹城忠义祠,由许福莹、倪毓水、刘积铨等发起。宗旨是"联络感情,服务社会",发行《新蚶》刊物,该社陆续吸收社员五六十人。

新蚶社得名于"蚶城"。因象山县丹城地形如蚶,曾名蚶城,因而取社名"新蚶",也寄寓了青年们改造故里使之新生的憧憬。该社的主要任务是组织社员参加共产党领导的各种群众革命运动。

春　徐素云考取浙江省立女子蚕桑讲习所。

按:浙江省立女子蚕桑讲习所是一所工读结合、免收学膳费的学校,地址在杭州横河桥。

5 月

16 日　参与民立中学学生自治会施文恭等组织发动的学生上街游行,援助上海日商内外棉纱厂工人罢工。

按:15 日,上海日商内外棉纱厂第七厂宣布闭厂停工,扣发工人工资。下午五时半,夜班数百工人进厂交涉,与厂主发生冲突。日本人元木、川村开枪射杀工人代表、共产党员顾正红,打伤工人十余人。

按:本日,中共中央发表第 32 号通告,就"顾正红"事件号召社会各界一致援助上海日商内外棉纱厂罢工工人,扩大宣传,反对日本帝国主义。惨案激起 7000 多名纱厂工人的反日罢工和反帝怒潮。从外滩至南市一带陆续出现工人、学生和市民的示威游行队伍。

30 日　"五卅"惨案爆发。

按:该日,上海各校 3000 余名学生和部分工人组成的演讲队在南京路演讲与散发传单,抗议日本帝国主义屠杀中国工人,反对公共租界工部局炮制的增订"印刷附律"、增加"码头捐"、实行"交易所注册"、取缔"童工"等"四提案"。租界巡捕拘捕学生数十人。下午 3 时,学生及各界人士近万人聚集在南京路老闸捕房门前要求释放被捕学生。英国巡捕开枪射击,当场打死 11 人,打伤数十人,并又逮捕 50 余人,制造了震惊中外的"五卅"惨案。

按:同日晚,在沪的中共领导人陈独秀、蔡和森、李立三、刘少奇、恽代英等开会决定建立各阶级的反帝爱国统一战线,发动工人罢工、商人罢市、学生罢课,集中打击英、日帝国主义。全国学生总会和上海学生联合会连夜通电全国,报告当天惨案发生经过,吁请给予援助。

31 日 参与上海工人、学生冒雨示威游行,并至南京路散发抗议传单。

按:同日,贺威圣从上海大学给在象山的杨白拍电报,报告惨案情况,并嘱他立即联络象山各界发动群众声援上海工人、学生的反帝爱国斗争。

6 月

3 日 参加民立中学的集体罢课,响应由学生自治会发动的为死伤者募捐活动,节省伙食费,支援罢工工人。

按:6 月 1 日,上海市总工会成立,宣布全市总罢工。上海学联、商会分别宣布总罢课、总罢市。上午 10 时,南京路惨案再次发生,租界巡捕又开枪打死打伤散发传单、发表演讲的工人和学生,当场死 4 人、伤 20 余人。国民党上海执行部以国民党中央执行委员会名义发表宣言,谴责英国巡捕枪杀爱国学生和工人的暴行。次日,国民党中央执行委员会正式就"五卅"惨案发出通电,号召"全国人民一致抗议,要求惩罚暴行巡捕,抚恤死伤,表示谢罪,保证此后永远无此等至无人道之行为。凡我党员应一致力助国民,以与英帝国主义相搏!"

同日 出席在沪南体育场举行的追悼顾正红等烈士的大会。参加学校"临时委员会"组织的师生游行。

按:为纪念上海、九江、汉口、广东、重庆烈士,民立中学成立学校"临时委员会",组织师生参加游行,并在附近的公共体育场东边设立"五卅烈士血衣亭",西边设立五卅烈士遗像陈列所。阳翰笙在《五卅的回忆》中曾论述:"目睹亭上高悬血迹斑斑的烈士血衣和头碎胸穿的烈士惨影,悲愤至极。学生中甚至有人断指为盟,誓与帝国主义拼个死活。"

同日　民立中学发动部分师生分赴浦东柯思桥、沪西闵行镇等地宣讲"五卅"真相,号召抵制英、日"仇货",并组织"夜巡队"在南市新北门、大达码头一带检查,遇有英产、日产食品即行查扣,禁止入市。

按:据与殷夫同届的民立校友庄寄涵、陆昌洪、陆鼎龙等人后来回忆,当时学生中比较激进的是施文恭。他曾在一次英语课课堂上高呼口号,进行宣传发动,还有施义模同学也比较积极。但他们对"徐白"都没有印象。

按:该日,上海总工会组织 80 万工人群众在闸北宝山路游行。

按:该日,象山县立小学、县立女校、淑德女校等县城各校学生及各界 480 余人,在东岳宫公祭"五卅"被难烈士,举行示威游行。次日,象山 20 多个社会团体代表百余人在县教育会集会,致电声援上海学联、总工会、商会,并致电慰问死难工人学生家属。

20 日　与旅沪同学回到象山。同时回到象山的,还有在杭州蚕桑讲习所读书的徐素云。

同日　加入"象山各界五卅惨案外交后援会",在石浦码头、街头散发传单,张贴标语,组织群众运动。

按:宁波出版社 2017 年出版的《石浦镇志(上)》载:

6 月中旬,在中共上海区委负责浙东工作的贺威圣指导下,成立象山各界外交后援会,石浦青年与旅沪、旅甬同乡会沈本厚、许福莹、殷夫等一起,在石浦码头、街头,散发传单,张贴标语,揭露日本帝国主义屠杀中国人民的罪行,声援上海工人反帝斗争。募捐慰问死难者家属,抵制日、英洋货。

按："象山外交后援会"于本月 7 日由象山各界联合成立。
杨白被选为常务委员,直接领导罢课、罢工、罢市,抵制英日洋
货,开展募捐慰问上海烈士家属和罢工工人等活动。会议决议
发动各校选派学生,组织宣传队下乡。成立大会后,各界人士
2000 余人举行声势浩大的示威游行,强烈抗议英、日帝国主义暴
行。11 日,象山外交后援会组织县城各校师生及工商各界 2000
余人示威游行,要求"收回租界""取消领事裁判权"。11 日至 13
日,象山外交后援会在姜毛庙组织公演《五卅惨案》《恶魔》《黄浦
血》《顾正红不死》《英雄侠骨》《商人的觉悟》以及《罢市一瞥》等
新剧,观者如堵。

23 日　受许福莹邀,加入新蚶社。

按:本日,"新蚶社"在宁波钉打桥 17 号集会,决议创刊《新
蚶》社刊。

《新蚶》是象山历史上第一份革命的铅印刊物,以改造象山
和救国为己任,发表抨击封建教育、旧礼教和揭露帝国主义文化
侵略的文艺作品。4 开,不定期发行,每期发行 500 到 800 份。
公推宋栻为主编,赖云章为总务部主任,何志浩为广告部主任,
许福莹为发行部主任,何志浩、倪毓水等人为副主编、专栏编辑。
在宁波钉打桥小学、象山县立高小分设办事处。宁波由赖云章
主理,象山由林振元负责。将《新蚶》社址设在城中"忠烈祠"内。
该刊于 1926 年 2 月停刊。

按:据浙江文艺出版社 2017 年出版的《肖荣文集》,许福莹
《致肖荣信》回忆:"他(殷夫,引者注)曾参加我发起组织的'新蚶
社',在《新蚶》刊上登过他写的几首反旧礼教的诗"。

按:象山五卅反帝爱国运动的领导人之一王家谟获悉"新蚶
社"成立的消息,作《祝新蚶》诗祝贺:

一

我们相信社会不是不变的固体，

我们相信社会是会进化的有机体。

只要人们努力，

新陈代谢是自然的公理。

二

当此暮景沉沉的社会里，

确是你诞生的时期

——新蚶！

三

你要把旧社会来继承，

你须认清楚你底新时代。

你更须你的新生命尽量发挥

——新蚶！

四

啊！新蚶！

时代是你的慈母，

她不会厌恶你有乳臭，

她只希望你不把她的初意来欺负！

看呵，时代的骄子，

在你生长的环境里，

四面都是，四面都是笼着鬼气！

五

你明白了时代的精神，

你是摩承了你的慈母底使命，

快利用着你底新生命。

六

是你站着的社会倾荡不安，

更是你努力的机会已来，

预备！预备！

快拿着你的长枪长剑

——新蚶！

七

预备！预备！

快挺着你的长枪长剑，

快联合着你底一队，

攻破敌人的壁垒！

战破你恶劣的环境。

快联合着你底一队，

攻破了敌人的堡垒，

看呵！新蚶，

你的慈母正在进行途上含笑！

30 日 上午，在东岳宫参加"公祭五卅遇难诸烈士大会"。与会者有 50 余团体及各界市民 2000 余人。由县教育会代表林放卿主祭，贺威圣、许福莹、刘积铨、王家谟①等相继演说。

按：中央文献出版社 2006 年出版的中共象山县委党史办公室编《半岛英魂：王家谟纪念文集》收录《时事公报》1925 年 7 月 3 日的报道"各界公祭烈士之经过"：

---

① 王家谟（1906—1927），原名王小曼，又名王嘉谟、王亦政、王家伦。中国共产党早期党员，中共宁波地委和中共浙江省委早期领导人之一。他先后担任过宁波地委委员兼组织部部长、地委书记、省委组织部部长、省委常委兼代省委书记。1927 年冬组织浙东暴动，在温州被捕牺牲。

象山城中各界，于六月卅日上午在东岳宫公祭遇难诸烈士，到有五十余团体及各界市民二千余人。会外贴有长篇警告文字，会内东西两廊粘贴"打倒帝国主义""废除一切不平等条约""毋忘五卅惨史""誓为烈士后盾"等语，皆用彩色书写，极为醒目。中设诸烈士神位一座。当八时许，各校学生及各团体皆纷纷到会，皆于左臂上缠有黑纱。开会后，由朱润唐为司仪员，林放卿主祭，向神位前行三鞠躬毕，全体静默三分钟后，主祭者林放卿演说，略谓死难烈士不会再生，惟望生者不负死者。吾人于此，自应继续努力，践前仆后继之古训，庶几中国社会之改造，有望焉云云。次与祭者贺威圣、林友梅、许福莹、刘积铨、桑宝章、励乃勤、林芸青、朱润唐、王嘉谟等俱相继演说，语皆动听。演讲毕，全体复向神位三鞠躬，全体三呼民族解放万岁，散会。又商界于是日，除胡余庆堂①、振泰昌外，皆悬白旗致哀，东岳宫公祭时皆派代表到场与祭。又各学校亦于是日午后停课，以致哀悼云。

同日　在许福莹和刘积铨介绍下，与贺威圣、杨白、王家谟等共产党员见面。接受党组织把"五卅"反帝运动扩展到各地基层中去的指示，发动在沪同人回乡搞宣传。

中旬　与林友梅、徐九山及贺威圣等一起，组织宣传队，赴东乡大徐、贤庠，西乡墙头、西周等地宣传演出，募捐救济费，支援上海工人罢工斗争。

下旬　民立中学提前开始暑假。因罢课延续至下旬，学校临时委员会考虑师生人心涣散，运动正向各地基层单位深入，不少人已离校，一时难以复课，更难以组织期末考试，决定提前放

---

①　原文疑误，或当为"胡庆余堂"。

暑假,期末考试改在下学期开学之前进行。

下旬　参加新蚶社前往乡间各市镇的宣传与募捐活动。

按:《时事公报》1925 年 6 月 24 日载:"象山新蚶社同人,对于沪上惨案极为愤激,尝致电各界坚持到底,兹有旅甬沪各社员史佩左、刘积铨等十余人,出发至乡间各市镇宣传并募捐,颇得良好成绩云。"

按:据浙江省文学学会编《文学欣赏与评论》,肖荣、莽砂《论殷夫的生活和创作道路——纪念殷夫逝世五十周年》记载:"据殷夫的同学和亲属回忆,殷夫回乡后,就积极投入运动,家里很少见到他的人影。"

本月　与二姊徐素云积极参与象山后期"五卅"运动。参加查禁英、日"仇货"行动,先后在象山白墩码头、西泽渡口等要津查禁英产日产,查扣洋货。

殷夫在 1929 年 4 月 23 日所作的《意识的旋律》诗中曾描述五卅运动在家乡象山展开的情景:"南京路上的枪声,把血的影迹传闻,把几千的塔门打开",帝国主义罪恶的枪声使家乡"沉睡"的人民觉醒,纷纷投入反抗帝国主义和封建势力的斗争中。诗中,殷夫描述那时的自己"在群众中羞怯露面,抛露出仇恨",广大群众的浴血战斗如"宏大巨波起落地平线! 碧绿的天鹅绒似的波涛,在天边,天边,夹风怒嚎! 卷上昆仑的高顶,振动满缀石窟的长城"。

7 月

6 日　在丹城大街参加烧毁"仇货"活动。午时,受许福莹邀聚餐。席间,许福莹为《新蚶》约诗稿,并借给殷夫《中国青年》《向导》等进步杂志,及蔡和森编《社会进化史》、涂树芬《帝国主义侵略下的中国》、布哈林《共产主义 ABC》等书。

按：殷夫与新蚶社及其负责人的关系，是迄今所知的殷夫与党的最早关系。

按：据浙江文艺出版社 2017 年出版的《肖荣文集》，许福莹在《致肖荣信》中回忆，殷夫当时是党组织准备发展的对象。

22 日　自即日起参加贺威圣等人在象山县立高等小学校开办的暑期讲习所。讲习所以研究时事为主题，同时也学习英语与算学，为期十余天。先后听贺威圣"帝国主义与中国""民族问题""中山主义与国民革命"等专题讲座。参与"关于发动象山农民运动的办法、口号与步骤"的讨论。学习《共产主义 ABC》《向导》《中国青年》等革命书刊。

本月　徐素云因要求进步，表现积极，加入共青团。

暑期后　民立中学扩校，校址迁至城外演武厅。

按：《民国日报》1925 年 7 月 11 日载："民立中学扩张，定暑假后迁至城外演武厅。"

8 月

中旬　离家返校前，向许福莹归还所借书刊。并将所作三四首诗稿交许福莹，请他转交何志浩。

按：据许福莹晚年回忆，这几首诗后来曾刊登在第 4 期或第 5 期《新蚶》，内容大概是有关青年求学、婚姻等方面问题。现不可考。

20 日　与二姊徐素云抵杭州。准备从杭州转火车返回学校参加上学期期末考试。

28 日　上海《申报》登载《上海民立中学续取新生案》，有"徐培根"名,被录取在"初中二年级"。

　　按:"徐培根"无疑与殷夫有关。如按殷夫在民立中学的学历,此时应该是初中三年级,其中缘由,象山王庆祥先生曾走访殷夫同学许福莹,经其解释,方晓端倪。当时民立中学罢课于6月底结束,学校随即放暑假,殷夫便与很多旅沪同学一起回乡。"可以想见,这学期未经期终考试,殷夫自然仍是初中二年级学生。而下学期即将开学(九月五日到校),殷夫还远在象山,于是徐培根托人给他报了名。"概因报名者不了解"徐白"之名,便以"徐培根"替代。

　　本月　长兄徐培根已从营长晋升至团参谋长,正在准备随部参加"秋操"。

9 月

1 日　回到上海。

3 日　在民立中学参加考试。

5 日　本学期正式开学报到。

本月　经过考试,顺利进入初中三年级学习。

12 月

　　本月　寒假临近,收到徐培根从徐州驻地来信。告知沪杭甬铁路沿线时有劫匪活动,叮嘱寒假期间勿回象山。

　　按:11 月,直系军阀孙传芳以"秋操"之名向奉系军阀杨宇霆进攻。徐培根所在的浙江陆军第一师在师长陈仪率领下,沿津浦铁路北上,袭击并占领了蚌埠、徐州一带苏皖兵家必争之地。到达徐州驻地不久,徐培根即被陈仪调至一师司令部任中校参谋,时参谋长为葛敬恩。

1926年(丙寅,民国十五年) 16岁

▲1月1日,国民党第二次全国代表大会在广州召开。大会决议接受孙中山遗嘱,继续坚持联俄、联共、扶助工农三大政策。

▲3月18日,"三一八"惨案发生。

▲5月15日,国民党在广州召开二届二中全会。会议通过蒋介石提出的"整理党务案"。此后加紧了对共产党人的打击和迫害。

▲7月4日,广州国民政府发表《中国国民党为国民革命军出师北伐宣言》,并发布军队集中计划。

▲7月12日,中国共产党四届三中全会扩大会议在上海举行,提出争取国民革命的领导地位的具体策略。

2月

上中旬 在学校过春节。

下旬 进入民立中学初中最后一学期学习。

本月 因已基本掌握高中一年级基础知识,计划报考高中二年级,但在民立中学绝无可能。因为民立中学开办高中班伊始,尚无跳级先例,故将目标转向"沪上最早的完全中学"浦东中学。

按:浦东中学办学形式新颖,初高中分别设六级,每个学期为一级,允许每位学生每学期升级一次。如,高中三年分设为高中六学级,即第一学期为高一级,第二学期为高二级,依次类推,

第六学期为高六级。

按:据上海人民出版社 1988 年出版的《解放前上海的学校》,浦东中学校史编写组编写的《浦东中学简史》记载:

根据当时办学宗旨,学校为一实科中学,故课程以理科为主,数理两门学科占总授课的 45%。初高中的学科设置,分必修和选修两类。必修课程,以初高中必需具备的知能为标准;选修课程,视学生天赋和兴趣爱好,作较深的研求,以发展学生个性特长。必修和选修课程的学习范围,根据学生学习能力,不受年级固定课程的限制,如学生学习某学科成绩确实优越,则即可升习高一年级学科,初中学生可升习高中课程。1924 年 5 月学校各学门教授研究会(相当于现在各学科教研组)为使学生选课时,事先了解有关学科的内容,以决定取舍,编订了各学程教材纲要,内容包括每周教授时数、学分数、教学年限、选习程序、教学目的、教材纲要等,汇印成册,以供学生选择。

……

1923 年实行新学制后,除继续实行学期升学制外,初高中学生升级改以学科为单位,并于第二年采用学分制。办法为每学科每周授课一小时,满一学期为一学分(实验等技能课折半计算)。初中以习满 168 学分为毕业(每学期平均应习 28 学分),高中以习满 150 学分为毕业(每学期平均应习 25 学分)。学生每学期所习学分,除第一学期固定外(初中 28、高中 25 学分),其他各学期所习学分数,得视个人学习能力和进步的快慢,经学校许可后酌量增减(初中至多 34 学分,至少 22 学分;高中至多 32 学分,至少 22 学分)。因此学生升留级和毕业的年限,均以各学期选习学分的多寡而定,升留级以每学期终结时学生所习学分的总数决定。如初中第一学级终结时已习满 22—28 学分的,可升入初中第二学级;高中第一学级终结时已习满 22—25 学分的,可升入高中第二学级;毕业年限则视学分总数是否已达规定的毕业学分,凡提前习满毕业学分者,即可提前毕业,如自初中第三学年起,每学期以最大限度学分 32 分计算,初高中六年学程可于五年习毕,以最少限度学分 22 分计算,则需七年毕业。

另外,在实施学分制过程中,凡学生对某一必修课程确有相当程度,得由学校特许免习,但仍给以学程应得的学分,以资鼓励。

按:《浦东中学校刊》(1926 年)介绍浦东中学学制情况如下:

民国十二年七月,本校依据学校系统改革令施行三三新学制,先改甲乙丙丁四学程为初级中学。十三年一月,继改戊己庚辛壬癸六学程为高级中学,采用学分制。

……

本校高级中学以随青年个性及社会需要施以普通公民应具之训练,并分别培养升学预备或职业之应用知能为宗旨。本校高级中学采用分科制,初级中学暂不分科。惟高初中学程皆就其性质分别为必修选修二类。本校高中暂分下列甲乙丙三科:(甲)升学科……(乙)普通科……(丙)职业科……

核定学级之标准系本学分制原则,于学期终结时按各生已习毕学分之总数计其下学期应属于某学级(例如已习毕初中学程二十二至二十八学分者应为初中第二学级生,已习毕高中学程二十二至二十五学分者应为高中第二学级生)。

……

各学级必修学程得因个人学习能力之徐疾,不必按学级限习该学级固定之学程(例如第二学级生得因英语程度确实优越升习第四学级之英语学程……),惟以不妨碍各学科之学习程序为限。

......

高中各学程分必修、选修两种。必修学程以适应各科学生最低限度之公共需要及普通公民应具之基本训练为准,必修学程标准就志愿升学国内各大学者与不升学者分别定之,选修学程视学生需要及校中经费酌量设置。

5 月

本月 中国共产党象山支部成立,书记杨白。

按:杨白为殷夫入党介绍人之一。

本月 给远在徐州,已晋升为浙江陆军第一师第四团上校团长的长兄徐培根去信,征求报考浦东中学的意见。

7 月

3 日 获悉《申报》刊登的《浦东中学招生》通告。

按:浦东中学本学期招收初高中第一级新生及各级插班生的时间,第一次是阳历 7 月 4 日,第二次是阳历 8 月 29 日;考试地点分别为上海南市三泰码头内马家厂本校附属小学、南京东南大学附属中学;上海的报名处为本校或马家厂附属小学,南京报名处联络人为东南大学张贡粟。报名时缴考费一元、四寸照片一张。报名均于考期前一日截止。

同日 前往马家厂浦东中学附属小学,以"徐白"学名,报名考试"高三级插生"(即高中第三级插班生)。

4 日 参加浦东中学入学考试。考试科目分别为国文、数学、自然、历史、地理、公民学及英语。英语分口语测试和含中译英等题型的笔试。

6 日　被浦东中学录取。

按:本日《申报》刊登《浦东中学第一次录取新生》公告,在"高三级"下列"徐白"名字,并附告 9 月 11 日开学。

7 日　民立中学举行第 22 届毕业典礼。获全优生荣誉。

按:《时报》1926 年 7 月 8 日载:"首由校长苏颖杰报告,次请前教育厅长沈商耆演说,继请前西教员库全英演说,旋即发凭给奖,此次旧制中学毕业生计一百零六人。"

本月　应徐素云之邀,答应与其在蚕桑讲习所的同学兼好友盛埶真通信交友。

按:据 1986 年象山县政协文史资料委员会编《象山文史资料》第 1 辑,盛埶真口述文章《往事的回顾——我所认识的徐白、徐素韵》中提到:

这年暑假,素韵约我去她大哥徐培根家里找她。徐培根家,楼上并排的两列房子,从两边都可以上去。我上去后,徐素韵不在,她母亲和大嫂在隔壁。我一个人坐在窗口等素韵。发现后面房间的门半开着,里面坐着个年纪很轻的男学生,好象在看书。我的眼睛很近视,也没有想到殷夫放暑假也要回大哥家度假,因此没有看清楚……后来猜测:这个青年,可能就是殷夫。

过了暑假,徐白从上海浦东中学给我写来了第一封信。从此,我们开始了书信来往。

本月　预习高中第三学级的平面几何、平面三角、中等物理、中等化学等课程。

8 月

12 日　浦东中学在《申报》发布新学期课程。

按:本日《申报》载"浦东中学下学期之课程":

浦东中学校高中初中课程,均分设为七学门。该校下学年内,高中部应开各学程现已决定,下学年已定开班者,计有国文四学程、英文四学程、数学四学程、理化二学程,社会、科学及商业十学程、美术及实用艺术十五学程、童子军二学程。

本月 回到杭州徐培根寓所。时徐培根仍在徐州。

9 月

11 日 返上海。以"徐白"学名,前往浦东中学报到注册。插班就读浦东中学高三级。交学费 33 元,膳食费 34 元,书籍等费不计在内。

按:浦东中学,以位于黄浦江之东而得名,校址在浦东六里桥。浦东中学创办于光绪三十三年(1907)正月,创办人杨斯盛①。学校以"勤""朴"二字作为校训,宗旨乃"为社会造健全人才",鼓励师生"爱群爱国"。

按:据上海人民出版社 1988 年出版的《解放前上海的学校》,浦东中学校史编写组编写的《浦东中学简史》记载:

浦中对师资的选任十分严格,从创办之初就注意聘请有真才实学、富有教学经验者担任。黄炎培先生在《八十年来》一书中回忆说,当时"我和伯初是直接受杨先生委托的。各科教师由

---

① 杨斯盛(1851—1908),字锦春,江苏川沙(即今上海浦东新区)人。幼贫,无力读书,30 岁后独立经营建筑业务,承建外滩江海关北楼,一举扬名,事业发展,渐有积蓄,乐于公益事业。晚年受同盟会会员、同乡黄炎培影响,决心兴学救国,先后出资白银 30 万两,置地 60 余亩,创办浦东中学。期间,他委托黄炎培筹办建校事宜,并委任其为首任校长。1908 年临终前嘱托家人以遗产三分之二设立浦中教育基金,故时人称他"毁家兴学"。胡适曾撰文《杨斯盛传》,称其为"中国第一伟人"。

我严格选聘"。以后历任校长也都重视师资的选聘,包括外籍教师的聘用。如英语教师有美籍孟保罗,德、法文教师有丹麦葛麟书等,都是富有经验的教师。校长顾珊臣是数学专家,后留德考察教育,在德病逝。数学教师周翰澜、王季梅、许松云,物理教师张靖远,化学教师陆咏秋等,都是学有专长、负有盛名的教师,后来他们先后任大学教授。

……

由于浦中学生大半来自远方,平时学业德行皆无家长照顾,所以每一学级有师长一人为指导员,任襄助诱掖之责。平时学生都食宿学校,孜孜学业,一般从开学到校,寒暑假回去,安徽、四川、广西等地同学,虽在假期也有寄住学校的。1926年高中五年级学生梁耀森在《学生生活》一文中记述:"我校地处浦东,民朴地简,养成一种俭朴的风气,平时的服装多是质朴雅致的棉织品,毫无奢华的气象。……每夜熄灯之后,宿舍中的烛光人影,几有灯火万家之慨,后被学校严行禁绝……但景园的晨读尚复存在,每晨破晓之后,花前树下的书声,早已和枝头的鸟声互相唱和了……

……

在实验设施方面,有物理、化学、生物等实验室,其中仪器设备、标本药品,一应俱全,并有专职人员管理。另外还设有画室、木工教室等,突出了理论与实践、知识与技能、普通教育与职业教育的并重。

……

浦中对学生教育,以"养成好学深思、体格健全之公民,能有远大之目光、清新之头脑"为目的,除在智育教学方面采取一系列措施外,特别重视体育教学,把体育不仅作为增进全校学生体质,还作为进行德育、智育、群育教育的重要方面,如规定体育成绩不及格者不得毕业;毕业时体育成绩在丙等以下者,不得享受升学补助费。因此学校的体育设施比较完备,有晴雨操场、足球场、篮球场、垒球场、排球场、网球场、跑冰场以及乒乓房、弹子房、游泳池(增涛池),还设单双杠、沙坑、掷铅球区域、秋千架、轩轻天平板等,体育设施的规模为上海中学中所少见。

按:《申报》1925 年 9 月 12 日《浦东中学课程现况》记载:

浦东中学向为五年制,自民国十二年秋提高程度,改办三三新制以来,高中初中已各毕业三次。该校课程共分七学门,近年更将各学门内容力求美备。该校国文门,除各必修学程外,更设中国文学史、文字学、美术文、国学概论、应用文件等学程。外国语学门,除各必修学程外,更设修词学、英美文学史、应用文件、西报杂志阅读等学程。社会科学及历史学门,设有政治学、经济学、哲学概论、心理学、伦理学、教育原理、法学通论、世界通史、西洋近百年史、本国近世史、东亚史,及商业实践、簿记学、会计学等各学程。数学门,设有高等代数、解析几何、微积分等学程。自然科学门,除中等物理化学、生物学外,另设高等物理、分析化学等学程。该校教授自然科学,特别注重学生实习。至艺术学门,该校更设有美术画、用器画、音乐、打字、园艺等各学程。该校毕业生,泰半考入北洋、北大、南洋等校。本科本届清华大学部招考该校学生,被录取者竟达十二人云。

按:据《浦东中学期刊》1929 年第 12 期,佛天《浦东中学的学生生活》一文记载:

浦中除了必修课外,学生可以随了自己的所好随意选几门功课作为选修课。

15 日 上午九时,参加浦东中学在校礼堂举行的开学典礼。

校长沈履发表长篇演说,介绍校史与杨斯盛事迹,提倡学生发扬"勤""朴"学风,并报告校务及训育方针。之后,新聘的国文教员张开屏,政治兼经济教员查良鉴,训育主任孙云遐及童子军帮督练等发表演说,十时散会。

按:《时报》1926 年 9 月 17 日记载:

浦东中学于本月十五日上午九钟在该校礼堂举行始业式,校长沈履有长篇演说,并报告校务及训育方针,次为新聘国文教员张石屏、政治兼经济教员查良鉴、训育主任孙云遐及童子军帮督练等演说,语多中肯,直至十时始散会。

本月 第一次给在杭州的盛孰真写信。自此开始与盛孰真书信来往。

从二姊处得知盛孰真从小体弱多病,多愁善感,同情其处在封建家庭中的不幸,给予宽慰和鼓励。在信中鼓励其努力上进,指导其读书作文的方法,帮助其修改文章并推荐到杂志上发表,并为之取笔名"黛菲"。

本学期 在浦东中学的日常作息如下:

六时起身;七时早餐;七时五十分到十二时上课,共上五课,每课有四十五分钟,每课间有五分钟的休息;十二时午餐;一时到五时亦上五课;六时晚膳;七时到八时五十分上自修课;九时半熄灯睡觉。

本学期 所学必修课程为国文三(每周 5 学时,学分 4 分)、英语三(每周 5 学时,学分 4 分)、三角(每周 5 学时,学分 5 分)、医学常识(每周 3 学时,学分 3 分)、中等物理(上)(每周 6 学时,学分 5 分)、本国近史(每周 4 学时,学分 4 分)、体育三(每周 2 学时,学分 1 分)

本学期　相应选修课程有阅读(每周3学时,学分3分)、英语阅读七(每周3学时,学分3分)、德文一(每周4学时,学分4分)、法文一(每周4学时,学分4分)、投影用器画(每周4学时,学分3分)、高等化学(上)(每周5学时,学分4分)、世界近史(上)(每周3学时,学分3分)、东亚史(每周3学时,学分3分)、心理学概论(每周3学时,学分3分)、政治学(每周3学时,学分3分)、经济学(上)(每周2学时,学分2分)、法学通论(每周3学时,学分3分)、社会学(上)(每周2学时,学分2分)、商业实践(每周3学时,学分3分)、簿记学(上)(每周3学时,学分3分)。

按:据1926年《浦东中学校刊》文章《学校生活概况》,高五级生梁耀森讲述学生生活:

我们每周平均的功课,最少三十四小时……我们除课内的工作外,尚有课外的组织,如"数理化研究会"等的学术团体,及于图书馆中阅书人的拥挤,我们可以看到同学向学情形的大概了。……运动的组成,有篮球、足球、网球、排球、棒球、小球、台球、游泳、田径赛种种,虽则各人对于各项兴趣的不同,但是我相信我校的同学,于各项里面,总有一特长的。……我校同学很有多数富于事物的研究性的,所以他们研究机关的组织,有国乐研究会、数理化研究会、三民主义研究会、清洁卫生研究会、游泳研究会、英文研究会等。……课余饭罢之候,娱乐室里的棋声丁丁然,宿舍中的琴韵铮铮然,弦管嘈嘈然,笑语嗤嗤然;这都可以证明我校的生活并不是"干燥""烦闷""简单""无聊",而一无调剂。

本学期　课余,给盛颎真陆续寄《妇女杂志》等各种刊物。替其修改一篇短文,并以"黛菲"笔名发表于上海《天韵报》。后来在给盛的诗作中,即以"菲"之声母"F"指代盛颎真。

按:据1986年象山县政协文史资料委员会编《象山文史资

料》第 1 辑,盛孰真口述文章《往事的回顾——我所认识的徐白、徐素韵》讲述:

　　过了暑假,徐白从上海浦东中学给我写来了第一封信。从此,我们开始了书信来往。徐白的信,不长,也不密,劝我不要消沉,要振作。因为我进讲习所是不称心的,父亲经济上完全有力量培养我读师范而不肯,我哥哥都读大学了,对我却如此冷漠。我悲观失望,意志消沉,常常一个人跑到操场去哭。这些情况,都是徐素韵写信去告诉殷夫的。

　　……

　　徐白来信,把我的名字改了一个字。我原叫淑真,他改为孰真,我很喜欢这个孰字。……从此以后,我就采用徐白改的名字——孰真,直到现在。

　　按:据《人物》1991 年第 3 期,盛孰真《长歌一曲谱遗恨——回忆我与殷夫的交往》讲述:

　　他早从姐姐那里知道我从小体弱多病,多愁善感,十分同情我处在封建家庭中的不幸,给我许多真诚的宽慰和鼓励,使我非常感动。……信中还指导我怎样读书,怎样写文章。从此以后,他不断给我寄来各种刊物,有《奔流》《妇女杂志》《乐群》《东方杂志》《拓荒》等。记得我还见过署名“徐白”的文章。我非常感激他的真诚的关怀,钦敬他的人品与才学,将他尊为良师益友和兄长。虽然有时我仍为悲凉自己的身世而唏嘘,但我生命之火已被他点燃,增长了生活的勇气。

10 月

本月　时局动荡,关注革命形势。

　　按:本月,国民革命浪潮正在全国各地此起彼伏,北伐进军已席卷南方各省。16 日,时任浙江省省长的夏超在杭州响应北伐,秘密接受北伐军总司令部委任的国民革命军第十八军军长职务,宣布"浙江独立"。此时,自任苏浙闽皖赣五省联军总司令的孙传芳正在江西九江指挥所部抵抗北伐进军。听说夏超有变,遂派部下宋梅村率部回浙制止夏超独立。夏超率浙江保安部队前往松江、嘉兴一线抵抗,然而队伍一触即溃。同日,中共上海区委为接应北伐军攻克武昌,决定发动上海武装暴动,推翻军阀统治。20 日,孙传芳为缩短战线,集中兵力抵抗北伐军入浙,委任陈仪为省长,命其放弃徐州,率部回杭。23 日,夏超逃回杭州,被宋梅村所部捕获杀害。24 日,以商界为主体及国民党人纽永建、吴稚晖所部为主力的上海武装暴动打响,因缺乏必要准备,即于当天下午失败,史称"上海工人第一次武装起义"。参加起义的上海海员工人队伍只得退回浦东。这支工人队伍的领导人之一,就是象山人杨白①。

本月　驻守在徐州的徐培根受革命浪潮影响,向师长陈仪进谏,要求他与北伐军总司令蒋介石秘密取得联系,将浙江陆军第一师成建制转向北伐。

按:此时徐培根在浙江陆军第一师任干部教导队队长,兼任第四团团长。该师部分军官倾向国民革命。

---

① 杨白于 1926 年 7 月调任上海中华海员工会书记,化名为杨广武,以浦东烂泥渡舢舨工会(一称"小船工会")附属小学教师的身份作为掩护,从事海员工人、码头工人和黄包车夫等群众的思想宣传和组织发动工作。曾应中华全国总工会调遣赴香港,协助邓中夏等人领导省港大罢工。10 月初,大罢工取得胜利,他又回到上海浦东烂泥渡舢舨工会,参与发动第一次工人武装起义,但起义失败。年底,杨白与正在上海复旦大学工商会计系读书的象山同乡刘积铨相遇。关于刘积铨,前文已述及,他是殷夫在象山县立高小读书时期的拜盟兄弟,已于该年二月加入中国共产党。

11 月

3 日　所敬仰的中共杭州地委书记贺威圣,因策动"夏超独立"失败,被宋梅村部下逮捕。十日后英勇就义。

14 日　参加浦东中学在六里桥校址举办的廿周年纪念会。

按:据《时报》1926 年 11 月 15 日报道,浦东中学廿周年纪念会第一日,各界人士到者千余人。"道尹代表吴柏恒,上海县代表庞淞舟、警厅袁志瑞、校董瞿绍伊等均先后莅止。下午一时,行开幕礼于大礼堂。首全体向国旗行礼;次唱国歌及校歌,歌毕欢呼。"又由校长沈履报告举办纪念会动机与意义。"继由吴柏恒、庞淞舟致辞。复由校董瞿绍伊及校友、教职员、学生等代表致颂辞。"

按:《申报》1926 年 11 月 9 日、12 日报道:"下午三时起各种娱乐。""娱乐节目有爱国、培明、昭明三女学校及朱女士等之舞蹈,郑小秋及张敏吾二君之双簧,黎明晖女士之唱歌,陆露沙君等之西乐,西成小学之幼稚生表演,顾静一、顾励安、王叔良、杨味余、杨子永诸君及王蕙女士之昆曲,李恩科君之钢琴独奏,上海中国音乐函授学社之国乐,及该校学生所表演之新剧《一只马蜂》与《顽石点头》。晚间并佐以焰火、幻术、口技等,以娱来宾。"

15 日　参加浦东中学廿周年纪念会。

按:《申报》1926 年 11 月 12 日报道:

上午十时,体育表演。下午二时,娱乐。下午七时,余兴。

本月　在上海静安寺路奥林匹克大戏院观看电影《党人魂》。

本月　陈仪就任省长后,力主"浙人自治",秘密派遣葛敬恩、徐培根等人越过浙西封锁前往江西北伐军总司令部,接受国民革命军第十九军军长之委任。浙军第一师改编为国民革命军第十九军,徐培根随部加入北伐行列。

按：一月后，陈仪投奔国民革命军事泄，孙传芳嫡系孟昭月、王淼包围省政府，将陈仪押送南京，并收缴驻扎在杭州的第一师步兵第二团和骑兵营的枪械。

12 月

本月　听李石岑①在浦东中学演讲"旧伦理观与新伦理观"。

按：该演讲稿发表于《一般》杂志2卷1号。"旧伦理观与新伦理观"从道德、宗教、科学和社会诸维度，阐述旧伦理与新伦理之界限。

本学期　陆续听浦东中学各类演讲。有教员查方季演讲的"今日中国与列强"、教员梁念萱演讲的"文士之言行"、教员崔雁冰演讲的"赤化与反赤化"、政治大学教授吴国桢博士演讲的"何谓政治学"、教员王尊一演讲的"演讲历史的方法"等。

本学期　课余阅读彼得斐、拜伦等作家作品，并阅读诸多苏联作家作品译作。

本学期　初步接触马克思主义，对马克思、列宁主义的理论读物发生强烈兴趣。

本学期　学习勤奋，尤对化学实验产生浓厚兴趣。

---

① 李石岑（1892—1934），原名邦藩，字石岑，湖南醴陵人，著名哲学家。早年赴日留学，入日本东京高等师范学校学习。其间曾发起组织"学术研究会"，创办《民锋》杂志，抨击北洋军阀专权，揭露日本帝国主义的侵略。1919年归国，任商务印书馆编辑，主编《民铎》杂志，兼任《时事新报》副刊《学灯》主笔。后受聘为大夏大学、光华大学、暨南大学哲学教授。1927年赴法、英、德等国考察西方哲学，系统研读了赫拉克利特等西方哲学家的主要著作和马克思主义著作，思想逐渐转向"新唯物论"。1933年3月，为纪念马克思逝世50周年，不顾白色恐怖的威胁，在上海宣讲"科学的社会主义哲学"。著有《中国哲学十讲》《人生哲学》《哲学概论》等。

按:浦东中学办学宗旨明确规定以培养学生能"从事实业"或"进习专科"为目的。据宓汝卓《上海浦东中学学生生活概况》(《学生》1922年第9卷第7期)载,创办者杨斯盛先生认为"与其给国民以一种学问,毋宁给国民以一种技艺,因此,该校向来注重实科——接近于工艺底实科,如物理、化学、几何、三角等"。故而,浦东中学理科学习氛围浓厚。

本学期　接受共产党、共青团所宣传的革命理论与新思想。

本学期　开始参加革命活动,在活动中结识诸多工厂青年。

1927年(丁卯,民国十六年)　17岁

▲3月,武汉国民政府成立。

▲4月,蒋介石在上海发动"四一二"反革命政变,并在南京建立国民政府。

▲7月15日,武汉国民政府宣布"分共",第一次国共合作失败。

▲8月1日,周恩来、朱德、贺龙等领导了南昌起义,占领南昌城。7日,中共中央在汉口召开紧急会议,批判并纠正了陈独秀右倾机会主义路线,确定了土地革命和武装反抗国民党反动派屠杀政策的总方针。

1月

1日　长兄徐培根在浙江绍兴参加原浙江陆军第一师的"易帜"仪式。第一师在绍兴大校场正式宣布改编为国民革命军第十九军,仍奉陈仪为军长,由第一师师长石铎代理,下辖两师。

按：第十九军成立后，不愿屈处绍兴一隅，积极开展军事行动，决定向宁波、宁海迎击周荫人部。徐培根担任国民革命军第十九军第二师第四团团长，并率团开赴宁波，与本师第一、二两团投入阻击孙传芳所属周荫人由闽入浙部队的"宁海战役"。指挥第四团先后两次攻入宁海县城，终因地势不利退出。

18 日 北伐军克复杭州。杭州各界民众集会庆祝。时在杭州的徐素云组织同学和蚕场工友上街宣传，表现非常积极。

23 日 北伐军东路总指挥何应钦抵杭。蛰居杭州的徐培根通过前敌总指挥、保定军校老同学白崇禧结识何应钦。

按：本月，何应钦、白崇禧二人向时在江西南昌的蒋介石举荐徐培根。当时尚在南昌的国民革命军总司令部，因原参谋处处长葛敬恩另有任用，蒋介石立即将徐培根召往南昌接替葛之职务。此后不久，徐培根即被任命为国民革命军总司令部上校参谋处处长。

按：据上海鲁迅纪念馆编《上海鲁迅研究》2009 年第 2 期，应文天《魂系大徐》记述：

1926 年，北伐军兴。11 月，陈仪为响应北伐，命徐培根去南昌密见蒋介石，接受了国民革命军 19 军番号。1927 年 1 月，徐培根率军阻击由福建退经温州北上，兵力多倍于己的周荫人部，奋勇三夺宁海城，虽损失惨重，却甚得蒋介石的赞许，遂被任命为国民革命军总司令部参谋处处长。

按：另一说，徐培根率部与孙传芳的部队交战于宁海，兵败之后投奔国民革命军东路军总司令何应钦，任总司令部参谋处处长。殷夫在《写给哥哥的回信》中曾提到 1927 年"四一二"事变前夕，他的哥哥当时正在总司令部任参谋处处长。此"总司令部"并不是蒋介石的"总司令部"，而是何应钦的"东路军总司令部"。

29 日　寒假,回到象山大徐。听闻何志浩参加北伐,在攻打南昌城时"阵亡"[①]。获悉长兄徐培根在宁海兵败经过。

2 月

16 日　在象山度元宵节。晚,启程回上海。

17 日　回到上海浦东中学。

18 日　拜盟大哥刘积铨来访,告知杨白在烂泥渡舢舨工会做事,希望能与殷夫见面。向刘积铨表达加入党组织意愿。

在刘积铨带领下,至烂泥渡舢舨工会附属小学与杨白会面。杨白向殷夫介绍与会工人,详细告知中国共产党的基本情况,提出自己与刘积铨可以介绍入党,并动员参加正在筹备策划的烂泥渡海员全市工人武装起义,帮助做宣传鼓动工作。

19 日　上海 15 万工人举行总同盟罢工,提出反对帝国主义、消灭军阀黑暗统治、肃清一切反动势力等口号 17 条。

21 日　浦东中学新学期开学。高中部拟定开必修课 28 学程,选修课 77 学程。

按《申报》于 1927 年 2 月 18 日发布公告《浦东中学照常开学》,全文如下:

浦东中学改办新制,已历四载,对于学科编制,逐年力求改进,该学高中向行分科选课制,初中部自去年起,亦增设多数选修学程,以求适应青年个性。该校高初中学课,均分为国学、外国语、社会科学、自然科学、数学、艺术、体育七学门。该校本学年课程,现已订定布露,高中部将开必修课二十八学程、选修课

---

① 后知消息有误。

七十七学程。初中部将开必修课四十八学程、选修课四十二学程。该校位于浦江东岸,校址安宁静洁,不受时局影响,现该校已定于阳历二月二十一日照常开学云。

同日 至杨白处。杨白告知中共中央决定,从次日起,上海工人总罢工转为武装起义。计划先由起义的海军士兵控制黄浦江上的建威、建康等兵舰的指挥权,于次日下午 6 时开炮轰击上海重要军事目标,以炮声作为全市工人暴动信号。浦东组织 200 名工人纠察队接应海军起义,联合南市工人纠察队攻打高昌庙兵工厂,夺取武器,然后进攻龙华敌军司令部和淞沪督办公署;其他各区工人纠察队负责解决本区军警机关,进而占领全上海,成立上海市民政府。

接受杨白的指示,准备次日跟随烂泥渡海员工人纠察队参加武装起义,具体任务是张贴宣传标语,带领工人呼喊口号。

22 日 至杨白处。下午,随烂泥渡海员工人纠察队参加中共领导下的第二次工人武装起义。

其时,206 名队员集合于码头边的街路上,参加本次武装起义。各区工人纠察队袭击军警,闸北、南市两区发生巷战。但起义总指挥部与各区的通信联络中断,工人死 40 余人,被捕 300 人,起义失败。

因熟悉南市附近地形,引导杨白等几名队员包抄军警,令军警腹背受敌,缴械投降。后带杨白等人撤离至母校民立中学。又遵照指示,掩护杨白率领的浦东纠察队撤退,至外滩渡口渡黄浦江。当日,刘积铨传达上海市总工会指示,要求浦东工人纠察队及时总结经验教训,保存实力,以利再战。

23 日 在杨白、刘积铨介绍下,宣誓入党。

按:殷夫入党的两位直接介绍人,杨白与刘积铨皆未能活至新中国成立；杨白在"四一二"反革命政变时遭通缉，于1929年12月病故于象山；1945年，刘积铨也病故于四川成都。殷夫的入党时间与经过失却了直接的证明人。因此，一直流传多种说法，说他"先入团后转党"的有之，说他"只入团未入党"的也有之，更有如中央党建网等说他"不是党员"者。但1929年春殷夫曾将上述入党经过告诉了少年同学许福莹，才使我们能根据许先生晚年的回忆得以作以上记述。

按：《象山县志》第49章《人物·革命烈士》载：殷夫，1927年2月入党。

25日　去杨白处。获悉中共中央及中共上海区委2月23日联席会议决议：建立党的特别委员会、特别军事委员会和特别宣传委员会，以实现对武装起义的统一领导。党的特别委员会由陈独秀、周恩来、罗亦农、赵世炎等9人组成。特别军事委员会由周恩来、顾顺章、赵世炎等5人组成，担负武装起义的军事组织和指挥工作。特别宣传委员会由尹宽、郑超麟等5人组成，负责传达党的指挥和政治宣传工作。

27日　应杨白之邀，训练海员工人纠察队，为队员讲革命形势，教谭腿拳脚。

按：从本周起，每逢周日即在烂泥渡舢版工会附属小学协助杨白培训工人纠察队。

上旬　杨白与正在上海复旦大学工商会计系读书的象山同乡刘积铨相约前往六里桥浦东中学探望殷夫，未果。

本月　带领同学去浦东一些工厂宣传，张贴标语迎接北伐军到上海。

按：据殷夫同班同学徐泽森回忆：

1927年2月北伐军临近上海时，他带领同学去浦东一些工厂宣传,贴标语迎接北伐军到上海,在校内同一广西籍的国民党同学时常进行针锋相对的斗争。也就是这个原因,当他"四一二"国民党反革命政变前夕受党的指令去龙华敌总司令部刺探有关政变情报后,被校内的国民党同学出卖而被关进了监狱。

3 月

3 日　浦东中学开始新学期授课。

本学期所必修课程为国文四(每周 5 学时,学分 4 分)、英语四(每周 5 学时,学分 4 分)、中等物理(下)(每周 6 学时,学分 5 分)、体育四(每周 2 学时,学分 1 分)

本学期可选修课程为阅读(每周 3 学时,学分 3 分)、中国文学史(每周 3 学时,学分 3 分)、美术文(每周 3 学时,学分 3 分)、文字学纲要(每周 3 学时,学分 3 分)、应用文件(每周 3 学时,学分 3 分)、国学概论(每周 3 学时,学分 3 分)、英语阅读八(每周 3 学时,学分 3 分)、德文二(每周 4 学时,学分 4 分)、法文二(每周 4 学时,学分 4 分)、高等代数(每周 6 学时,学分 6 分)、解析几何(每周 5 学时,学分 5 分)、高等化学(下)(每周 5 学时,学分 4 分)、世界近史(下)(每周 3 学时,学分 3 分)、教育心理学(每周 3 学时,学分 3 分)、教育学概论(每周 3 学时,学分 3 分)、哲学概论(每周 3 学时,学分 3 分)、论理学(每周 3 学时,学分 3 分)、人生哲学(每周 3 学时,学分 3 分)、社会学(下)(每周 2 学时,学分 2 分)、经济学(下)(每周 2 学时,学分 2 分)、簿记学(下)(每周 3 学时,学分 3 分)、银行学(每周 3 学时,学分 3 分)。

7 日　为配合第三次工人武装起义,约同杨白一起下乡宣传。

按:其时,杨白被派往川沙县发动农民驱逐县长。

按:月初,中共中央和上海区委的特别委员会在周恩来、罗亦农、赵世炎的领导下,着手准备第三次工人武装起义。周恩来指出,此次起义要集中力量在闸北。罗亦农则提出整个行动由特委会指挥,中央和上海区委负责同志每天两次定时定点碰头,且传分工:闸北赵世炎、顾顺章;南市周恩来、徐梅坤、陆震;浦东马玉夫、孙良惠、宣中华。若南市不重要,周恩来则调闸北。7日,周恩来指出奉贤、川沙、南汇三县革命形势很好,三县应先驱逐旧县长,请上海区委速派农运、工会等方面代表前往指导工作。

21 日 跟随杨白与一批海员工人纠察队参加浦东川沙农村的战斗,占领川沙县城。

按:同日,上海总工会 80 万人罢工,后转入武装起义,工人、市民均助战参战。当晚,前后占领南市、沪东、沪西、浦东、虹口、吴淞等六区。

22 日 因缺课,被学校训育处追查原因,参加川沙工人武装起义之事暴露。

同日 上海工人阶级在党的领导下经两天一夜血战,歼灭直鲁联军 3000 余人、反动警察 2000 余人,上海工人第三次武装起义胜利。

按:次日,蒋介石在安徽安庆听闻上海工人第三次武装起义胜利,电令何应钦取消上海革命政府之组织。白崇禧即于同日在上海取缔便衣队,并在新疆路天保里等处与工人武装发生冲突。

24 日 浦东中学鉴于国民革命之胜利,召开会议讨论党化教育实施方法:

(一)各学科教材,由各学门教授研究会自行审查,凡认为不适宜于党化教育者,一律删去;(二)公民学改用孙中山先生手著之三民主义作教本,并于每星期二下午一时零五分,行中山纪念式;(三)组织教职员党化教育研究会,并推定张仲友、沈莣斋、徐允夫三君为筹备委员。

26 日 徐培根随蒋介石从江西九江率国民革命军总司令部抵达上海。蒋介石将司令部驻扎在枫林桥交涉公署内,带领卫士进入市区,进行军事与外交活动,并于二日后令白崇禧即日宣布上海戒严。

29 日 浦东中学校长沈莣斋在《申报》发表《对改组浦东校董会宣言》。

宣言称:"近三年来,浦东中学因校董处置基金之问题,引起校董与学生间无穷纠纷,使学校行政,频处困难,学校声誉,累遭顿挫,复因校董会组织法之偏颇,毕业校友及现任职教员皆无代表参加其间,致使校董与校友及教职员间隔阂误会、阻力横生,近年以迁,浦校校务,日益扩张,而校董会对学校之补助费反愈减少,最近两年,竟完全停止。"提出改组校董会的三点主张。

按:次日下午,浦东中学校友会、教职员会、学生会组织改组校董会请愿团,分别至上海特别市党部、上海特别市政府、上海县教育局三机关请愿,要求改组校董会,请市党部、市政府、县教育局批准其否认现任校董之一切职权,并另组新校董会。

按:殷夫有无参加改组校董会请愿团,并无相关史料记载。

本月 北伐军占领上海后,受党组织指派带领同学去外滩、南京路募捐钱款,支援北伐军。

4 月

1 日 按与长兄徐培根信中约定,前往枫林桥交涉公署与之见面。徐培根时任国民革命军第二十六军司令部上校参谋处长。

　　按：关于这次见面，时隔三年，殷夫在《写给一个哥哥的回信》文中回忆，徐培根婉言劝说殷夫不要胡闹，好好读书，警告时局马上会变，嘱咐殷夫"多用用脑子，多看看世面"。殷夫在信中写道："我颤战着，动摇着走回去。一路上有两个情感交战着：我们的劫难是不可免的了，退后呢？前进呢？这老实说，真是不可赦免的罪恶，我旧的阶级根性完全支配了我，把我整个的思维、感觉系统，都搅得象瀑下的溪流似的紊乱、纠缠，莫衷一是。""前进还是后退"的矛盾、复杂的思绪情感激烈交战着。此时的殷夫，急切地希望上级领导给他指明前进的方向。"一直到三天后，我会见了 C 同志，他才搭救了我，他说：'你应该立即再去，非把详情探出来不可！'"

　　按：据上海鲁迅纪念馆编的《上海鲁迅研究》2009 年第 2 期，应文天《魂系大徐》记述：

　　"四一二"前夕，他（徐培根，引者注）随蒋介石到达上海。在与亲爱的小弟约见交谈中，使他大出意外的是，两年不见，虚岁才 18 的小弟，思想观点竟是那么激进，不由得告诫说："你这个小孩子，快不要胡闹，好好地读书吧！"并透露了时局要变的消息。那时，徐培根断乎意想不到，弟弟竟已参加了共产党领导的政治活动。而殷夫，尽管追求革命的激情很高，决心很大，但毕竟年轻稚嫩，缺乏斗争经验，未能及时利用哥哥的关系，进一步探明消息，保护自己，保护革命组织，致在"四一二"白色恐怖中被捕。关了 3 个月，最后还是带信给徐培根，由他设法保释出狱。

同日　在交涉公署里巧遇同乡何志浩①。方知年初回乡省母，途经宁波时听到的关于何志浩已在参加北伐攻打南昌城时阵亡的传言为虚。

按：1927 年 3 月 22 日，何志浩随蒋介石从江西九江乘军舰抵上海，驻枫林桥交涉公署。其时，徐培根与何同驻一处。4 月 1 日，殷夫前往探望长兄，与何不期而遇。

按：此次见面，也给了何志浩以终身难忘的印象。何志浩在 50 多年后曾回忆说："徐培根将军之胞弟徐白来访，态度殷勤，虚心领教，颇得好感。徐白是青年文学家，可惜于民国十六年与我见面后不久死了，只留给我一纸亲笔的信。"

3 日　寄何志浩信。

信中表达与何相见"真感到一种不可思议的快慰、兴奋的惊讶"，"是何等的快乐"，"这不但是我快乐，即是全象山的革命青年又谁不快乐呢！"并表达对当下革命形势起伏，革命人心态多变，意志不坚的担忧。信中谈到：

"为民众而奋斗的军人，是比什么都可敬可佩，为少数人而出力的军人，是强盗，是土匪，是世界最可憎、可鄙、可弃的东西。这是极易明白的"，"革命的人往往易犯一种毛病，就是在压迫下

---

① 何志浩(1905—2007)，原名本吾，字养然，又字精一，象山县西乡儒雅洋村人。1917 年秋入县立高小，在读期间成绩优秀，擅于作诗。两年后毕业考入宁波甲种工业学校，思想新进，鼓吹革命，积极参加学生运动。殷夫入县立高小之时，何刚毕业离校。后因殷夫亦擅长作诗，与何齐名，被称为象山"两位小诗人"。1925 年"五卅"运动后期，殷夫与他在象山有所接触。何因言辞过激，为军阀孙传芳驻甬部属所恶，乃弃文从戎，南下广东，入黄埔军校第四期。毕业后参加北伐，攻武昌，克南昌，均任"奋英队长"。1926 年 10 月 1 日，在向南昌城发起总攻中，何志浩缘梯爬城，被敌击落，身负重伤，堕落城下，传说阵亡。11 月，伤愈后被蒋介石看中，调入国民革命军机要科，任蒋介石讲演稿整理员，此后一直效忠蒋介石。后去往台湾，从事文化教育，号称"国际桂冠诗人"。2007 年 8 月 3 日病逝于台北市立仁爱医院。

的时候,是很革命、很积极的、前进的。而待压迫稍松的时候,就要开倒车了。我有许多朋友在革命军未(来)上海之前,是非常革命,秘密的做工作,也很感兴味。但是到现在,可以公开了,就不感兴味,开起倒车来了。这是很危险的。我希望个个革命的军人及民众绝对不要犯了这个毛病才好。"

按:此信可见"四一二"前夕殷夫的政治觉悟和精神风貌。新中国成立后,由于缺乏史料,学界对殷夫在"四一二"之前的思想状况一直没有准确了解与详判,一般只能根据他的长诗《在死神未到之前》作推测,认为那时的殷夫仍是一个"小资产阶级知识分子",或者是"对革命对群众的理解还有不正确的地方"。此信应当可以展示殷夫当时的革命立场和政治态度。信中对"革命的人往往易犯一种毛病"的看法,是他对于第三次工人武装起义胜利后实际工作中的一种敏感与警觉,可见他对于国家、民族和革命的责任意识。这正是此信的史料价值之所在。

按:关于给何的"这一纸亲笔的信",何志浩在 1977 年台北象山同乡会的一次理监事联席会议上,曾作过专门评述。同年台北《象山同乡》会刊即以"同乡近事"作了报道,原文如下:

何理事长取出了一张浅黄色的信纸,说:"这是民国十六年 4 月 3 日一位象山少年写给我的信,保存到今天,已 50 年。我已将它影印,分给大家,可知我们象山在北伐时代青少年对国家、民族意识之高,面对当时环境之恶劣,希望更多革命青年共同起来!"

同日 在烂泥渡海员工会总部与杨白见面。向杨白提及前日长兄徐培根所言"将来时局一下变了"等话,经杨白要求,继续打探详情。

杨白向殷夫通报近期蒋介石等人在上海的反共动向:3 月

28日,国民党上海监察委员蔡元培、吴稚晖等人提出"取消共产党人在国民党之籍",李宗仁则提议"以快刀斩乱麻的方式清党"。29日,蒋介石函令上海特别市政府"暂缓办公"。30日,蒋介石指使白崇禧唆使流氓打手捣毁杭州总工会。31日,驻杭北伐军东路总指挥派兵镇压杭州总工会大会,杭州市公安局逮捕出席大会工人群众百余人。4月2日,蒋介石在北伐军东路前敌总司令部驻地龙华主持召开秘密反共会议,提出"清党反共"策略,并言及"现在如果不清党,国民党就要被共产党所篡夺,国民革命军就不能继续北伐,国民革命就不能完成"。

11日 晨,再次前往枫林桥交涉公署见长兄徐培根,未果。

按:国民革命军总司令部已于前一日离开上海。而徐培根早于总司令部全迁南京之前离开上海,被抽调担任"黄埔军校迁京筹备委员会"委员,前往南京主持迁校事务,奔走于南京、广州之间。

12日 蒋介石发动"四一二"反革命政变。

按:凌晨一时,被蒋介石收买的青红帮武装分子冒充工人,向闸北、南市、沪西、吴淞、虹口等区的工人纠察队发动袭击。五时许,国民党第二十六军周凤岐部以调解工人内讧为名,强行解除2000余名工人纠察队的武装,打死纠察队员120人,打伤180人,占据上海总工会。同日,租界工部局亦出动军警,在租界与华界内搜捕共产党员、革命工人千余人,并交予白崇禧。

作于1929年4月23日的诗歌《意识的旋律》描述了此次政变,表明诗人鲜明的阶级立场与坚决的革命斗志。

> 黄浦滩上唱出高音,
> 苏州河旁低回着呻吟!
> 炮,铁甲车,步声,怒吼,

新的旗帜飘上了人头！

三次的流血，流血，流血，

无限的坚决，坚决，坚决！

"四一二"的巨炮振破欢调，

哭声夹着了奸伪的狂笑！

颤音奏了短音阶的缓曲，

英雄受着无限的屈辱！"

13日 在闸北宝山路目睹国民党反动派疯狂屠戮上海人民的惨状。

按：当日，上海20万工人举行总同盟罢工。上午10时，总工会在闸北青云路广场召开工人群众大会，会后，十万余群众整队赴宝山路周凤岐第二十六军第二师司令部，要求立即释放被拘工人，交还工人纠察队枪械。队伍行至宝山路三德里附近，周凤岐奉蒋介石密令开枪屠杀，当场打死百人以上，伤者无数。与此同时，南市游行工人亦被反动军队开枪射击，死伤数十人。白崇禧发布命令，取消上海总工会，成立上海工会联合总会①。自此，国民党反动派继续捕杀共产党人和革命群众，三天内杀300余人，捕500余人，5000多人失踪。原上海总工会委员长汪寿华遭暗害，中共上海区委书记赵世炎、陈延年等领导人壮烈牺牲。

按：据浙江人民出版社1981年《浙江文史资料选辑》第19辑，张雪痕《蓓蕾年华映血波——忆青年革命诗人殷夫》一文曾言及，本年7月下旬，张从定海中途登上由宁波开往家乡的轮船，与殷夫偶遇，二人畅谈：

他（殷夫，引者注）还诉述了"四一二"事变之后的第二天，在

---

① 后改称上海工会统一组织委员会，简称工统会。

闸北宝山路亲眼看到蒋匪疯狂屠杀上海人民的惨剧：这天下午，闸北群众在青云路广场参加市民大会，散会后，排队游行，行至鸿兴路口的匪二十六军司令部门口，聚集在那里的卫兵，不但不许游行的队伍通行，而且灭绝人性地举起步枪、机枪，齐向手持"青天白日"旗帜的游行队伍密集扫射，游行的群众与观看的群众拥挤马路上，一时退避不及，当场就被打死六十余人，打伤百余人，鲜红的血流汩汩洒遍宝山路。

本月 上海海员工会被查封，杨白作为"上海乱党四大金刚"之一，被张榜追缉。

按：杨白之后在黄包车夫掩护下脱险，找到党组织秘密联络点，奉组织指示乔装后只身返回象山。时象山党组织已被迫停止活动，支部领导成员许福莹、周宗文等均遭国民党通缉，避至乡下。党内力量遭遇严重削弱①。

16 日 国民革命军东路军前敌总指挥部政治部宣传科派科员林则瑞至浦东中学负责宣传工作。晚，林则瑞在浦东中学大礼堂，就国民革命之意义、总工会纠察队缴械之原因、国民革命军自出发以来之经过情形等方面向全体教职员及学生作宣传演讲。

28 日 浦东中学学生召开大会，一致议决备文呈请上海政治分会，将该校收归公办，并请指派教育专家办理接受，及清查旧校董会账目各手续，掀起改归公立运动。

30 日 浦东中学校董会开会议决改组，并提出总辞职，按照校章第 7、8 条之规定，即行投票选举出新校董 15 人。关于校产

---

① 本年 7 月，中共宁波市委派组织部主任沈本厚整顿党的组织，成立中共象山区委，沈本厚担任区委书记。后经三四个月努力，党员发展到 20 多人。11 月，中共浙江省委遭到破坏，党员名册落入敌手，象山区委又有 6 名党员被捕。

及其他应行交代事件,按照校章第 18、19 等条之规定,待推定财政经理员后即行移交。

按:本年 8 月,校董黄炎培、秦锡田、张伯初等 15 人宣告辞职,临时由杨斯盛之子杨鑫另聘李孤帆、朱经农、王云五等 11 人为校董。但校长的人选转由市党部委任。由于国民党不同派系都想把持学校,从 1933 年至 1936 年四年间,校长每年都有更迭。

5 月

5 日　浦东中学校长沈芾斋因浦东中学公立运动改组纠纷,宣告去职。新任校长为姜伯韩。

按:《新闻报》1927 年 9 月 4 日宣布,经市教育局呈请国府教育行政委员会核准,校董会公推,原暨南学校校长姜伯韩为新任校长。

5 日前后　在浦东中学因一个广西籍"獐头小人"①举报而被捕,被投入上海龙华淞沪警备司令部监狱。

按:在《写给一个哥哥的回信》中概述了被捕情形:

到后来,你(徐培根,引者注)的预言,不仅威吓我,而已真的抓住了我:铁的环儿紧扣着我的手脚,手枪的圆口准对着我的胸口,把我从光明的世界迫进了黑暗的地狱。到这时候,在死的威吓之下,在答楚皮鞭的燃烧之下,我才觉悟了大半;我得前进,我得更往前进!我在这种彻悟的境地中,死绝对不能使我战栗,我

---

①　"獐头小人":姓叶,男,1910 年生,广西融县人。1928 年秋,与殷夫同时考入国立同济大学德文补习科,且同在"乙组"读书,为国民党同济大学校党部骨干。后升入同济大学医学正科(本科),毕业后长期从医。解放后参加民主党派,曾任广西某医院副院长。

在皮鞭扭扼我皮肉的当儿，我心中才第一次开始倔强地骂人了："他妈妈的，打吧！"我说第一次骂人，这意义你是懂得的，我从小就是羞怯的，从来没骂过人呢！

6 月

5 日　夜，狱中作长诗《在死神未到之前》。诗歌叙述了此次被捕经过，显示在狱中视死如归，作为"革命的忠臣"的精神状态，并号召"被侮辱的人们"团结对敌。

> 记着，你被侮辱的人们，
> 你们要团结得紧紧，
> 你们要起来奋斗，
> 来，来，来打死你们的敌人！
> 你们是世界的主人，
> 你们是地球的生命，
> 起来，起来，流血，
> 流着惨碧的血，拿着血色的旗旌！
> 兄弟，兄弟，快醒来，
> 你们的死期已近，
> 快刀已在你们的头旁，
> 血水已淹没了你们的脚胫！
> 哪！向光明，冲去！
> 那面是温热的光明，
> 只靠你们自己的力量，
> 才救得你们自己的生命！
> ……
> 朋友，有什么呢？

革命的本身就是牺牲，

就是死，就是流血，

就是在刀枪下走奔！

牢狱应该是我们的家庭，

我们应该完结我们的生命，

在森严的刑场上，

我的眼泪决不因恐惧而洒淋！

忏悔吧，可怜的弱者，

死去！死是最光荣的责任，

让血染成一条出路，

引导着同志向前进行！"

上旬 买通狱卒，写信给时在南京的长兄徐培根。

按：在《写给一个哥哥的回信》中，殷夫讲到：

同时我说："我还得活哟，我为什么应该乱丢我的生命，我不要做英雄，我的生命不是我自己可支配的。"所以我立刻掏出四元钱，收买了一个兵士，给我寄一封快信给你。

按：徐培根接到从上海龙华淞沪警备司令部监狱寄出的快信后，因案情关涉"清党"，性质严重，当即亲自前往上海营救。但前特务处长，现"清党委员"的杨虎以涉事严重，人证物证俱在为由，并未放人。后徐培根写信向时任国民党戒严司令的白崇禧求助。

按：此处，"四元钱"之事，在 1929 年 5 月 14 日作的随笔《监房的一夜》中，已作纪实性描述。

7 月

下旬 在徐培根营救下出狱。

有关开释的具体情形在《写给一个哥哥的回信》简略提及：

……那个杀人不眨眼的人虎（杨虎，引者注），终于也对我狠狠地狞视一会，无声地摆头示意叫他的狗儿们在我案卷上写着两字：开释。

下旬 徐培根获悉自己将被派往德国陆军大学留学，计划将在杭州的家眷迁回象山。

下旬 随同长兄及一家老小，从杭州经上海登船到宁波，再转乘宁象轮船返回象山。在宁象轮船上偶遇"少年同学，又是同一个战壕里的伙伴"张雪痕①。

按：据浙江人民出版社 1981 年出版的《浙江文史资料选辑》第 19 辑，张雪痕《蓓蕾年华映血波——忆青年革命诗人殷夫》一文详叙了此次见面情形：

大概在七月的下旬，我由定海登上从宁波开往象山的轮船，殷夫在船上瞥见了我，迅即前来与我招呼。我俩紧紧地握着手，竟相视无语！我俩是少年同学，又是同一战壕里的伙伴，邂逅在腥风血雨般白色恐怖的地域里，更感友谊的真挚！

为了便于畅谈，我俩坐在船头上。强烈的阳光照射在身上，不知炎热；波涛迸出的浪花飞溅在身上，不知潮湿。他从参加革

---

① 张雪痕(1910—2008)，原名张享淇，曾用名张亚华，象山丹城北门人。民国十二年(1923)从象山县立高等小学校毕业，就读宁波甲种工业学校。民国十六年加入中国共产党，同年 4 月到定海组建中共定海独立支部，任支部书记。不久，国民党在定海搜捕共产党，在定海县立女子学校校长沈毅帮助下转移到上海、杭州。11 月，中共浙江省委机关遭到破坏，被捕，被囚禁在杭州国民党陆军监狱和国民党浙江省反省院，判处无期徒刑，经多方营救，于民国二十二年获释。出狱后仍坚持革命。抗战时期，他在象山任敌后"政工队"队长，协助地下党组织坚持抗日斗争。"政工队"被迫解散后，赴上海参加抗日斗争。新中国成立后，先后在上海市工商经济研究院、卢湾中学工作，离休后定居上海。

命谈到被捕入狱,从释放出狱谈到今后的打算。……革命机构遭到封闭、捣毁,革命干部遭到关押、惨杀,革命群众遭到拘捕、屠戮。激怒了的殷夫,仰望天空,吟着"我们笑看那倾天黑云,预期着狂风和暴雨"的诗句,不但蔑视反革命匪徒的险诈、毒辣、凶残的法西斯恐怖的现在,而且憧憬着风暴过后的晴朗和美丽的未来。

8 月

上旬 与母亲和大嫂一起住在"象山城隍庙隔壁徐第"。

按:抵达象山后,象山丹城城隍庙住持僧传常因与钱玉嫦同为西寺住持僧明耀之徒,答允徐培根把家属安置在城隍庙隔壁原为住持和尚接待施主的客堂里。此堂为一座三进院落,宽敞幽静,当时为一国民革命军的团部所觊觎,住持和尚正在犹豫犯难,遇本乡名人徐培根携眷返乡前来商求,就慨然相借,那团部也因之知趣而退。殷夫后来回象山,也暂住此地,即后来在同济大学期间的通讯住址"象山城隍庙隔壁徐第"。

中旬 从上海《申报》中了解到上海同济大学招生信息。获悉第一次招生已于上月前结束,第二次招生报名开始。并知悉投考德文补习科需有中学毕业资格,考试科目包括国文、英文及数理化。由于并无高中文凭,不可报考同济大学德文补习科。

按:《申报》7 月 21 日刊登《国立同济大学招男女生》广告:

本大学现招附设德文补习科、新制初级中学一二年级、中等机械科生,男女兼收。(投考资格)中学毕业或有同等程度者,得投考德文补习科一年级。新制小学毕业或有同等程度者,得投考初中一年级及中等机械科一年级。(报名日期)自七月二十日至八月四日。(报名地点)上海白克路二十二号宝隆医院及吴淞镇本大学报名处。一切手续须照本大学简章投考须知办理。(考期)八月六日至七日,均自上午九时起在宝隆医院举行。(考试科目)德文补习科试国文、英文、物理、化学、数学。初中一二年级及中等机械科试国文、算学。招生简章附邮四分,函索即寄,空函不复。维持委员许陈琦、孟心如启。

《申报》8月10日登载《国立同济大学录取新生》广告:

正取生以报名先后为序,备取生以成绩优劣为序。

《申报》8月18日登载《国立同济大学续招男女生》广告:

本大学续招附设德文补习科新制初级中学一二年级、中等机械科生,男女兼收。(投考资格)中学毕业或有同等程度者,得投考德文补习科一年级。新制小学毕业或有同等程度者,得投考初中一年级及中等机械科一年级。(报名日期)自八月十六日至九月八日止,每日上午十时至下午四时止,星期日停止办公。(报名地点)吴淞镇北本大学报名处,一切手续须照本大学简章投考须知办理。(考期)九月十日至十一日,均自上午九时起在本大学举行。考生务须乘上海上午七点三十分钟车到吴淞镇车站下车。(考试科目)德文补习科试国文、英文、物理、化学、数学,初中一二年级及中等机械科试国文、算学。招生简章附邮四分,函索即寄,空函不复。维持委员许陈琦、孟心如启。

《申报》(本埠增刊)8月19日发布《国立同济大学将举行第二次招考》公告:

国立同济大学本届招收新生,已于前日登载申、新两报揭晓,计德文补习科正取四十八名,备取四十八名;中华机械科插班生两名;中等机械科一年级正取十九名,备取七名;初中一年级正取三十五名,备取十五名。闻该校余额尚多,大约在月底月初举行第二次招考，日内即须登报开始报名。又该校留校学生会于昨开第三次执行委员会，并请该校维持委员许陈琦、孟心如出席，对于减费运动及聘请教授问题，均详加讨论。减费运动，议决由学生会正式具函请求维持委员，维持委员始可作为根据，向中央交涉，并由学生会发表二次宣言云。

中下旬　写信给在杭州的二姊素云和盛孰真，请二人帮忙借一份徐姓高中文凭。并在信上附照片一张，背面题有"出狱纪念"四字。

下旬　通过三兄徐文达打听，知晓同济德文补习科招生情况：此科修习年限为两年，除主课德文外，需兼读相当于大学预备班的课程。徐文达已预先代为报名，拿到文凭后即可参加入学考试。

按：当时，徐素云与盛孰真也正被反动政府搜捕中。徐素云自"五卅"运动后期在象山加入共青团，回到杭州蚕桑讲习所之后，一直是校外学生运动骨干。在反对军阀孙传芳统治，迎接北伐军入杭，以及四月初组织发动群众抗拒北伐军镇压杭州工人大会等活动中，都走在前列，为反动军警所注目。月底，风声缓和，讲习所开学，徐素云方回校。徐素云与盛孰真同时接到殷夫来信，从"出狱纪念"四字中得知殷夫被捕之事。

本月　预备功课，研读大学基础课教材。学习俄语，为自由阅读俄文书刊，翻译俄文文章打下基础。

本月　象山独立支部改组为区委，仍由杨白任书记，有党员28人。

9 月

月初　在象山，写下《人间》诗，署名白莽，收入自编《孩儿塔》集。

　　　　　山是故意地雄伟，

　　　　　水是故意地潆涟，

　　　　　　因为我，

　　　　　　只有，只有，

　　　　　只有干枯地在人间蹁跹。

　　　　　景物是讥嘲的含着谄媚，

　　　　　人们是勉强的堆着笑脸，

　　　　　　因为我，

　　　　　　只是，只是，

　　　　　只是丑恶地在人间徘徊。

　月初　写下《呵，我爱的》①诗，署名白莽，收入自编《孩儿塔》集。诗中追忆了当年与"梅英表姐"在一起的种种美好情景。

　　　　　呵，我爱的姑娘在那边，

　　　　　一丛青苍苍的藤儿前面；

　　　　　草帽下闪烁着青春面颊，

　　　　　她好似一朵红的，红的玫瑰。

　　　　　南风欣语，提醒了前夜：

　　　　　疏淡的新月在青空阑珊，

　　　　　我们同坐在松底溪滩，

　　　　　剖心地，我俩密密倾谈。

　　　　　古刹的钟声，混淡，

　　　　　她的发香，似幽兰；

　　　　　我们同数星星，

---

　① 诗中的"姑娘"，指殷夫姑母之女林梅英。

笑白云儿多疏懒。

看，她有如仙嬛，

胸中埋着我的情爱；

呵，我的爱是一朵玫瑰，

五月的蓓蕾开放于自然的胸怀。

月初 收到盛叔真寄来的"徐文雄"文凭，前往上海。

按：据 1986 年象山县政协文史资料委员会编《象山文史资料》第 1 辑，盛叔真口述文章《往事的回顾——我所认识的徐白、徐素韵》讲述：

不久，徐白来信说，他要去考大学，叫我想法借一张姓徐的毕业文凭。他为什么要我去借姓徐的文凭呢？由于我跟他谈得来，在信中把自己所有的事情都告诉了他。我有个上虞来的同学，也姓徐，曾经把我介绍他的堂阿哥……这事我在一九二六年下半年告诉过徐白，所以他就叫我借文凭了。

我同学的堂哥徐君蛮畅快，立刻把文凭借了给我。文凭上写的是徐文雄，而不是徐君本人的名字，年龄也比他小。我当时没有问他是谁的文凭，反正只要姓徐，年纪又跟殷夫相同就行了。徐白就是用我寄去的这张文凭，考取了上海同济大学。有一段时间，就用徐文雄的名字发表文章。

5 日 中央教育行政委员会批准同济大学将学生学费依照原额暂减去 30%。（据《申报》1927 年 9 月 5 日报道）

7日 晨,在三兄徐文达陪同下前往吴淞镇国立同济大学①报名。

按:因预报之名是"徐白",而非高中毕业文凭上之"徐文雄",值班教师不予报名,后经同济大学新任校长张仲苏许可,方为其办理入学考试手续。

入学考试时间为10日上午9时;地点为德文补习课教学大楼一楼教室。科目有国文、英文、物理、化学与数学,分两天进行。

按:据上海鲁迅纪念馆编《上海鲁迅研究》2009年第2期,应文天《魂系大徐》记述:

殷夫第一次被捕坐了3个月的牢,经大哥保释出狱随母亲、大嫂回到象山后,托女友盛孰真借得"徐文雄"的高中毕业文凭,考取上海同济大学附设德文补习科重返上海就读,兄弟俩又再次晤面。

9日 同济大学公布招考延期通告。

按:本日,《申报》刊登《国立同济大学招考延期紧急广告》:"因交通尚未完全复原,恐投考者远道不及赶到,兹改于九月十四、十五两日举行。特此通告。国立同济大学校长张仲苏。"

14日 前往同济大学赴考。

15日 赴考回程途中碰见浦东中学"獐头小人"叶某,其已于上一轮招考后录取在德文补习科。

————————

① 同济大学前身为1907年德国人创建的医学堂,1912年增设工学堂。1917年中德断交,德籍校长退校,华人开始接管,由中央政府、江苏省政府拨款以补经费之不足。同年,校董会提出将"私立同济医工专门学校设为国立",但因时局动荡,经济萧条,政府无心于此,未更名成功。1927年,时值蔡元培担任国民政府大学院院长,在其努力下,于该年8月方正式更名为"国立同济大学"。

104

18 日　《申报》刊登《国立同济大学第二次录取新生》公告。排名第 22 的"徐文雄"即在"补习科"录取名单中。

同日　《申报》刊登《国立同济大学开学广告》："本校定于九月十九日开学上课。新旧各生即日到校弗延。"

按：当时的同济大学分大学部、德文补习科、中学部和机师学校四部分。大学部分工科和医科两部。工科为四年制，一、二年级不分系，三、四年级分为土木工学系和机械工学系两系。医科为五年制。德文补习科为二年制。医科及工科学生均由本校自办之中学及补习科升入。中学及补习科肄业期满经考核及格后，一任各人之志愿升入医科或工科，故每年暑假招生时只招中学补习班及机师学校新生。

"补习科之设立，则以中学至高年级时每每人数逐渐减少，不敷升入本科之数，不得不设补习科以救济之。其办法，考取各地中学毕业生补习两年，与本校高中毕业生同一升入医工两科。其授课时数以德语为最多，因各该生前以均未习德语故也。第一年为每周国文四小时，德文十八小时，数学三小时，物理化学各二小时，生物三小时。"

按：1928 年 9 月编印的《国立同济大学二十周年纪念册》记载了该校这一学年的全部学生名单。此次德文补习科是第二次招生，共录取新生 99 名，其中女生 20 名。分为甲、乙两组，"徐文雄"与"獐头小人"叶某同被分在乙组。在第 296 页"德文补习科第一年级乙组"的学生名单中，有"徐文雄"，年龄"十九"岁，籍贯为"浙江上虞"，通讯处为"象山城隍庙隔壁徐第"。

按：据 1986 年《鲁迅研究资料》第 15 辑，康锋《关于殷夫致徐素云信——兼谈〈鲁迅全集〉中关于殷夫原名的注释》记述，徐文雄之名的由来是这样的：

殷夫因在一九二七年四月被捕而未能念完高中;秋,他为了参加高考,托在杭州的女友盛淑真(孰真)借了上虞人徐文雄的文凭,于一九二七年九月十八日考入同济大学附属德文补习科。他在一九二八年秋第二次被捕之前,在该校读书时用的一直是此名。

19 日 携带铺盖、衣服及《德汉词典》等书籍,前往同济大学报到。

同日 至同济新生报到处缴纳学费,学费 90 元。在德文补习科大楼门厅领取国文、公民、德文、数学、物理、化学、生物及英文等课本。在 4 楼学生宿舍安顿,六人间宿舍内有 3 张高低床,3 张对坐书桌,6 个凳子。

20 日 参加德文补习科开学仪式。仪式在一楼大教室举行,共出席学生 296 名。张仲苏[①]校长、德文补习科主任以及主要任课老师参加仪式,张仲苏校长发表讲话。仪式后,德文补习科全体同学在教学大楼前合影留念。

27 日 国民党上海特别市党部宣传部部长、《民国日报》总编陈德徵在同济大学演讲,题为《如何才能完成三民主义的国民革命》。

按:《民国日报·觉悟》1927 年 9 月 28 日登载演讲主旨:"现在除了三民主义,简直没有一种主义能够救中国乃至救全世界。

---

① 张仲苏(1879—?):原名张谨,河北清苑人。早年就读于京师大学堂。1905 年由大学堂选派留学德国,入莱比锡大学攻读法科。1912 年回国,任教育部金事。1913 年至 1922 年,任京师学务局局长。1922 年至 1925 年,任河北教育厅厅长。1927 年 8 月由国民政府委任为国立同济大学校长,9 月 1 日到校履职。任内,面对教职工欠薪窘境,维持了正常教学秩序;同时按照国民政府新制,建立院系体制。1929 年 3 月因健康原因辞校长职,同年任国立北平大学普通教育处处长。1931 年至 1932 年,任省立河北大学校长。抗战期间隐居北平。1946 年被选为北京市参议员。

……民族主义的精神,一方面固然是在求中华民国全民族之自由平等,它底使命也在谋世界各弱小民族之解放而达到世界大同的目的。"同时对国家主义者和共产党进行攻击,认为共产党的伺机夺权和贪官污吏土豪劣绅的投机混入是中国国民党的两大危机所在,是三民主义的国民革命不能早日完成的重要原因。

本月　初识德文补习科甲组的王顺芳①、乙组的陈元达②同学,与两人住同一宿舍。

本学期课程为每周国文 5 学时,德文 8 学时,数学 6 学时,本国地理 1 学时,公民 2 学时,世界史 2 学时,世界地理 2 学时,物理 2 学时,生物 3 学时,图画 2 学时。

12 月

11 日　广州起义。张太雷、叶挺、恽代英、叶剑英领导国民

---

①　王顺芳(1911—1945),又名王征夫,曾用王涅夫、王三川、王培良等名,上海浦东三林塘人。1925 年秋曾入学同济大学机师科,不久加入中国共产党。因在校内参加反"誓约书"斗争(即 1926 年 3 月反对校长阮尚介强迫学生签署不参加爱国民主运动的《誓约书》),被开除学籍,奉党组织指派赴广东参加北伐。1927 年春,随北伐部队回上海。同年秋,考入同济大学德文补习科。1930 年后,以电车售票员等公开身份为掩护,在上海市区和沪宁线一带从事地下工作。1934 年,由于叛徒出卖,被捕入狱 3 年。出狱后,在浦东从事游击斗争。1942 年,受党组织派遣,打入余姚地区,以保安团副团长的公开身份为掩护,担任中共余姚敌工委书记,对敌伪进行分化瓦解,作了大量的侦察情报工作,出色地配合了根据地的正面对敌斗争。1945 年 5 月 1 日,由于叛徒出卖,遭反动派杀害,时年 34 岁。

②　陈元达(1911—1931),原籍浙江诸暨,后迁居杭州。1927 年参加共产党,后被学校开除,去广东中山大学从事学生运动,配合北伐。1927 年秋,考入同济大学德文补习科。1931 年 8 月,在上海租界遭特务跟踪而逮捕,被杀害于龙华淞沪警备司令部。据当年同济大学中共支部成员张荫堂 1982 年 8 月证实,王顺芳、陈元达二人均由他介绍入党,并参加当时地下党小组,过组织生活。

革命军第四军教导团、警卫团和广州工人赤卫队，及市郊农民武装，分别向敌军各据点发起进攻，占领大部分广州市区，宣布成立以苏兆征为主席的广东公社。

12 日　国民党大举反扑，张太雷与 5000 多名革命群众牺牲，广州起义失败。

按：此次广州起义，亦在殷夫作于 1929 年 4 月 23 日的诗歌《意识的旋律》中有所反映：

> 报仇！报仇！报仇！
>
> Dec.11 喊破了广州！
>
> 白的黑衣掩了红光，
>
> 五千个无辜尸首沉下珠江，
>
> 滔天的大浪又沉没了神州，
>
> 海的中心等候着最大的锤头！
>
> 最高，最强，最急的音节！
>
> 朝阳的歌曲奏着神力！
>
> 力！力！力！大力的歌声！
>
> 死！胜利！决战的赤心！
>
> 朝阳！朝阳！朝阳！
>
> 憧憬的旋律到顶点沸扬，
>
> 金光！金光！金光！
>
> 手下生出了伟大翅膀，
>
> 旋律离了键盘，
>
> 直上，直上天空飞翔，飞翔！飞翔！

秋　长兄徐培根被正式确定赴德国考察军事教育，并计划入德国军事院校留学。

本学期　平日除听课、作业及体育锻炼外，常与室友王顺芳、陈元达在宿舍学习至深夜。

本学期　与长兄徐培根通信，聊学习生活，并在德文学习方面得其指导。

本学期　对公民学课程产生兴趣，思考公民的权利与义务、三民主义与国民革命、国共合作与共产党、北伐进军和工人武装起义等问题。

本学期　在学校图书馆广泛涉猎俄国文学及"被侮辱被损害的弱小民族国家"的文学，阅读杜斯妥也夫斯基小说，尤其喜欢俄国流浪诗人普式庚①的诗。间或阅读德国诗人歌德、席勒的作品。

本学期　在同济大学德文补习科学习刻苦。阅读马恩经典著作，如马克思《〈黑格尔法哲学批判〉导言》等。

本学期　被选为德文补习科乙组学生代表，乙组学生会干部。

本年　多次与杨白、刘积铨会面，结下深厚友谊。从杨、刘带来的海员工会与共青团宣传资料中获得诸多革命理论知识。开始自觉与党领导的革命运动发生联系，积极参加革命活动。

本年底　长兄徐培根赴德留学。

1928 年（戊辰，民国十七年）　18 岁

▲1 月，创造社与太阳社成员共同倡导"革命文学"，引发延

---

①　杜斯妥也夫斯基为陀思妥耶夫斯基早期译名，普式庚为普希金早期译名。

续一年之久的"革命文学"论争。

▲5月3日,日本帝国主义阻止国民革命军北伐,制造"济南惨案"。4日,中国工农红军第四军正式成立,朱德任军长,毛泽东任党代表,陈毅任政治部主任,下辖三个师九个团。

▲10月,国民党改组"国民政府",采用立法、司法、行政、考试、监察"五院制",蒋介石任主席。国民政府将中央大学院改为教育部,任命蒋梦麟为部长。

▲11月20日,中共中央创办的《红旗》周刊于上海创刊,谢觉哉任主编。

▲12月,彭德怀、滕代远率领红五军与毛泽东、朱德率领的红四军在宁冈会师。

▲本年,《井冈山土地法》颁布施行,共九条,其中规定"没收一切土地归苏维埃政府所有","土地禁止买卖","分配土地按人口或劳动力标准"等。

1 月

8 日前后　长兄徐培根从德国柏林来信。

8 日　晚,作《挽歌》诗,署名白莽,收入自编《孩儿塔》集。

你苍白的脸面,

安睡在黑的殓布之上,

生的梦魅自你重眉溜逃,

只你不再,永不看望!

你口中含着一片黄叶,

这是死的隽句;

窗外是曼曼的暗夜,

罗汉松针滚滴冷雨。

> 你生前宛妙的歌声，
>
> 迷雾般地散逝，
>
> 你死后的幽怨凄苦，
>
> 草底的蟋蟀悲诉。

按：白波为此诗作插图《你口中含着一片黄叶》。此诗中，死者"你"具体是谁不明，疑指一只昆虫纺织娘。

14日 放寒假，启程回象山探望母亲，与徐兰庭、陈素英夫妇及其子女相聚。

时钱玉嫦应长媳张芝荣邀请，正于丹城城隍庙隔壁徐第准备过年。张已怀第三胎[①]，即徐培根次子思均。

23日 全家在丹城过春节。

本月 作《在一个深秋的下午》诗，署名白莽，收入自编《孩儿塔》集。

该诗可能是殷夫对1927年"一个深秋的下午"与表姐林梅英在象山的回忆。

> 那正是青空缀浮鳞云，
>
> 碎波在周遭追奔，
>
> 镜般的海洋冷照了我的心，
>
> 我怎忘了你的红晕，姑娘？
>
> 你的短发，散在微语风中，
>
> 你的眼珠儿，绒样柔黑，
>
> 你抚摸着栏杆凝望，
>
> 哟，远处的地线也有我的心。
>
> 沙鸥和爱的轻歌徜徉，

---

① 徐培根长女徐思衡，长子徐思平，次子徐思均。

初起的金风带来飘渺的梦魂，

投在那颗雪珠似的水沫上吧，

在藻叶荫下建筑我的坟茔。

我幻见一朵五旬的玫瑰开了，

姑娘，你当时若真说："跳！"

带着我爱的辽遥的幽音，

我投到在屈子的怨灵。

按：此诗中的"姑娘"，王庆祥认为是指殷夫初恋女友盛淑真。

本月 读到蒋光慈、冯乃超、钱杏邨[①]等人编辑的《太阳月刊》创刊号，将去年 6 月 5 日在狱中写就的长诗《在死神未到之前》寄给太阳社编辑部，并附信。通过寄稿与钱杏邨认识，开始交往。

按：据安徽教育出版社 2006 年《阿英全集·附卷阿英年谱》记述：1928 年（民国十七年戊辰），阿英"通过来稿，认识了殷夫"。

按：据 1956 年 10 月 20 日的《北京日报》，阿英《鲁迅忌日忆殷夫》回忆，收到诗稿后"我立刻被这些诗篇激动了，是那样充满着热烈的革命感情。从附信里也证实了他是'同志'。于是，我不自觉的提起笔，写了复信，约他来上海。还很快的，以非常惊喜的心情，告诉了光慈、孟超和其他同志"。

按：太阳社于 1927 年秋在上海四川北路 1999 弄（丰乐里）32 号成立，是在瞿秋白支持下，由上海从事文化活动的共产党员共同创办的文学社团，主要负责人是钱杏邨，成员有蒋光慈、孟

---

① 钱杏邨（1900—1977），原名钱德富，笔名阿英。中国现代文学家、剧作家、批评家、编译家。下文涉及著述作者时多以"阿英"出现。

超、杨邨人、林伯修（杜国庠）、夏衍、洪灵菲、戴平万、刘一梦、顾仲起、楼适夷、殷夫、冯宪章、任钧、祝秀侠、迅雷、圣悦（李平心）、王艺钟、童长荣等。太阳社的主要成员大都是第一次国内革命战争失败后，从实际斗争中转移到上海从事文化活动的中国共产党党员；他们有相似的斗争经历和共同的思想基础，在文学主张与创作上，也有某些共同的倾向：积极提倡无产阶级革命文学，反映工农大众的生活与斗争。太阳社先后编辑出版了《太阳月刊》《时代文艺》《新流月报》《拓荒者》《海风周报》等刊物，以及"太阳小丛书"（"太阳社丛书"）等，在反对国民党的"文化围剿"、倡导无产阶级革命文学方面发挥了积极作用。以《太阳月刊》（1928 年 1 月创刊，同年 7 月停刊，共出版 7 期）影响最大，与创造社的《文化批判》一起，成为提倡革命文学的主要刊物。另外，《拓荒者》也以其刊载的大量革命文学作品和不少倡导无产阶级文学的论文、译文，及关于文艺大众化讨论的文章而在社会上有较大的影响。太阳社于 1929 年底自动宣告解散，1930 年春全部成员加入中国左翼作家联盟。在 1930 年代的左翼文坛上，太阳社是一个产生过广泛影响的文学社团。

本月　应象山县教育界聘请，徐素云在丹城母校象山县立女子小学出任校长。

2 月

6 日　启程从白墩码头乘船回上海同济大学。

本月　在校图书馆读到成仿吾等人编辑出版的《文化批判》月刊（1928 年第 1 号），发现彭康《哲学底任务是什么？》一文中所引的马克思《〈黑格尔法哲学批判〉导言》几处德文翻译不准确。又发现成仿吾在《创造月刊》（1927年第1卷第9期）上发表的《从文学革命到革命文学》一文中亦有德文错译。作《被奥伏赫变的话》[①]一文，以"徐文雄"名，寄给《文化批判》编辑部，原文如下：

编者：

《文化批判》使我兴奋，真的。

有一些小意见写在下面：

一月号的十七页上"批评不仅是解剖刀，乃是一种武器（Kritikist kein anatomisches Messer, sie ist eine Waffe）"这句内的"仅"字大约是作者的笔误，这是应该删去的。因为"不仅是"和"不是"显然不同的。要是照"不仅是"的一句说，则说"批判是解剖刀，同时也是武器"；但是照第二句呢，则说"批判只是一种武器，并不（是）解剖刀"。

而"kein anatomisches Messer"似乎是应该译作"不是解剖刀"的。

你们觉得我的意见对不对？

同书里二十四页"Die Philosophie keunr sich nicht verwirklichen ohne die aufhebung des Proletariato…"作者译作"不把普罗列搭利亚特'奥伏赫变'，哲学决不能实现"。

在此我们很容易看出（照中文看）Proletariat[②] 是被 aufheben 的。

同时在创造月刊九期成仿吾先生有几句话！

---

① 奥伏赫变，即德文 Aufheben 之音译，意为"扬弃"或"消灭"。
② 或为刊物排印之误，漏一字母"o"，应为 Proletariato。

114

"……我们在以一个将被'aufheben'的阶级为主体……"

依他的语气,似是说 Pourgeoisie 是被 anfheben[①] 的。

于是我发生些疑心请你们指教。

我是一个刚学半年德文的学生,错误怕所难免,祝努力。

徐文雄于同济

本月　乘淞沪线小火车赶到约定地点,与钱杏邨碰面,作长谈。

按:关于此次见面情形,《北京日报》1956 年 10 月 20 日阿英《鲁迅忌日忆殷夫》记载:

在约定的日子,他果然按时到了我指定的地点。我们见到他那样年青,真是说不出的愉快。他内心也很激动,几乎一见面就要叫了起来。我们立即把他拉到临近的一家广东茶座。他,和鲁迅先生所记一样,"面貌很端正,颜色是黑黑的",中等身材,留着短发。这一天穿着西装,但并不新,是深色。

我们在茶楼谈的很多。在谈话中,他有时给我们以羞涩的感觉,就更衬托出他的年轻和纯朴。从这次谈话中,我们知道他曾经被捕,现在学校的环境对他也不利,但他还是想坚持在这里学好德文。知道他和在蒋介石那边哥哥的关系,说他哥哥怕他革命,总想把他带在身边。更多的,是谈他的诗,他的写作生活,当时的文学活动。他说话时总是很沉静,声音相当低,象在秘密会议场子里一样。句子很短,很明快,也很诚恳。完全显示出革命者的朴素风格。情况,和鲁迅先生的初次会见迥不相同,这主要恐怕是由于党的关系吧。

从这时起,他就成了太阳社社员,经常的给我们刊物写稿。

---

①　或为刊物排印之误,应为 aufheben。

自一九二八到一九三一年，我们先办《太阳月刊》，被国民党查禁后，改名《时代文艺》，以后又改名《新流月报》，左联成立后办《拓荒者》，他都是经常的撰稿人。

本月　与上海美术专门学校学生林林①相识。

本月　三兄徐文达回到象山，在徐素云任校长的县立女子小学任国文教师。

3 月

15 日　发表《被奥伏赫变的话——致〈文化批判〉月刊编者的信》，署"徐文雄于同济"，载于《文化批判》月刊第 3 号"读者的回声"栏。

该期编辑回复：

"仅"字确是蛇足。

普罗列搭利亚特结局是要把自己奥伏赫变的。这是普罗列搭利亚特的阶级上的特殊地位与他的历史的使命的特质所规定的。普罗列搭利亚特把他自己现在的生活条件奥伏赫变的时候，同时就把自己奥伏赫变，把一切的阶级对立关系奥伏赫变的。所以普罗列搭利亚特是最后的阶级，有人译为第四阶级是不妥当的。

本月　参加共产党人蒋光慈、钱杏邨等人组成的"太阳社"，党的组织关系也编入该社，隶属于中共上海闸北区第三街道支

---

①　林林，男，生卒年不详，浙江义乌人（一说是福建人），与殷夫交谊甚深。曾在 1928 年 3 月号《太阳月刊》发表漫画《凭吊》，1929 年下半年曾向鲁迅主编刊物投过画稿，又在 1930 年《萌芽月刊》第 1 卷第 2 期上发表过独幕剧《独轮车》。后不知下落。

部。书记潘汉年,支委有阳翰生等。自此,认识了一批坚定的革命者,接触到更广泛的马列主义革命理论,为之后诗歌创作中的现实主义道路奠定了坚实基础。

按:中华书局 2016 年出版的夏衍《懒寻旧梦录》记载:

不久,钱杏邨代替孟超,当了组长。除我之外,这个小组全是太阳社的作家。后来据钱杏邨说,闸北区的第二、第三两个支部,都是不久前才组成的,其成员大部分是"四一二"事件以后,从各地转移到上海的知识分子、文艺工作者。组织上交给这个小组的任务是搞沪东、杨树浦一带的工人运动。……现在回想起来,当时的工人运动,实际上也只是要我们脱下长衫、西装,到群众中去,和工人们接触,了解他们的思想、生活,有可能的时候,做一点宣传鼓动工作。……经过了近一年的血腥的白色恐怖,到一九二八年春夏之交,党组织逐渐得到了恢复,工人运动也有了新的发展。退出和清除了一批动摇分子,增加了新的血液,闸北区的铁路、邮政、电力、纱厂等方面的群众工作,都恢复得比较顺利。"四一二"事件中遭到严重破坏的商务印书馆和沪杭铁路局的工会和党组织,都已经重建,邮务、电力工人都组织了工人俱乐部,沪东的"纱区"也通过基督教青年会中的进步分子,开办了两个工人夜校。

4 月

1 日　发表长诗《在死神未到之前》,署名任夫,载于《太阳月刊》4 月号。《太阳月刊》编者在"编后"中进行了评价:

任夫的一首几百行的长诗,是他去岁在狱中所作,技巧虽然不怎样的成熟,但出于一个十七岁被捕以后的革命青年之手,在我们觉得是最值得纪念的。我们在这一首诗里,可以看到一个革命青年的情绪在当时是怎样的奔迸；全诗的情绪虽然带着一点病态，然而没有一点幻灭的调子，在这样的环境之中，有这样的作品，我们觉得是很足以矜持的。

20 日　作《醒》诗，署名白莽，收入自编《孩儿塔》集。诗中宣称：

> 我不留恋着梦的幽境，
>
> 我不畏惧现实的清冷；
>
> 在草底默默地流过，流过，
>
> 我宿命的悲哀的溪吟。
>
> 生无所欢，
>
> 死无所悲，
>
> 愿重入黄沙之滩，
>
> 飓风吼着威吓音韵。

27 日　下午，同济大学举行运动会。

28 日　同济大学继续举行运动会。

上旬　与王顺芳、陈元达二人一起创办油印文艺刊物《漠花》。

按：同济大学出版社 2007 年出版的赵建夫、干国华《星汉璀璨同济人》第 1 辑记载：

他（殷夫）在学校里办过一份名为《漠花》的油印刊物，在当时处于革命低潮的文化刊物中，这是一朵难能可贵的小花，可惜出了两三期就夭折了。

本月　常与王顺芳、陈元达二人在吴淞海滨散步，分析校内革命形势，研究斗争策略。

5 月

3 日 日本帝国主义在山东济南枪杀中国外交官,屠杀数千中国军民,制造了震惊中外的"五三"惨案,即济南惨案。

5 日 听闻"五三"惨案。当天下午,同济大学学生自治会开会,以学生代表身份出席此次会议,主张全校同学集会游行,抵制日货,声讨日本帝国主义的罪行。

按:同济大学出版社 2007 年出版的赵建夫、干国华《星汉璀璨同济人》第 1 辑记载:

5 月 3 日,日本帝国主义出兵侵占我国山东省济南市,制造了震惊中外的"济南惨案"。面对日军的暴行,蒋介石却发布"攘外必先安内"的命令,迟迟未对日寇的暴行作出反应。消息传来,同济广大学生义愤填膺。但是学校当局却秉承国民党政府的旨意,要等待政府"妥善处理"。殷夫慷慨激昂,竭力主张全校同学集会游行,抵制日货,声讨日本帝国主义的罪行。在同学们的强烈要求下,5 月 6 日,同济学生会决定罢课三天,强烈抗议日本帝国主义的暴行。

同日 作诗《白花》,署名白莽,收入自编《孩儿塔》集。

诗中热烈赞颂"一朵傲慢的白花"。她"孤零的缀着粗莽的荆丛","尖锐的刺在它周遭,旷茫的野中多风暴",环境险恶,但是她不屈服于这种环境。"她的小眼射着冷的光",像"一颗地上的星"那么明耀逼人,在摧残者的淫威面前,表现出了敢于横眉冷对的战斗精神。此诗是他在同济读书时期自我心迹的一种表白。在表现反抗精神的同时,也流露出诗人的怆凉心境和孤寂感觉。

按:此诗作于济南"五三"惨案爆发第三天。殷夫写下这首

《白花》，一是感慨环境恶劣，孤立无援；二是以"白花"献给"五三"惨案死难者。

6日至8日　参加罢课，与德文补习科、大学部（包括医科、工科）、中学部、机师学校同学，以及一些青年教师至市区闸北、虹口、沪西、南市一带参与示威游行，散发传单，发表演讲，宣传"五三"济南惨案真相，抗议日本帝国主义惨杀中国军民暴行。

8日　作《祝——》，署名白莽，收入自编《孩儿塔》集。

诗人赞颂"沙中最先的野花"的刚毅性格和执着精神，对之作了热情讴歌：

> 祝福我们勇敢的小花，
>
> 她仍然孤傲地顾盼，
>
> 她不寂寞，放着清香，
>
> 天生的姿容日日光焕，
>
> 岑寂的生存，没有喟叹。
>
> ……
>
> 祝福我们沙中最先的野花，
>
> 孤立摇曳，放着清香，
>
> 枝旁没有鲜青的荫叶，
>
> 也少异族来争妍芳，
>
> 只她孤单地放着清香。

按：殷夫当时曾与进步同学在同济大学校内办过一个油印文艺刊物《漠花》，"在茫茫的文艺沙漠下开放着一朵傲慢的野花"。这首《祝——》，因有"祝福我们沙中最先的野花"等句，疑为祝贺《漠花》创刊或印行之作。

26日　同济大学在校内召开廿周年纪念大会。

按：《申报》1928年5月28日报道当日经过：

上午十时举行纪念典礼……校长致开会词,本校务改进、师生合作、校务公开之精神,历述一切。次由大学院代表韦愨致训词。来宾胡适之、德国总领事、市政府张市长代表余精一君、该校各科教务长、教职员、毕业校友、学生等,均有演说,逾十二时始毕,下午二时起参观校舍,同时又在大礼堂表演游艺。

27 日 同济大学继续在校内召开廿周年纪念大会。

按:《时报》1928 年 5 月 27 日报道当日经过:"继续公开展览学校成绩、工厂设备,摄影展览会,下午并表演游艺。"

本月 作《我们初次相见》《清晨》诗,署名白莽,收入自编《孩儿塔》集。

《我们初次相见》写到与"你"初次见面时的印象,在"你"的身上看到了"奋斗的情绪","年青的奋发"和人格的力量,从而激起诗人为真理与理想突进高歌的勇气和信心。

> 我记得,我偷看看你的眼睛,
> 阴暗的瞳子传着你的精神。
> 你是一个英勇的灵魂,
> 奋斗的情绪刻在你的眉心。
> 我记得,我望望你的面颊,
> 瘠瘦的两颐带着憔悴的苍白,
> 但你的颧下还染着微红,
> 你还是,一个年青,奋发。
> 我记得,我瞧见你的头发,
> 浓黑的光彩表征了你丰富的情热,
> 我这般默默地观察,
> 我自此在心中印下你的人格。

按:《我们初次相见》诗中的"你",据原象山县立女小毕业生钱定宝生前解读,应是指与殷夫同来县立女小的王顺芳。

《清晨》诗中,"清晨洒遍大地,阳光哟,鲜和的朝阳,在血液中燃烧着憧憬的火轮,生命！生命！清晨！玫瑰般的飞跃,红玉样的旋进,行,行,进向羽光之宫,突进高歌的旋韵。"系借"羽光之宫"喻"真理王国",同样表达要为真理而战的决心。

本月 在"延龄诊所"通讯处,收到长兄徐培根所寄德译本《彼得斐①诗集》②。

按:同济读书期间,另有一处常用的通讯地址即广东路"延龄诊所"。诊所主人名周宗文③,与殷夫是县立高小同班同学。后来在宁波学医,参加共产党,曾担任中共象山县特别支部书记。"四一二"反革命政变后,遭反动当局通缉,逃往上海。他开设"延龄诊所",专治梅毒及花柳病,人称"杨梅疮医生"。徐培根从德国柏林寄来的邮件,一般由周宗文转达。殷夫作于1929年的《King Coal——流浪笔记之一》曾写到过这位同乡。

代殷夫转信的名字是虚构的。据《现实》1939年第7期,姜馥森《鲁迅与白莽》记载:

因为有一次我到广东路周延龄医院去看同乡,桌上放着两封信,一封是周不丹女士转徐殷夫,一封是佣工曹阿罗收,都是白莽的信。后来我问他:为什么要起得这么古怪呢？他说:"一则是保护色,以免引起旁人注意。再则我是革命者,免得牵连他人,因为现在正是'瓜蔓树④'时代。"

---

① 匈牙利19世纪民主主义革命诗人。通译裴多菲·山陀尔,殷夫译为彼得斐·山陀尔。

② 德译本《彼得斐诗集》的翻译者是Alfred Teniers,即奥地利文学史家阿尔弗雷德·特尼尔斯,殷夫译为阿尔弗雷德·滕尼斯。

③ 一说周振文,字方岐,象山丹城羊行街人。

④ 疑原文有误,"树"概为"抄"。

按：关于收到这本书籍的具体情形，姜馥森在《鲁迅与白莽》中写到：

他（指殷夫）很喜欢匈牙利民众诗人彼得斐的诗。在民国十七八年时，他正在吴淞同济大学念书，得到了德文本的彼得斐传记和诗集，他高兴得发狂般的，差不多把它念熟了，碰到知心的人就背给他听，后来译成中文投寄鲁迅主编的《奔流》发表，因此认识了鲁迅。

按：殷夫在 1929 年 6 月间撰写的《彼得斐·山陀尔行状》的《译后小志》中说："这是一篇旧译稿，从一本由旧书摊买到德译《彼得斐诗集》里译出来的。"笔者认为，此书也许是徐培根从旧书摊中买到的，但殷夫没有将此书的原主点出来，而托言"由旧书摊买到"。

按：据上海鲁迅纪念馆编的《上海鲁迅研究》2009 年第 2 期，应文天《魂系大徐》记述：

1928 年夏，殷夫小姐姐素韵从杭州省立女子蚕桑讲习所毕业，在象山当教育科长的姐夫蒋殿英，安排她回乡任县立女子小学校长，她为了罗致师资办学帮手，就把三哥文达请到学校中来。而就在这年夏间，殷夫因参加革命活动再次被捕。母亲获悉后，让他大嫂张芝荣赶去上海找徐培根的朋友将他保释。他带同二位朋友返乡，与三[①]哥一道都做了女子小学的教员。1929 年初，殷夫离家再去上海，从此直到牺牲再未回乡，更未与任何亲人晤面。

---

① 原文作"二"，误。当年在象山县立女子小学任教的应为殷夫三哥徐文达。

6 月

4 日　作《呵，我们踯躅于黑暗的丛林里！》一诗，署名任夫。

本月　与王顺芳、陈元达在市区参与组织发动抗议日军制造济南"五三"惨案和国民党借口"继续北伐"的不抵抗主张的示威游行，遭反动军警围困，第二次被捕，被投入龙华淞沪警备司令部监狱。王顺芳、陈元达在混乱中逃脱。

本月　参加王顺芳发起组织的"朝声社"，一起创办《朝声》半月刊。

本学期　能自由读译德文书刊。

7 月

本月　在日记中写下："不，生活在这样的社会里是不可能的。就像窒息在监牢里。我相信：全世界被压迫者的幸福日子即将来临。要活着，就意味着要为争取人民的幸福而斗争……"①

8 月

10 日　由在德国柏林陆军参谋大学留学的徐培根疏通关节，并以夫人张芝荣的名义保释出狱。

同日　作《孤独》诗，署名白莽，收入自编《孩儿塔》集。

---

①　见 H. Φ. 马特科夫著，宋绍香译《殷夫——中国革命的歌手》，象山县政协文史资料委员会 2011 年，第 35 页。

按：此时同济大学正值暑假，王顺芳、陈元达正在躲避反动当局的追捕，从监狱出来找不到战友，深感"孤独"，在诗中表达"只是无边袭人的寒凛，阳春的温煦吹不进心庭，软性的恐怖和死的寂寞，向谁堪剖吐衷情？"

中旬 收到女友盛孰真来信，信中邀请殷夫在旅馆晤面。殷夫并未赶约。信中得知其应徐素云之邀准备前往象山县立女子小学任教，已与女同学周芬仙及周的张姓表哥一同从杭州到达上海，在旅馆等待去宁波的轮船。

中旬 盛孰真抵象山。

按：据1986年象山县政协文史资料委员会编《象山文史资料》第1辑，盛孰真口述文章《往事的回顾——我所认识的徐白、徐素韵》讲述：

刚到象山，徐白的妈妈、大嫂、徐素韵，不知有多少高兴，叫了轿子，从白墩码头把我抬到丹城城隍庙旁边大嫂家里，全家高兴得不得了。

17 日 作《宣词》诗，署名白莽，收入自编《孩儿塔》集。

从中可窥得殷夫未去与盛孰真见面的缘由。诗中表示，虽深爱着盛孰真，但不愿以自己"底层的坎坷，创伤和血腥"而连累盛孰真，所以"宣词"："我不能爱你，我的姑娘！"

> 我的姑娘哟，
>
> 你是孤独生途中的亲人，
>
> 一朵在雨中带泪的梨花，
>
> 你可裁判我的灵魂。
>
> 但我们，一对友人，
>
> 从最初直至无尽。
>
> 你不看，曼曼的长夜将终了，

朝阳的旭辉在东方燃烧，

我的微光若不合着辉照，

明晨是我丧钟狂鸣，青春散殒，

潦倒的半生殁入永终逍遥。

我不能爱你，我的姑娘！

20日 发表《呵，我们踯躅于黑暗的丛林里！》诗，署名任夫，载于《我们》月刊第 3 期。该刊由洪灵菲、林伯修、戴万平等组织成立的"我们社"创办。

这是一首富有战斗力与号召力的政治鼓动诗。诗中抒发了在"黑暗的丛林里"面对"无穷的黑暗"以及"刺人灵魂的怪鸟的狂鸣"等险恶环境时，同战友"互相传递着同情和微温"，"带着破碎的心灵和痛苦的命运"，"忍耐着，忍耐着，一起地踯躅前进"的感情。最后喊出：

在我们的心里，愤怒的炬火已经燃起，

反抗的热焰已经激动，激动了我们的血液，

我们手牵着手，肩并着肩，把脚步整齐，

向前走去，冲去，喷着愤怒的火气！

呵，我们踯躅于黑暗的，黑暗的丛林里，

世界大同的火灾已经被我们煽起，煽起，

我们手牵着手，肩并着肩，喷着怒气……

在火中我们看见了天上的红霞，旖旎！

本月 作《致纺织娘》《花瓶》诗，署名白莽，收入自编《孩儿塔》集。

《致纺织娘》题记："写给一个姑娘——案上花瓶，插野花一束，及柏叶两支。来了一个独腿的纺织娘，坐十余天不去，有感。"实以"纺织娘"喻诗中"可怜"而"柔心"的姑娘。诗中写道：

冷僵的心壁鼓不起爱情的节拍，

青春的死灰难再然（燃）跃跃光豪，

我让微风吹白我的长发，

你的温情变为灵芝覆我墓道。

别了吧！你这柔心的姑娘，

我没有血、心，或者希望，

祝你鼓着翅翼，

重飞起把你同伴追上。

沥出你的血液和勇猛，

发扬你高吭的歌唱吧！

把屏瞒着的地球，

用情热的火来震荡吧！

我祝福你的前途，

我不悲哀，也不怨叹，

青春是可宝，可宝的流影，

瀑洪的飞沫倏向四溅……

《花瓶》中，把花瓶写成"和一个哥萨克一般英壮"的形象，赞颂她平凡质朴、正直自傲的高洁品德。实际是诗人在黑暗险恶的环境中愤世嫉俗和孤傲不屈思想品格的自我写照。

9 月

本月 在"吴淞海滨"作《独立窗头》《孤泪》《给某君》诗，署名白莽，收入自编《孩儿塔》集。

《独立窗头》是显示诗人思想新变化的重要诗篇，它反映了诗人在革命征途上的新探索和新热情，特别令人瞩目的是诗歌中开始听到了"工场的机声"。虽然这声音还在"远地"，诗人的叛逆之声与它汇合在一起,交响在一起,还有一定的距离,但是,它的出现表明诗人探索革命的视线开始转向无产阶级。

> 我独立窗头蒙眬,
>
> 听着那悠然的笛音散入青空,
>
> 新月徘徊于丝云之间,
>
> 远地的工场机声隆隆。
>
> ……
>
> 不! 我的英勇终要回归,
>
> 热意不能离我喉腔,
>
> 暂依夜深人静,寂寞的窗头,
>
> 热望未来东方的朝阳!

《孤泪》同样表明了革命的新探索和新热情。

> 任暴风在四周怒吼,
>
> 任乌云累然地叠上。
>
> ……
>
> 我要,冒雨冲风般继着生命。
>
> ……
>
> 忍耐过这漫长的夜,
>
> ……
>
> 鲜红的早晨朝曦,
>
> 也是叫他们带来消信,
>
> 黑暗和风暴终要过去,
>
> 你呀,洁圣的光芒,永存!

《给某君》是写给天通庵亭子间室友林林的诗篇。在"漫着暮气凝烟的黄昏中","我们同踽踽于崎岖的街头"中,从林林"轻蒎的机警的眼中瞳人^①"里,见到"闪映了天际高炬的光影"。因而,鼓起战胜恶劣环境的勇气:"我们笑那倾天黑云,预期着狂风和暴雨。"

10 月

中旬　与王顺芳、陈元达接上联系。

下旬　客观环境恶化,根据地下党组织指示,与王顺芳离开同济,转移至象山。

按:浙江人民出版社 1988 年出版的《象山县志》记载:"10月,共产党员殷夫、王顺芳、陈元达(均在同济大学读书)转移至县立女小,继续从事革命活动。"

按:关于转往何处,王顺芳曾提议前往老家浦东三林塘。但因"四一二"反革命政变前夕曾与杨白等人在那一带公开活动,容易暴露身份,殷夫便提议转移至老家象山。既因象山远离上海,地处偏僻,容易隐蔽,又因大姊夫蒋殿英时任县政府教育科科长,二姊徐素云任当地县立女小校长,以及仲兄徐兰庭、三兄徐文达、大嫂张芝荣等可作为依傍,保证人身安全。

下旬　抵达象山白墩码头,至仲兄处。之后与王顺芳前往丹城,探望产后不久的大嫂张芝荣、初生二侄思均。

按:当时张芝荣患有肺结核的妹妹张美云和张锦云也在此处,养病同时帮助张芝荣料理家务。

31 日　收到陈元达来信,作《给——》^②诗,署名白莽,收入自编《孩儿塔》集。

---

① 　瞳人,疑为"瞳仁"。
② 　此诗据知情人士解读,系写给好友陈元达。

诗中吟道：

我没有眼泪来倍加你的伤心，

我没有热情来慰问你的孤零，

没有握手和接吻，

我不敢，不忍亦不能。

请别与我啜泣，

我委之于深壑无惜，

把你眼光注视光明前途，

勇敢！不用叹息！

本月　抵达象山女子小学后，任教五、六年级自然、地理、体育课程。

按：另外，王顺芳任教三、四年级的算术，五、六年级的历史。当时女小全校仅四个班级。一、二年级各一班，三、四年级与五、六年均为复式班。一年级班主任张昌生，二年级班主任周芬仙，三、四年级班主任徐文达，五、六年级班主任盛埶真。另有两名女教师作徐素云的助手。

按：同济大学出版社 2007 年出版的赵建夫、干国华《星汉璀璨同济人》第 1 辑记载：

殷夫讲授自然课程。他在课堂上注意传播革命思想，鼓励同学努力学习。他说，念书就是为上进，上进就是要为劳苦大众做点好事。他还鼓励一些毕业生摆脱封建家庭的束缚，奔赴外地中学读书。

按：据《河南师大学报》1980 年第 3 期，杨秀英《缅怀我的启蒙老师——殷夫》回忆：

徐老师在小学虽然只教过我很短时间，但他那孜孜不倦的进取精神却永远鼓舞我前进。一九二九年春天①，上海因为罢工风潮而进行了空前的大逮捕，凡属共产党的"嫌疑分子"无一幸免。当时，殷夫带领七八位同志逃到象山县。我记得的有陈元达、汪涅夫、林林等同志。尽管生活上如此艰辛，但我经常见到殷夫和陈元达不是学习英语，就是写诗，有时通宵都不睡。

按：据辽宁人民出版社 2012 年出版的《殷参文集》，殷参《忆殷夫》讲述：

1928 年秋天，我曾和殷夫有过多次接触。他的音容笑貌，他的服装，至今还记得很清楚。他穿一件蓝布大褂，西装裤脚罩在皮鞋的鞋面上。这使我有个明确的印象：以为大学生的服装就该如此。当时，殷夫是十八岁的大人了，我只有十二岁。我们是亲戚，该叫他表叔呢！他待我亲切而热情，一再邀我找他玩。我记得，他给我讲过歌德的《浮士德》。后来知道，《浮士德》写的是天帝和魔鬼展开一场关于人的争论，天帝表示了对世界和人的肯定，而魔鬼对世界和人持否定的态度，两者并以浮士德为赌赛对象。这一赌赛又引出浮士德和魔鬼的赌赛。当时，我的年纪太小，听不懂他讲的深奥的道理，只记得他打开一本带彩色画图的德文书，给我讲魔鬼考验浮士德的故事。对他懂得德文，流利地翻成中文，我很羡慕、敬佩，至今还有印象。

本月　在象山通惠轮船公司作社会调查。

本月　与盛埶真第一次见面。

按：与盛埶真首次见面时表现却并不热络，其后工作中也是"形同陌路"。具体情形，据 1986 年象山县政协文史资料委员会编《象山文史资料》第 1 辑，盛埶真口述文章《往事的回顾——我

---

① 　此处应为杨秀英忆误。殷夫与陈元达在象山期间应为一九二八年秋冬。

所认识的徐白、徐素韵》回忆：

　　我十分奇怪，我们的交朋友，是徐素韵介绍的，她明知我们没有相会过，应当介绍一下才是。她却不作声，殷夫也不响，好象没有那么会（回）事一样。我也有我的自尊心，你们不响，难道还要我一个姑娘自己粘上去？我也就装作跟殷夫毫不认识。

　　……

　　殷夫回象山，徐素韵连介绍也不曾向我介绍，二个来月我和他形同陌路。

　　本月　与王顺芳住在西寺。在教学工作之余，与王顺芳、盛孰真及学校教师以游览名胜古迹为名，在丹城西寺、东乡珠山、爵溪沙滩等地，议论国内形势，商讨斗争策略。

　　本月　与盛孰真交往平淡。

　　按：在同游珠山、爵溪不久，殷夫大姊夫蒋殿英曾对盛孰真作开导。具体情形，据 1986 年象山县政协文史资料委员会编《象山文史资料》第 1 辑，盛孰真口述文章《往事的回顾——我所认识的徐白、徐素韵》讲述：

　　珠山一游不久，徐白的大姐夫、教育局长蒋殿英，要我到局办公室去。我跟殿英是在杭州徐培根家认识的，我一向叫他姐夫。办公室里只有蒋殿英一个人，姐夫说。"要不要叫白同你谈一谈？"

　　从这句话中推敲：要不要叫白同我谈一谈，变成是我主动要求他，他是被动来找我。事情明明是你对我不理不睬，为什么要我主动找你。我们既为朋友应该正大光明，堂而皇之，要我说什么，白可以写封信给我，我就晓得了，何必这样拐弯抹角呢？是我看错了人。于是，我回答得很简单："不必了。"

　　假如当时殿英说："白蛮想跟你谈谈"；或者说："你们之间，

有什么阻碍,现在面对面谈谈好吗?"结局就不一样了。这也许是命该如此。

……很多年以后,我看见殷夫诗中,有一句说我是"狠心肠的姑娘",直到今天,我还是要说:"不是姑娘狠心肠,姑娘应当有自尊心。"

以后的日子,更难过了。徐白还是天天见面不理采(睬)我,我生活在尴尬、狼狈、难受之中。我只好不断鼓励自己,我是教书来的,要有忍耐力,把书教好,别的什么也不想,以此来打发日子。

本月 在西寺,作《残歌》《给——》诗,表达对盛孰真复杂多层面的内心情思。署名白莽,收入自编《孩儿塔》集。

《给——》一诗中,引用英国浪漫主义诗人拜伦《给莱丝比娅》英文诗中的两行:"And though our dream at last is ended, my bosom still esteems you dearly."(虽然我们的梦最后已经告终,我的心依然对你怀着亲切的敬意。)表达自己对盛的情感:

> 你为我受尽苦辱,
> 你也是父爱母慈的中心。

> 我踩蹦你,
> 我侮辱你,
> 我用了死的尖刺,
> 透穿了你的方寸。

> 你伟大的心,
> 和解放的灵魂,
> 只换得讥嘲,
> 只换得伪笑,
> 掩埋了青春,

殡葬情热的梦影。

姑娘哟,我们的梦已终了,

我心中仍把你摹拜尊敬,

是我罪恶,

是我残酷,

我见的侧影,

我说:"救慰你非我可能"……

《残歌》表达被恋人占据的狂热心绪以及不能互诉衷心的
无奈:

姑娘哟,你那末美好,

你和稚鹿一样的活泼年青,

可是你丰满的胸脯底下,

伏的却是一颗冷硬的心?

焦思使我发狂,

我幻觉夺去了我的睡眠,

我的精神环飞穹宇,

到处,到处都有你的幻影!

伟大的姑娘,你这样支配着我,

这样支配着我,

你的美好已吃食了我的灵魂!

天,谁能责我这单面狂热,

你的容颜不能战胜。

我的灵魂像根芦草,

你却是狂飙一阵,

把我整个地,整个地,

带入你的怀抱去吧!

　　　　……

　　　硬心的姑娘哟,

　　你怎不能察我深心?

　你昨天,唉,颊上飞浮桃雾,

　我要是,是你心中的……

　　不敢向你说出的深誓,

　"为我,拿去我的心!"

　只逗留在我的焦唇,

　一天一天地在等,等,等……

　　本月　在西寺,作《我爱了……》《自恶》《生命,尖刺刺》等诗,表达对盛孰真情感的困惑与矛盾。署名白莽,收入自编《孩儿塔》集。

　　《我爱了……》诗中道:

　　　我爱了俗人之爱,

　　　我的心,好难受,

　　五月的蔷薇开上她的面颊,

　　两颗星眼吸我不能回头。

　　　我爱了俗人之爱,

　　　几个深夜不会成眠,

　　梦中她像棵常绿小草,

　　长于桃红色的仙殿。

　　　我爱了俗人之爱,

　　使我尽天忧闷流泪,

　　　因为我已知道,

　　她的心不复是未放蓓蕾。

　　　我爱了俗人之爱,

累我无日不悲叹，

担尽了惊悸,忧虑和烦恼,

爱情的苦毒在我肩上磨难。

因爱了俗人之爱,深感自责,并将自责提升到了自恶。《自恶》诗中道:

把你自己毁坏了吧,恶人,

这是你唯一的报复;

因为你的是一个高洁的灵魂,

不如世人的污浊。

你是至美,至尊的,恶人,

可以把世界鄙薄,

你不须求人谅解你的精神,

你的是该在世上永久孤独。

《生命,尖刺刺》诗中,表达对生命悲剧性的沉思:

哟! 无限的感伤,

硬性的泪水掩住瞳孔。

生命,我认清了你:

你荆棘样的,

尖刺刺入人心。

生命,你生来就面目狰狞,

你是贪婪又凶狠,

你给我的赐赠——

一把火样的热情,

却孪带了一把剪刀般的薄命!

你把我在黑暗森林中引进,

我从你处接受了可诅咒的青春。

但你又磨难着我，

看我在深谷中呻吟。

生命哟，我知道你的本性，

你渴饮的是人类灵魂。

本月 在西寺，作《东方的玛利亚——献母亲》和《给母亲》诗，署名白莽，收入自编《孩儿塔》集。

《东方的玛利亚——献母亲》中，将母亲钱玉嫦比作圣母玛利亚，承受苦难便成为母亲的宿命。

你是东方的圣玛利亚，

我见钉在三重十字架之上，

你散披着你苦血的黄发，

在侮辱的血泊默祷上苍。

你迸流你酸苦泪水，

凝视着苍天浮云，

衣白披星的天使，

在云端现隐。

你生于几千年来高楼的地窖，

你长得如永不见日的苍悴地草，默静的光阴逝去，

你合三重十字架同倒。

《给母亲》起首是对母亲的感恩与宽慰，继而表达了在风云激荡的时代大潮面前，对无产阶级革命事业的一往深情：

我不怪你对我一段厚爱，

你的慈恺，无涯，

但我求的是青春的生活，

因为韶光一去不再来。

那灼人的玫瑰花儿影，

137

燃心的美甜梦景，

要会一旦袭入你古老脑幕，

我不须在深夜呻吟。

但现在，我也有新的生命，

不怕浪漫的痴情再缠萦心庭，

在深夜山风呼啸掠过，

我聆听到时代悲哀的哭声。

此后，我得再造我的前程，

收回转我过往的热情，

热情固灼燃起青春旧灰，

但也叫着我去获得新生。

11 月

本月 好友陈元达因在同济大学处境艰难，也来到象山县立女子小学代课，教五、六年级国文、历史与地理课程，同时从事秘密革命活动。

本月 象山代课期间，组织师生排演文明戏，先后排练《小小画家》《逼债》《柏林之围》等剧目。校内组织彩排演出后，参演县教育会在丹城南街姜毛庙组织的小学生戏剧会演。

本月 与王家谟、林友梅等在姜毛庙参加反帝演讲和演出。

本月 与王顺芳、陈元达二人分别对白墩、大徐村、爵溪等地作社会调查。通过舅父舅母与少年好友应茂庭、张金仙等人，了解到家乡众多劳苦大众艰难的生活状况。

本月 在西寺，作《我还在异乡》和《干涸的河床》诗，署名白莽，收入自编《孩儿塔》集。

《我还在异乡》中，诗人回忆"久忘的故家"中的一切：

孤荒！

我身还在异乡，

海崖下反复空虚的悲响；

拥挤着生淡容貌，

秋虫传报凄凉。

······

读倦了唐诗，

抱膝闲暇，

浮想着天涯，海洋，

飞越而去，幻想，

涣散了现实的尘网。

绿色泛溢的后园，

春泥气氛，

草丛上露珠闪金，

旋舞着金的，绿的，红的苍蝇。

干草堆儿，

母鸡样，

慈和地拥我晒过冬阳。

如今，异样，

我只感孤凉。

依旧，是天上的帆像，

却衰老了罗盖般的孤桑。

同样，

分飞，漂泊，死亡；

我也把我过去送葬，

不忍辨，

这已不是我的家乡。

《干涸的河床》一诗先写旧时河床"往昔的青春",再写现时干枯的河床,两幅不同色调画面的对比,凸现诗人内在情感的撕裂。

忆那时,两旁拱护芳馥青藤,

镜波微涟扰不破茸茸的绿影,

玉般的白色睡莲伫立,

瞌倦地等候着水底的精灵。

阳光天真地游跃,

林泽的 Nymph 常来入浴,

她们润黑的长发,漂浮在波纹上奔逐。

但——这是一条干涸的河床,

没有青翠翠的屏障,

没有漪涟,

Nymph 也都遁迹,

睡莲萎灭,

阳光——也不再停息,

只有乌云密密密……

本月 三兄徐文达爱上学生王阿惠,与原配夫人周素菊感情破裂。

本月 作《心》《归来》《地心》《感怀》《虫声》《青春的花影》《夜起》《你已然胜利了》《星儿》《失了影子的人》诗,署名白莽,收入自编《孩儿塔》集。

《心》中,以"我的心是死了,不复动弹","我用我死灰般的诗句送葬尸骸","我最后的泪珠雨样飞散",表现人生的幻灭。

对无产阶级革命事业的"浪漫的痴情",在《归来》中表露无遗。诗中充满奔迸的热情、高度的兴奋,是大革命失败后的动荡时代在诗人心灵中的投影。

> 归来哟! 我的热情,
>
> 　　在我胸中燃焚,
>
> 　　青春的狂悖吧!
>
> 　　革命的赤忱吧!
>
> 我,我都无限饥馑!
>
> 归来哟! 我的热情,
>
> 回复我已过的生命:——
>
> 　　尽日是工作与兴奋,
>
> 　　每夜是红花的梦影!
>
> 　　回归哟! 来占我空心!

《地心》进一步升华呼唤"青春的狂悖"与"革命的赤忱"归来这一革命主题。由热烈地呼唤革命,进而联想到"死的从容",表现作为无产阶级战士的崇高思想境界。

> 　　我微觉地心在颤战,
>
> 于慈大容厚的母亲身中,
>
> 　　我枕着将爆的火山,
>
> 火山的口将喷射鲜火深红。
>
> 　　冷风嘘啸于高山危巅,
>
> 　　暮色狰狞地四方迫拢,
>
> 　　秋虫朗吟颓伤歌调,
>
> 　　新月冷笑着高傲长松。
>
> 青碧的夜色,秋的画图,
>
> 　　吞噬了光明的宇穹,
>
> 我耳边震鸣着未来预言,

　　　　一种，呵，音乐和歌咏。

　　　　我枕着将爆的火山，

　　　　火山要喷射鲜火深红，

　　　　把我的血流成小溪，骨成灰，

　　　　我祈祷着一个死的从容。

　　此期作于西寺的《感怀》《虫声》《青春的花影》《心》《夜起》和《你已然胜利了》等诗，均言及“死亡”，甚至以“浪漫的痴情”想象自己“死”后的情景，即《失了影子的人》一诗所描摹的“幽魂”：

　　　　他曾追逐磷光，

　　　磷光消隐，偕去了他的影。

　　　飞扬着叹息的微丝——

　　　　归去，带着死的尖刺！

　　　没有一个鸟儿会歌唱，

　　　没有一颗星儿会闪光；

　　　　阳光在草坪上舞踊，

　　　失了影子的人在溪畔徜徉；

　　　但一会儿也，一切和——

　　　　也一齐要散佚消亡。

　　《星儿》表达与战友“手携手，肩并肩”，“踏着云桥向前”的激情：

　　　　心门不再流出火烟，

　　　火烟已变成光华荣艳，

　　　灵府如一座宝牙宫殿，

　　　　你，你倚立阶前。

　　　　太空多明星，

　　　　太空多生命，

我们手携手，肩并肩，

　　向前，向前，不停。

12 月

8 日　发表文艺评论《伏尔加的急流——〈党人魂〉在革命艺术上的评价》，载于《文艺生活》周刊第 2 号。第一次用殷夫署名发表作品。在文中，开始初步运用阶级观点评价文艺作品，明确指出"对于一般大众有深厚影响的"艺术，如"电影戏剧之类"，要以"无产阶级眼光，给以一个明白的评价，使得大众明白地认识"。

中旬　盛孰真父亲拍电报告知建设厅要聘请盛孰真做广播员，要求她返回杭州。

22 日　冬至，在大姊徐祝三家吃红豆汤果，盛孰真、王顺芳、陈元达同往。

同日　夜，作《别的晚上》诗，并题记："天下着牛毛细雨，淅沥不停。F 姑娘将于次日返杭，晚，于惨切的灯光之下，伏枕大哭。我亦悲不能胜，作诗示之。"诗中吟道：

　　天空在流着别意的泪水，

　　我呵，胸中绞缠怨怼；

　　但是也罢，

　　且托着幻想数计我们未来再会。

　　我生命之筏在时光波上溜过，

　　没有谁何（可）给我片刻的留恋，

　　萍水一般的，

　　你的别离却赐赠了心的缠绵。

　　不用说此后难再同登珠山，

我的眼帘也不能燃灼你天真顾盼，

但我有一句话留你：

"你第一个勾引起我纯洁爱念。"

姑娘你别徒留悲哀泪水，

眼泪只会增添你胸中的傀儡（块垒），

向前去呵，

创造去，你幸福的将来。

按：当年象山县立女小的学生钱定宝等人证实，殷夫曾立于檐下，听盛孰真于房中哭诉所受冷遇，徘徊许久方才离去。

23 日　因盛孰真启程返杭，当晚写下《致 F》诗。

我总想把你的现状记算，

你现在已离我千里，

凭我还有几多欢乐，

总也难压下我心的悲凄。

昨夜，一样的深夜冷气，

窗外也一般地阵阵细雨，

你悲悒地道着伤感，

热泪也流得尽情如意。

今宵何处再反响熟耳的音韵？

檐溜沉重的滴上心头，

听着寒缩的郊外孤吠，

我心上无端地掩上烦忧。

你是别我而去了，我相信，

你必得重归你的家庭，和——爱人，

祝你平安哟，我的姑娘，

请忘了我，这个潦倒的浪人。

中下旬 为王顺芳提前离开象山返沪送行,作《飘遥的东风》诗,记叙与王顺芳在西沪港畔惜别之情。

> 我幻见你是在浩茫的江中,
>
> 江上吹啸着飘遥的东风,
>
> 东风来自太平洋心窝,
>
> 深掩着古旧的伤剌,
>
> 东风把你向暗沉沉的故乡吹送。
>
> ……
>
> 水,银灰色的波纹,
>
> 涌起的浪沫一层层,
>
> 机械在重压之下微喟,
>
> 笛音在远山之巅缭绕,
>
> 去今,去今,我的友人!

本月底 在象山,盛孰真离开返回杭州后,连续写下了《想》《给——》《旧忆》《死去的情绪》《我醒时……》等诗思念"亲爱的姑娘"。又作《现在》《Epilogue》等诗表达重新"负上重任""追寻新生"的决心。

《想》展开了无限想象:

> 我如梦般地想见,
>
> 你和我同在翱翔,
>
> 翱翔于万层的云锦之上,
>
> ……
>
> 你高洁的脸,圣光,
>
> 你无言,又无微笑,
>
> 独步上云桥。
>
> ……

　　　　你离地去了，去飘渺，

　　　　飘渺的天宫，寂寥，

　　　　姑娘哟，我见你，

　　　佩着白花离我去——了！

　　《给——》具体回想了与盛孰真的"纯洁的初恋"，将盛比作意大利诗人但丁《神曲》中理想的爱人 Beatrice，并希望在"珠山的绿荫下""西寺的高桥边""爵溪的黄沙十里"，"再得见你"。进而叹道：

　　　　哟，姑娘哟，往事重提，

　　　　愈想愈有深意，

　　　　旧创再理，

　　　刺心的苦痛怎禁得起？

　　　你是离我去了，

　　　我每空向浮云道你安宁，

　　　若我今日即撒手长逝，

　　　我最宝贵着你的小影。

　　《旧忆》把盛孰真比作"茅蓬中的幽兰"："你的幽香，战栗于我灵魂的深关……"。因此，他深情地祝祷："姑娘，纯情不能死亡，赤忱不易消散，你今在天涯，还在地角，还……？且由我祝祷，愿我俩同梦珠山。"

　　《死去的情绪》给盛孰真"遥寄无限的同情"："你是一颗（棵）苦伶的小花，命运示你以凶残齿牙，我对你有无限惶愧，我是个惰怠的懒汉。如今，你创造，我也征战了，我遥寄无限的同情，我爱幻见你那种热情的微笑……"

　　《我醒时……》："我醒时，天光微笑，林中有小鸟传报，你那可爱的小名，战栗的喜悦袭击着我，我不禁我诗灵鼓翼奔腾。"诗人醒来听到林中的鸟鸣,但没有写清晨的景象和鸟鸣的声音,而是写爱人的名字引发的内心喜悦,并由这喜悦联想到"我的诗和彩虹一样,从海起入天中,直贯着渺漠的宇宙,吹嘘着地球的长孔",表示:"只有你的存在,我的生命才放光芒,我的笔可腾游宇寰,每个歌鸟都要吟唱。"进而表达对爱人的祝福:"白色的玫瑰花,你要迎光开苞,太平洋为着你平静,昆仑山为着你不倒。"此诗不拘泥于写实,因而触觉灵动,诗思飞扬。

为即将离开女子小学重返上海,作《现在》:

呵,牧歌的已往逝矣,

我不得不面对丑恶的现在,

我的诗魂已随她去矣,

现在的我是罪恶凶残。

不再,是过去纯洁的恋幻,

死亡,是以前美妙的诗景,

今日只是一个黑色的现在,

明日也只是一抔荒凉孤坟。

《Epilogue》诗前序言:

一九二七年夏,我曾写了一篇长诗《萍》,只成了一部分,约五六百行。因生活不安定,原稿失去不能追寻。一九二八本有重写计划,但情绪已去,只余下短短的一些,这便成这一篇。

诗中表达为了理想追寻,升华个人爱情而走向革命的新生,并表达对爱人的祝福。

但这是过去了,朋友,

我已杀死我以往生命;

我不是说明晨,

明晨我就要离去,

离去故乡，和你的深情？

我觉得，我的青春，

已把热焰燃尽，

我以后的途道，

枯干又艰困，

我不能不负上重任。

离去我的故乡旧村，

我要把我的新生追寻，

把以前的一切殡葬了，

把恩惠仇爱都结束了，

此后我开始在世上驰骋。

我恳求你忘去我，真，

我的影子不值久居你的心中，

今晚我跪着为你祈祝，

明晨我也不能给你握手告行。

按：据浙江文艺出版社 2010 年出版的王庆祥《殷夫遗诗校注》，王庆祥认为长诗《萍》原稿并未"失去不能追寻"，而是以《在死神未到之前》为题，发表于 1928 年 4 月 1 日出版的《太阳月刊》4 月号，署名任夫。全诗共计 512 行，诗末注"一九二七，六月五日夜半于狱中"，即殷夫作于"四一二"反革命政变不久第一次被捕期间。之所以称"原稿失去不能追寻"，乃是殷夫为避免反动当局追查，希望诗集《孩儿塔》能公开出版。

本年　经常阅读《文化批判》《创造月刊》《奔流》等刊物。

1929年(己巳,民国十八年) 19岁

▲3月15日,国民党第三次全国代表大会在南京召开,主要内容为追认训政纲领,开始实施训政。

▲6月4日,国民党公布《查禁反动刊物令》,22日又公布《取缔销售共产党书籍办法令》。

▲秋,潘梓年受中共党组织委派,召集太阳社、创造社部分党员阳翰笙、冯雪峰、冯乃超、朱镜我、林伯修等,讨论党中央关于解散太阳社、创造社另行组织文化界的统一战线组织(左联)的意见。

▲11月,我国第一个无产阶级戏剧团体"上海艺术剧社"成立于上海,主要发起组织者有夏衍、郑伯奇等。该剧社最早提出"普罗列塔利亚戏剧"的口号。

▲12月28日,红军第四军第九次党代表大会在古田召开,毛泽东作《中国共产党红军第四军第九次代表大会决议案》的报告。大会选举了以毛泽东为书记的新前委。

1月

本月 学校寒假,陈元达离开象山。因缺乏盘缠,未能同行。

本月 译《格言》诗,"生命诚宝贵,爱情价更高,若为自由故,两者皆可抛"。译自奥地利文学史家阿尔弗雷德·滕尼斯于1887年编译的德文版《彼得斐诗集》。

按:阿尔弗雷德·滕尼斯在将彼得斐《自由与爱情》一诗由

匈牙利文译成德文而收在此书时，改其题为《格言》（*Wahlspruch*），其形式由原文六行格律诗改译为四行格律诗，最后几句的诗意亦由原来的"为了爱情，我愿牺牲生命；为了自由，我又宁愿牺牲我的爱情"的递增式，改为"若为自由故，二者皆可抛"的并列式。原文四行："Das leben ist mir Wert, Die liebe noch viel mehr：Doch fur bie freiheit ged, Tch beibe gerne her!"殷夫这"四行译文"即照滕尼斯的德译《格言》一诗译出。

姜馥森在《鲁迅与白莽》谈到："这四句诗是白莽平时最喜吟哦而憧憬的诗句，他并且希望他的友人也心爱这几句格言。当我往汉城工读时，他就叫他的姊姊用丝线绣成这四行诗的枕套赠送我，现在他的姊姊仍健在，要是看见了我，'重温旧梦'的话，也将不禁热泪簌簌而下罢。白莽除了彼得斐，对于俄国的流浪诗人普式庚的诗也相当爱好，他的结局，比这两位西方的诗人还凄凉。"

2 月

9 日　除夕，与母亲、二姊在西寺与寺内僧众吃素斋，并守夜到凌晨子时，烧头香后就寝。

10 日　正月初一，在城中的长姊徐祝三、大嫂张芝荣、三兄徐文达，以及在大徐老家的仲兄徐兰庭先后带着子女前往西寺拜岁。全家相聚在西寺上经堂。

14 日　收到徐培根来信，嘱咐取得同济的毕业证书，以便赴德国深造。大嫂张芝荣传达徐培根立场，全力支持返回同济读书，否则断绝经济供给。

本月　因能否回同济大学尚未可知，计划边工作边自学俄语，以备有机会去苏联莫斯科。筹划返回上海，但因盘缠拮据，无法成行。就经济问题求助徐素云。

本月 在西寺，作《怀拜伦》诗。

26日 凑足盘缠，乘船启程赴沪。母亲钱玉嫦由徐祝三陪同，送别至丹城十里路外的虎啸铺。

按：徐祝三晚年每每回忆起那次与殷夫分别的情景，总是唏嘘不已。因为殷夫此去就再也没有回过象山，这是她和母亲与殷夫的最后诀别。

关于临行的情况，据《象山港》1980年第1期徐祝三的口述文章《忆四弟——殷夫》回忆：

我在临行时曾告诫他："出门要当心点，不要乱闹，莫闯大祸。"他安慰我说："你放心，我干的事都是为大家。"他还经常对我说："光明在前面，以后的日子是会好起来的。"不料这次成了我们姐弟最后的会面了。后来他在上海来信说衣服、鞋没穿了，要我给他做，我给他做了长布衫鞋袜等送去上海，才知当时他生活很清苦。"

同日 启程前，至白墩码头徐兰庭处，提取回象山时存放的行李。夜班轮船启航，兄弟惜别。

按：徐兰庭目送轮船出西沪港，回到住处后发现殷夫放在桌上留给侄子们的一块银元和字条。那块银元之事，徐兰庭后来常常说起，更以此为念，缅怀"懂事的兄弟"。

27日 乘轮船辗转宁波到上海。途中，作《春天的祷词》诗，署名白莽，收入自编《孩儿塔》集。

这是一首告别"寒冷"，祈求"春阳"的诗篇。

> 春风哟，带我个温柔的梦儿吧！
> 环绕我的只有砭骨的寒冷，
> 只有刺心的讽刺，

　　　　只有凶恶的贪困，

　　　　　我只祈求着微温，

　　　　即使微温也足使我心灵苏醒！

　　　　我的心不是没灼热的希望过，

　　　　我的心不是没横溢的情火过，

　　　　只是哟，冰般的泪水曾泛遍心田，

　　　　剩下的只是现今的一片无垠焦枯。

　　　　春风哟，偕着你的春阳来吧！

　　　　让我周遭飞跃些活泼玲珑的小鸟，

　　　　竞放些馥郁的万紫花儿吧！

　　　　即使这只装饰了我心的墓道，

　　　　我死的灵魂也给与个陶醉吧！

　　本月底　去同济大学打探可否恢复德文补习科学籍。从王姓生活指导老师处获悉，因上学期期终缺考，德文补习科已将他和王顺芳、陈元达除名。

3 月

　　本月初　打探王顺芳与陈元达下落，希望与党的地下组织接上关系，分配到革命工作。前往英商公共汽车公司寻找王顺芳，未果。

　　按：王顺芳当时就在那家公司的一个公交机构里上班，用了化名，而殷夫不知。

　　本月初　租住在市区闸北赫德路①弄堂内一个院子里的三楼亭子间。

―――――――――

　　①　今常德路。

152

上旬　因接不上党组织关系,开始短期流浪生活,转悠于大街小巷,以期碰上革命同志。

按:由于当时上海党组织正在贯彻执行中共中央的中心口号,即要求党员"不要环绕在党的机关周围,而要分散到产业工人群众中去",加紧开展夺取群众的工作,以改变党的"头重脚轻"的局面。故在大街小巷不太可能碰到以前的革命同志。

上旬　流浪中,作《无题的》(四首)诗,署名白莽,收入自编《孩儿塔》集。四首小诗以蒙太奇的方式描绘了四幅上海大都市光怪陆离的社会景象图。

上旬　作《幻象》《夜的静》等诗篇,署名白莽,收入自编《孩儿塔》集。

诗中表达在流浪中找不到党组织的忧伤,流露出浓厚的悲观情绪,如《幻象》中,"只是幻象呵,你推,压,刺,榨扼我心肠,你无情地燃起火的光,你又不眠地看我踏破夜的曼洋洋,看那月辉,冰样,雪样,泪样";又表现出寻找党组织的热切期望,如《夜的静》中"夜的静默,给我悲伤,想见,想跃向光亮"。

上旬　寻找党组织未果,在上海流浪,写下多篇批判性诗作。诗作中开始运用无产阶级立场、观点观察社会生活,反映革命斗争,揭露社会现实的浑浊和丑恶,表现出鲜明的阶级观点。

上旬　作《给茂》诗,署名白莽,收入自编《孩儿塔》集。

诗歌回忆 1923 年学校放春假时,与好友王永茂同游郊外的情境,抒发对年少时期两人友情的追忆,并表达追随理想、即将奔赴"血与泪的交并"战斗生活的决心。

> 这是我青春最初的蓓蕾,
>
> 是我平凡的一生的序曲,
>
> 我梦中吻吮这过往的玫瑰,

幼稚的狂热慰我今日孤独。

现今呦,是春的季候,
故乡的田野撒满黄花,
六年前我要拿住小手,
和你并肩地踏完春假。
记否呀,那郊外的田阡,
丛丛密密地长着毛茛;
我们在一个晴朗早晨,
我束了黄花向你献呈?
这都是散消了的烟云,
暮春的杜鹃催去了憧憬,
只我在梦中还见你小影,
沉重的怅惘,空望天青。

老人的岁月的巨轮,
已碾碎了我青春幻影;
我现今是孤独奔行,
往日的回忆徒勾伤心。
但我不能压制血液,
血和泪的交并,
我要理我当日狂歌,
花束般向你献呈。

按:王永茂在 1983 年 4 月才读到此诗,他没想到殷夫生前曾为他写下如此充满激情的诗篇,不禁热泪盈眶。据他回忆,当年在县立高小,只知道徐祖华会写诗,大家都以"小诗人"称呼他,也曾读过他不少诗作。特别是将要毕业那段时间,殷夫几乎隔几天就带几首小诗到宿舍来,让大家读评,并根据大家的意见

154

进行修改。王永茂记得，殷夫当年曾送给他一本油印的诗集，题目是"母亲的足迹"。后来因为他长期在外，诗集在辗转中散失。

上旬　流浪中，作《流浪人短歌》《夜的静默》《青的游》《最后的梦》诗四首。

《流浪人短歌》有力地控诉了"鬼狐魑魅到处爬行"的社会，表达他此一时期逛夜上海的感受，以强烈的色彩对比诅咒了"吃人的上海市"的罪恶形象，揭露社会的黑暗与不平。

> 哈，哈，姑娘，彩花的毒蛇，
> 理去，理你蛊惑人心的艳装！
> 我不是孤高怨命的枯蝉，
> 我的褴褛是我的荣光。
> 你白领整装的 Gentlemen，
> 脑儿中也不过是些污秽波浪，
> ……
> 桥的这边多白眼，
> 桥的那面耸高屋，
> 苏州河边景凄凉，
> 灯影乱水惹痛哭！
> 我不欲回头走刺路，
> 我不欲过桥攀高屋，
> 凉夜如水雾如烟，
> 我要入河洗个泪水浴……

上旬　流浪中，收到盛淑真来信，作《写给一个姑娘》《残酷的时光，我见你……》《记起我失去的人》，署名白莽，收入自编《孩儿塔》集。

殷夫在《写给一个姑娘》诗中回答盛淑真：

我何曾不希求玫瑰花房甜的酒，

我看见花影也会发抖，

只全能者未给我圣手，

我只有，只有，只有孤守。

姑娘，原谅我这罪人，

我不配接受你的深情，

我祝福着你的灵魂，

并愿你幸福早享趁着青春。

我不是清高的诗人，

我在荆棘上消磨我的生命，

把血流入黄浦江心，

或把颈皮送向自握的刀吻。

《记起我失去的人》诗中吟道：

F，你在何处？

赤杨无知，

遥询轻云，

轻云无语溜过，

我悲痴的声音沉入

宇宙无底的过去……

我的姑娘，我的姑娘，

我在想着你，你可知？

昔日，多少温情蚀我心，

昔日，你给我多少生命的花影；

如今，你失在人海，

如今，我们无时相见。

上旬 流浪中，作《短期的流浪中》（二首）诗，署名白莽，收入自编《孩儿塔》集。

之一《想着她》小诗中,借"痛骂""爱情——狡恶的混蛋!"抒发对盛絷真的思念之情:

> 想着她,书也难读,
>
> 字行中浮沉着她的眼睛。
>
> 想着她,哭也难哭,
>
> 心的烈火把泪水沸蒸。
>
> 想着她,难忘故乡,
>
> 珠山的回路引到心创——
>
> 是榆林的荫影底下,
>
> 我曾梦见过伊甸天堂。

之二《望》表达在流浪中前途未卜的苦闷与彷徨。

> 望望天空,青,灰,混沌又下雨,
>
> 心里悲哀,无聊亦发愁,
>
> 鬼影夜叉般,
>
> ……
>
> 如今我忽然离去故园庭,
>
> 知识、经验、年龄带我苦哀愁:
>
> 既不飞飞上上虹的花的光的国,
>
> 又不落,落下污泥,深水,地狱口。

上旬　流浪中,作《春》《赠朝鲜女郎》诗,署名白莽,收入自编《孩儿塔》集。

《春》所写的是面对"春,带着你油绿的舞衣","鸟,带来你宛啭的歌簧",以及"水,带来你青苔下的水仙",然而因掌握不了前进方向,孤立无援而产生的悲悒情绪:

> 春,带了舞衣,水和鸟,

157

　　　　姗姗地踏遍了人间。

　　　　没把我心弦挥弹,

　　　　　没把我泪泉复还,

　　　也没给我一个生的灵感。

　　　死,那末你带尖刺来,

　　　　来给我最后的引渡吧!

　　　　　我的心,疲怠,

　　　　我的生,十分枯干,

　　　　求你来,来给我慰安!

　　《赠朝鲜女郎》写的是对一位流亡漂泊的朝鲜少女的同情,并鼓动她起来反抗外国侵略者:

　　　　你,少女,是那样美好,

　　　　你仿佛是春日的朝阳,

　　　你小小的胸口有着复仇的火焰,

　　　你黑色的眼底闪耀着新生燎光。

　　　请立在这混浊的黄浦江头,

　　　倾听着怒愤的潮声歌着悲调,

　　　　你的故乡是在冰雪垓心,

　　　痛苦的同胞在辗转呼号。

　　　要问这天空几时才露笑容,

　　　　问这罪恶何日得告终结?

　　　　何日你方可回归故里,

　　　在祖父的坟头上剖心啜泣?

　　　　浮萍般的无定浪迹,

　　　　时日残蚀了生命花叶,

　　　偷生在深的,深的暗夜,

何时得目睹光荣的日出？

　　你请放高歌吧，

你胸中不是有千缕怨丝？

你的心不是在酸楚地跳抖？

对着黄浦你该发泄你的悲嘶！

　　你不停地向前跳去，

　　你是欢迎着咆哮的旋律；

我知道越过一片汪洋波涛，

　　那边有着你的仇敌。

　　女郎，愤怒地跳舞吧，

　　波浪替你拍着音节，

把你新生的火把燃起吧！

　　被压迫者永难休息！

　　此诗在殷夫众多的诗作中题材独特，具有超越国界的意义，表达了诗人解放全人类的理想和对被压迫民族的大爱！

　　按：殷夫当年与朝鲜方面的有关人士有过较多交往，他牺牲不久，徐素云在上海搜集遗物过程中，曾发现多封朝鲜文信函。其中一封，徐素云还将它带回象山，与殷夫的日记、书信等重要遗物一起珍藏在一只铁箱内。1950 年 12 月徐素云被"错杀"①后，这些遗物连同朝鲜文信函散佚而不可追寻。

---

　　①　徐素云于 1938 年加入国民党，曾兼任象山县"抗日后援会"委员、"妇女慰劳组"组长、"妇女救国团"团副、党部执行委员等职。在抗战中，从事支前动员、劳军服务工作，还曾与地下共产党员紧密联系，与敌伪势力作斗争。抗战胜利后，基本退出政界。土改中，因家有土地 62 亩、山林 8 亩、房屋 14 间，被划为地主成分。1950 年 12 月以"烧毁大量反动文件""高利盘剥贫下中农""收买农会干部"等罪名被捕，同月 28 日定性为"不法地主"被判处死刑，年仅 46 岁。1986 年，经宁波市中级人民法院复议，改判为"错杀"，恢复名誉。

上旬　作《孩儿塔》诗。

孩儿塔哟，你是稚骨的故宫，
伫立于这漠茫的平旷，
倾听晚风无依的悲诉，
谐和着鸦队的合唱！
呵！你是幼弱灵魂的居处，
你是被遗忘者的故乡。

白荆花低开旁周，
灵芝草暗覆着幽幽私道，
地线上停凝着风车巨轮，
淡漫漫的天空没有风暴；
这哟，这和平无奈的世界，
北欧的悲雾永久地笼罩。

你们为世遗忘的小幽魂，
天使的清泪洗涤心的创痕；
哟，你们有你们人生和情热，
也有生的歌颂，未来的花底憧憬。

只是你们已被世界遗忘，
你们的呼喊已无迹留，
狐的高鸣，和狼的狂唱，
纯洁的哭泣只暗绕莽沟。

你们的小手空空，
指上只牵挂了你母亲的愁情，
夜静，月斜，风停了微嘘，
不睡的慈母暗送她的叹声。

幽灵哟，发扬你们没字的歌唱，

使那荆花悸颤,灵芝低回,

远的溪流凝住轻泣,

黑衣的先知者默然飞开。

幽灵哟,把黝绿的磷火聚合,

照着死的平漠,暗的道路,

引住无辜的旅人伫足,

说:此处飞舞着一盏鬼火……

上旬 作《是谁又……》诗。

由于缺少实际斗争锻炼,对革命的艰巨性认识不足,因而在接触尖锐的现实斗争,特别是遇着"虐行和残暴","欺诈"和"侮辱",幻想的彩虹破灭时,殷夫产生了"悲悒"的情绪。诗中自白:

是谁又使我悲悒呢?

是谁扰起了我的幻灭?

我本不欲幽叹,

也不愿哀哀哭泣!

……

只是,我告别了旧的衣履,

裸热的胸怀,

却迎受,在暗夜,冷风和凄雨。

上旬 作《妹妹的蛋儿》诗,署名白莽,收入自编《孩儿塔》集。诗中发出绝望与悲观的呐喊,但又表达了振作的决心。

呵,茫茫的前程,

遍地是火,遍地是苦的呻吟,

血泊上反响着强者狞笑,

地球上尽是黑暗森林!

我遇着是虐行和残暴,

161

欺诈,侮辱,羞耻,孤伶!

我眼看地球日趋灭亡,

人类的灵魂也难再苏醒,

厌恶的芽儿开了虚无的花,

想把生命归与地球同尽!

……

妹妹,你救拯了我,

以你深浓的同情。

我不能为黑暗所屈服,

我要献身于光明的战争!

妹妹哟,我接着你从故乡寄出的蛋儿,

我不禁泪儿流滚,

但请信我吧,

我不再如以前般厌憎生命!

　　按:诗歌中的"妹妹",目前存在诸多争议。一种观点是根据考证殷夫被捕出狱的时间及其后的生活踪迹,认为"妹妹"这个形象仅仅只是诗人的艺术虚构。另一种观点,则如阿英在《重读殷夫遗稿〈写给一个哥哥的回信〉》文中说的:"他一次被哥哥从监狱里保出后,就被关在家里,靠妹妹秘密帮助才和外面取得了联系,并挣脱出来。"殷夫自己在《给一个哥哥的回信》中,也确有"出狱后,你把我软禁在你的脚下"之语。第三种观点,王艾村《殷夫若干史事辨识及其他》认为,殷夫是徐家六个兄弟姊妹中最小的一个,他根本没有妹妹,他那"靠妹妹秘密帮助"的话,就只是艺术虚构。并认为阿英在文章中提及徐培根"还曾要龙华警备司令部把殷夫多关些时"这段话,既是《回信》中所无,也非当年殷夫所说的追忆,更非因时光的长久冲刷而有所记错、说

162

错,认为这是阿英为深化殷夫《回信》的主题思想所进行的"二度创作",混淆了殷夫生平史事与其艺术创作的界限。第四种观点,王庆祥曾就此诗中的"妹妹"在殷夫大姊徐祝三处作过走访。因殷夫没有妹妹,只有两个姐姐,即大姊徐祝三、二姊徐素云。据徐祝三生前回忆,她当年并没有"从故乡"给在上海的弟弟殷夫寄过"蛋儿",也许是二姊徐素云寄过。从此诗"妹妹,你救拯了我,以你深浓的同情"句分析,诗中所写情境,似乎与徐素云曾资助殷夫重返上海相合。因此,他认为,这个"妹妹"的原型,可能是殷夫二姊徐素云。

15 日　作《春天的街头》诗。在上海大都市的虚世浮华中,抨击人们"拍卖心,拍卖灵魂"的丑恶世态。富人为"金钱、投机、商市、情人"而"没头地乱奔","汽车上的太太乐得发抖","强盗走着也像个常人"。而塌车夫"哼哼唧唧地把力用尽,只有得臭汗满身","但是轰的一声,塌车翻在街头,一切的人都在发抖,不见拉车的人哼唧地走在车的前头。"

22 日　与党组织联系上,转移到郊区浦东农村的一户农友家中暂住。

同日　作《梦中的龙华》诗,署名白莽,收入自编《孩儿塔》集。诗中吟道:

> 哥哥哟,上海在背后去了,
> 　　骄傲地,扬长地,
> 我向人生的刺路踏前进了,
> 　　渺茫地,空虚地。
> 呵,吃人的上海市,
> 　　铁的骨骼,白的齿,
> 马路上扬着死尸的泥尘,

每颗尘屑都曾把人血吸饮。

冷风又带着可怕的血腥，

夜的和音中又夹了多少凄吟，

我曾，哥哥，踯躅于黄浦江头，

浦江之上浮沉着千万骷髅。

只有庄严伟丽的龙华塔，

日夜纠缠着我的灵魂，

我如今已远离上海，

龙华塔只能筑入我的梦境。

23 日　晨，作《月夜闻鸡声》，署名白莽，收入自编《孩儿塔》集。

诗人看清了"光明的去路"，像"一个百灵"一样，用嘹亮的歌声去"迎接明晨"的到来，满怀信心地向着新方向迈进，负起时代所给予的重任。

哟，友人，静寞的月夜不给你桃色的梦，

摇荡着的灵魂漂上了水晶仙宫，

但，这儿，听，有着激励的鸡鸣，

是这时候你便该清醒。

若是朝阳已爬上你的窗棂，

还需要你把赞歌狂吟！

荣冠高蹈的时代先知，

在月夜就唱就了明晨新诗。

友人，起来，这正是时候，

月光的清辉正洗照了楼头，

束着你闪光的刚亮的宝剑，

趁着半夜正可踏上银河白练。

踏着虹的桥,星河的大道,

星儿向着你的来向奔跑,

你向前走去欢迎明晨,

你因为必要做着第一个百灵!

下旬 作《梅儿的母亲》诗,诗末署有"在乡下"三字。诗中借与母亲对话向党组织表白:

母亲,别只这样围住我的项颈,

你这样实使我焦烦,

我怕已是软弱得无力离开床枕,

但即使是死了,我还要呼喊!

你怎知道我的心在何等地沸腾,

又岂了解我思想是如何在咆哮,

那你听,这外边是声音,解放的呼声。

我是难把,难把热情关牢。

听呀,这——吁——吁——吁

子弹从空气中飞渡,

妈呀,这是我,你,穷人们的言语,

几千年的积愤在倾吐!

哪,外面是声音,声音,

生命在招呼着生命,

解放,自由,永久的平等,

奴隶,是奴隶们在搏争光明,

上前哟,劳苦的兄弟们,

不怕流血,血才染红旗旌,

世界的创造者只是我们,

我们要在今天,今天杀尽魔君,

母亲，让我呼吸，让我呼吸，

我的生命已在这个旦夕，

但使我这颓败的肺叶，

收些，收些自由气息！

别窒死了我，我要自由，

我们穷人是在今日抬头，

我是快乐的，亲见伟举，

死了，我也不是一个牢囚！

月底　从浦东农村回到上海市区。

4 月

9 日　作《一个红的笑》诗。

诗中第一次出现工人群众示威游行的场面。建筑物"大的眼中射出红色光芒"，"吞没着全个都市"，"机械和汽笛的狂歌"都是工人阶级力量的象征。诗歌号召"我们要创造一个红色的狞笑"，表明殷夫"裸热的胸怀"已"迎受"在当时革命斗争的第一线。

一个个工人拿着斧头，

摇着从来未有的怪状的旗帜，

他们都欣喜的在桥上奔走，

他们合唱着新的抒情诗！

红笑的领颈在翕动，

眼中的红光显得发抖，

喜悦一定使心儿疼痛，

这胜利的光要照到时空的尽头。

上旬　在上海街头偶遇象山县立高小同学许福莹，与之交谈,并一起往南京路大光明戏院观看田汉、欧阳予倩的"南国剧社"演出。

按:许福莹1980年7月5日曾作回忆,他于1929年4月某日曾在上海街头偶遇殷夫,与之有过相关谈话。殷夫的话语中流露出未能进入党的地下工作机关的苦闷。究其原因,殷夫说可能与他此前两次被捕由长兄徐培根保释有关,即地下党组织对他还不很放心。在这种情况下,他必须有个明朗的态度,与徐培根彻底决裂。

上旬 投入党的地下革命实际工作。

上旬 收到徐培根从德国寄来的信。信中,徐培根告诉殷夫,他将要参加紧张的军事实习,奔向"火线",劝说殷夫"觉悟"过来,并指责殷夫:"白弟,你对于我已完全没有信用了!"

按:此信促成了殷夫告别旧我,走向革命斗争第一线的决心,并与哥哥决裂。

12 日 蒋介石发动"四一二"反革命政变两周年之际,作《别了,哥哥》诗。

诗中表示决不走哥哥诱引的道路,"真理和愤怒使他强硬,他再不怕天帝的咆哮,他要牺牲去他的生命,更不要那纸糊的高帽",因此决定与长兄决裂,与其所隶属的统治阶级斗争到底。诗人坚定地大声宣告:"别了,哥哥,别了,此后各走前途,再会的机会是在,当我们和你隶属着的阶级交了战火。"

按:殷夫之所以在此时写下此诗,概因徐培根的关系,他未能取得地下党组织信任。殷夫当年友人丁锐爪①1984年5月15

---

① 丁锐爪(1912—1986),原名丁瑞章,又名丁镜,笔名丁锐爪,江苏金山县(今上海市金山区)人。1928年在上海立达学园读书时参加革命,1929年从共青团员转为中共党员。左联发起人之一。1930年秋,任金山县中共松(江)金(山)县委书记。

日曾回忆,他于1929年春曾与殷夫有较多接触。一次去殷夫住所,看到他的床头上放着一只信封,是他大哥徐培根从德国寄来的,上面还写有徐培根的名字。丁问殷夫为什么要把这只信封放在床头上?殷夫说这是"伪装",可作为一种掩护。后来很多革命同志都知道这件事,认为殷夫还未能与徐培根划清界限。

23日 作《意识的旋律》诗。

抒情长诗《意识的旋律》,将自己认识革命的心路历程,比作音乐旋律节奏的递进。1924年在家乡时只是"憧憬的旋律",经过五卅运动奏响生命键盘上的"C大调",历经北伐革命的"高音的节奏",第三次工人武装起义、"四一二"反革命政变,广州起义等沉郁的音符,"憧憬的旋律"变成了激越的"意识流",递进到了极致的地步。诗中高歌:"南京路的枪声,把血的影迹传闻,把几千的塔门打开,久睡的眼儿自外探窥,在群众中羞怯露面,抛露出仇恨。隘狭语箭!实际!实际!第三实际!'科学!'旋律迫至中央C。"诗的最后几节强调无产阶级是新世界的开创者,是敢于搏击风云的"海燕",是战斗在时代前列的尖兵,号召人们继承发扬"五卅"战斗传统。全诗以急促明快的节奏,激壮奔放的语言,歌颂了这一中国革命史上反帝斗争的光辉一页,并反复警策人们要记住"五卅"这个难忘的日子,记住无产阶级在与帝国主义斗争中所付出的血的代价。本诗被称作"记录大革命失败前后中国正义与邪恶搏斗历程的史诗"。

同日 作《上海礼赞》诗。

诗歌控诉了上海在帝国主义、国民党当局白色恐怖统治下沦为"冒险家乐园",也高歌礼赞在旧上海母胎中诞生的"挖墓人"——强大的工人阶级,认为工人阶级将成为未来历史的主人翁。

上海，我梦见你的尸身，

摊在黄浦江边，

在龙华塔畔，

这上面，攒动着白蛆千万根，

你没有发一声悲苦或疑问的呻吟。

这是，一个模糊的梦影，

我要把你礼赞，

我曾把你忧患，

是你击破东方的谜雾，

是你领向罪恶的高岭！

你现在，是在腐烂，

有如恶梦，

万蛆攒动，

你是趋向颓败，

你是需经一次诊探！

你是中国无产阶级的母胎，

你的罪恶，

等于你的功业，

你做下一切的破坏，

到头还须偿还。

"五卅"，"四一二"的血不白流，

你得清算，

你得经过审判！

我们礼赞你的功就，

我们惩罚你的罪疚。

伟大的你的生子，

你的审判主，

他能将你罪恶清数，

但你将永久不腐不死，

但你必要诊探一次。

24 日　"一日写完"短篇小说《音乐会的晚上》。

小说以侨居上海的沙俄病态青年安德列维支的十二则日记的形式，塑造一位受中国革命青年 C 君影响而逐渐觉醒，认同苏维埃革命，最后回归故国的青年女子玛利亚形象。

小说中的玛利亚，虽然是一位出身于沙俄御前顾问家庭的姑娘，在上海也流亡了多年，但她读过列夫·托尔斯泰和高尔基的作品，向往苏联新生活。有天晚上在音乐会上认识了 C 君，即中国的 W 大学学生，一位"布党"（共产党员）。从 C 君处，她了解到关于祖国的许多信息，因而感到自己"年纪长大了，而故乡却日日地离开去了"。通过 C 君，她认识到"布党是并不十分残暴的"，而"我们的痛苦就是积世怨恨的报复"，"只要我们能不破坏革命，能不想把沙皇的制度重新架起来，布尔塞维克是欢迎我们的"。所以，她告别了爸爸和未婚夫安得列维支，决心回国"去吸收新的空气，经验新的经验"，去做一名工人。

25 日　获悉《申报》广告栏内"鸿兴小学校"招聘教师的广告"聘！教员。任小学课程，请至宝山路西鸿兴坊五十八号"，有意前往应聘。

26 日　前往应聘。途中购买"易坎人"①翻译的长篇小说《煤炭大王》②。

---

①　郭沫若笔名。

②　作者为美国小说家辛克莱。小说描写美国工人与资本家的斗争。

至鸿兴小学校获悉，校方拟招教五、六年级英文、算术的男教师一名，其余招女教师。报名，填表。校方教务长允诺三天后无论聘否，即给回复。

回到住所，发现《煤炭大王》缺页二十有余。

27 日 作《都市的黄昏》诗。诗中着眼于都市的黄昏一幕，将女工们在都市入夜之后的劳动与生活，和从赛马场归来的富翁作对比，以强烈的疑问表达对未来的信念："富人用赛马刺激豪兴，疲劳的工女却还散着欢笑，且让他们再欢乐一夜，看谁人占有明日清朝？"

29 日 未得小学应聘消息，前去宝山路询问。获悉教员已定，不悦于教务长的失信。途经书店调换小说，被要求加价。又被另一家书店伙计怀疑《煤炭大王》是他们书店的。此行颇为不快。

按：此段经历，写在殷夫讲述自己"短期流浪"的随笔《King Coal——流浪笔记之一》中。

本年春 与好友丁锐爪多有交往。

5 月

1 日 接党组织指示，发动工人参加总同盟罢业以纪念五一节。带领工人上街游行，发表演说，散发传单，举行"五一祭"誓师礼。

5 日 作叙事长诗《一九二九年的五月一日》，记录五一示威游行这一伟大斗争的生动场面和"五一祭"的感受。诗中叙述了他向男女青年工人宣传发动的情况，渲染游行示威的高潮。诗歌将自己的深刻感受上升至对于历史的判断，表明殷夫在这些实际斗争中,对历史发展的必然规律已有乐观坚定的把握,此诗是殷夫思想认识和革命实践进入新境界的重要标志。

> 我才细细计划,
> 把我历史的工作布置,
> 我要向他们说明:
> 今天和将来都是"我们"的日子。
> ——今天是五月一号,
> 这是他们的今朝,
> 我们要拒绝做工,
> 我们叫出三个口号:
> 八小时工作,
> 八小时休息,
> 八小时教育!
> 我们总同盟罢业,
> 纪念神圣的五一节,
> 这是我们誓师的大典,
> 我们要继续着攻击!
> ……
>
> 我突入人群,高呼:
> "我们……我们……我们……"
> 白的红的五彩纸片,
> 在晨曦中翻飞象队鸽群。
> 呵,响应,响应,响应,
> 满街上是我们的呼声!
> 我融入于一个声音的洪流,
> 我们是伟大的一个心灵。

满街都是工人,同志——我们,

　满街都是粗暴的呼声,

　满街都是喜悦的笑,叫,

　　夜的沉寂扫荡净尽。

呵哟,这是一阵春雷的暴吼,

　新时代的呱呱声音,

谁都溶入了一个憧憬的烟流,

谁都拿起拳头欢迎自己的早晨。

　"我们有的是力量,

　　我们有的是斗争,

　　我们的血已沸荡,

　我们拒绝进厂门!……"

　　　……

群众的高潮在我背后消去,

黑暗的囚牢却没把我心胸占据,

　我们的心是永远只一个,

　无论我们的骨成灰,肉成泥。

　我们的五一祭是誓师礼,

　我们的示威是胜利的前提,

　　未来的世界是我们的,

没有刽子手断头台绞得死历史的演递。

　11 日　向鲁迅主编的杂志《奔流》投寄译稿《彼得斐传》(译自德文本),译稿由《奔流》出版处北新书局转至鲁迅住处。

　按:此时恰逢鲁迅因母亲有病而离开上海北上省亲。《两地书》本年 5 月 14 日,许广平给鲁迅的信中提到:"今日收到殷夫的投《奔流》的诗稿,颇厚,先放在书架上了,等你回来再看。"

14 日 作随笔《监房的一夜》。记述在 1927 年"四一二"反革命政变后在国民党上海龙华淞沪警备司令部的监狱生活经历与感受。

按：殷夫写作这篇随笔时，心情应该十分复杂。文章中有一处细节，讲到他在听了"华"和"吴"耳语之后"眼泪不禁流下颊来"，大概是他真实状况的一种写照。"……我们只当是个穷学生，却不意他真有大来历……他对我们好，那是玩玩，消遣而已，何尝真同情我们呢？……不要接近他的好，否则谁又保得住他不同委员同鼻孔出气呢？"这大概就是殷夫当时的处境。自己的革命热情不但不被革命同志接受，反而对他有所戒备。此时的殷夫，尽管已接上了组织关系，也参加了许多外围工作。但因徐培根的关系，始终进入不了地下工作机关。

15 日 发表政论文《反帝大同盟扩大会与今后的反帝运动》，署名伊凡，载于《列宁青年》第 1 卷第 15 期。

该文犀利地指出反帝大同盟面临的严峻形势，指出在一定情形下，殖民地的民族革命组织，和少数左派社会主义分子，仍具有反帝作用，但领导他们共同反帝必须要有具体的政纲，并且不做原则让步，保持自己自由批判的权利。文末号召，只有各国无产阶级、殖民地半殖民地的工人和农民这三种世界上最彻底的反帝国主义势力一致联合，才能彻底推翻国际帝国主义的统治。

19 日 接地下党组织关于"在南京路组织群众举行纪念五卅运动的周年示威游行"的指示后，参与一系列筹备事项。包括深入工厂、学校及街道里弄，发动青年工人和学生、市民起来开展"五卅"四周年纪念活动①。

20 日　夜,作散文《剧运的一个幼稚闯入者——一九二九剧团》。文中提到:

一九二九剧团是由几个流浪的青年组织起来的,假使比他像个孩子,那末这是一个身体孱弱,性子急燥(躁)的孩子,叫算命先生来说,他的命一定是非常"硬"的,为什么那末硬呢? 说来也有来历,原来他的父母,没有一个是留过学的,没有一个是戴"作家"的高帽的,没有一个是偶像般给人崇拜的,也没有一个曾在袋里响过大拉斯的,——他们有的是贫穷和热情,仅仅是贫穷和热情! 以这两件金属铸成的合金,硬是必然的,他们的儿子自然也秉着这个遗传的特性了。……"一九二九剧团"是平凡,幼稚的。它既没有名人或"作家"的参加,又没有资本家,老少爷的援助。它只想集合所有的平凡,幼稚,无名,而有热情的青年同志,合唱没字的歌,表白表白幼稚的悲欢哀乐;呢喃些那严整傲慢高坐大殿的人所不能或不愿了解的话,诉说我们真挚的憧憬……愿一切的平凡,幼稚,无名而有热情的青年都来参加"一切(九)二九"哟!

按:该文文风细腻优美,迥异于政治抒情诗的雄浑、激越风格,也为殷夫的人生历程提供了新的信息。但目前尚未查到有关一九二九剧团的任何资料。

24 日　参加"五卅"四周年纪念筹备大会。

26 日　参与发动青年群众参加反帝工作。

29 日　发表散文《剧运的一个幼稚闯入者——一九二九剧

---

①　此次游行后因孙中山灵柩奉安南京,全国从 5 月 26 日起至 6 月 1 日止,机关一律下半旗,民众臂缠黑纱,停止宴会娱乐七天,以志哀悼,所以活动受到影响,未能形成声势。

团》，署名白莽，载于《民国日报》"青白之园"栏。

30 日 参与"五卅"四周年纪念筹备大会的工作。

按：该日，共青团中央执行委员会为纪念五卅运动四周年发出宣言。宣言指出，在国民党统治下青年工人、农民的工作生活待遇一天天变劣，青年学生不自由，毫无安心读书求学的机会。最近上海的大陆、华南、建华诸校被封，数千学生失学，这只是国民党压迫青年运动的"很小很小的一幅插画"。"我们目前的工作，就是要坚决的努力的去完成'五卅'运动的任务，努力推动新的革命高潮的到来，推翻一切旧的统治阶级，解决一切革命的根本问题。"

下旬 作《血字》诗。此诗为纪念"五卅"运动而作，鼓动世界纪念"这个难忘的日子"：

> 血液写成的大字，
>
> 斜斜地躺在南京路，
>
> 这个难忘的日子——
>
> 润饰着一年一度……
>
> 血液写成的大字，
>
> 刻划着千万声的高呼，
>
> 这个难忘的日子——
>
> 几万个心灵暴怒……
>
> 血液写成的大字，
>
> 记录着冲突的经过，
>
> 这个难忘的日子——
>
> 狞笑着几多叛徒……
>
> "五卅"哟！
>
> 立起来，在南京路上走！

把你血的光芒射在天的尽头，

把你刚强的姿态投映到黄浦江口，

把你的洪钟般的预言震动宇宙！

诗中宣称"我是海燕，我是时代的尖刺"，表明他已站到了时代的最前列，发出了时代的最强音。在愤怒控诉反动势力罪行的时候，满怀信心地预言："今日他们的天堂，他日他们的地狱，今日我们的血液写成字，异日他们的泪水可入浴。"这些预言，表现了他对无产阶级革命必胜的坚定信念，闪耀着历史唯物主义的灿烂光辉。从艺术上讲，从游行到开会，从场面概括到聚焦神貌，诗歌都以审美情感的颤动将革命的各个方面作了立体化的意象表现，拟人化又合乎情景、充满动感的诗句蕴含了丰富深邃的层次。因此，此诗代表了 1920 年代末红色鼓动诗的最高水平。

本月 发表诗歌《梅儿的母亲》，载于《海风》周刊第 17 期。目录署名徐殷夫，正文署名殷夫。

本月 结识柔石[①]，一见如故。

按：此时，柔石居住在闸北东横浜路景云里 23 号三楼，与鲁迅所住的景云里 17 号寓舍为邻，与鲁迅一家交往甚密。他在鲁迅支持下，参与编辑《语丝》月刊，并主编《朝花》周刊（不久改出旬刊）。同时，从事小说、诗歌、剧本创作，并翻译外国小说，作品大多刊载在《语丝》《朝花》以及鲁迅主编的《奔流》月刊上。

按：当时殷夫住闸北赫德路一条弄堂内院子里前楼，与柔石住所相距不远，故而经常造访柔石，在柔石处结识了女作家

---

① 柔石(1902—1931)，原名赵平复，化名少雄，浙江宁海人，共产党员。1928年到上海从事革命文学运动，曾任《语丝》编辑，并与鲁迅同办"朝花社"。1930年初，自由运动大同盟筹建，为发起人之一。

冯铿。

6 月

16 日　下午 2 时，上海青年反帝大同盟成立。到会代表 30 余人。大会发表宣言，号召全国革命青年一致起来参加反帝运动。

按：1930 年 4 月 10 日发表的《目前青年反帝运动的战术》提到了青年反帝大同盟的成立："在张案①运动中，上海的青年界就自动组织了上海青年反帝大同盟，包含了一百多个民众团体，工作异常紧张，并且派代表出席国际青年反帝大会。到了现在，该同盟的发展，非常迅速，各处都成立分同盟。"

按：据共青团中央办公厅 1958 年编《中国青年运动历史资料》第 5 册记载：

一致通过青年反帝大同盟章程及准备二十三日沙基惨案纪念大会等重要决议。……散会后并由第一次执行委员会选出常务委员五人组织常务委员会，处理青年反帝大同盟一切经常工作。常务委员会分为五部，即：总务部、组织部、宣传部、纠察部与救济部。

按：据目前可见的殷夫政论文所涉内容，殷夫极有可能参与了相关工作。

17 日　得鲁迅复信。在信中，鲁迅向殷夫"讨译文原文"。

按：《鲁迅日记》："6 月 16 日，下午复白莽信。"

按：《彼得斐·山陀尔行状》和译诗 9 首在《奔流》第 2 卷第 5 期《译文专辑》刊出时，鲁迅在编辑后记里写道：

---

①　指当时英国水兵在上海打死一张姓同胞案。

收到第一篇《彼得斐行状》时，很引起我青年时的回忆，因为他是我那时所敬仰的诗人。在满洲政府之下的人，共鸣于反抗俄皇的英雄，也是自然的事。但他其实是一个爱国诗人，译者大约因为爱他，便不免有些掩护，将"nation"译作"民众"，我以为那是不必的。他生于那时，当然没有现代的见解，取长弃短，只要那"斗志"能鼓动青年战士的心，就尽够了。

绍介彼得斐最早的，有半篇译文叫《斐彖飞诗论》登在二十多年前在日本东京出版的杂志《河南》上，现在大概是消失了。其次，是我的《摩罗诗力说》里也曾说及，后来收在《坟》里面。一直后来，则《沉钟》月刊上有冯至先生的论文；《语丝》上有 L. S.的译诗，和这里的诗有两篇相重复。

按：彼得斐作为鲁迅心目中的"摩罗诗人"之一，曾是他青春时代理想的寄寓。1926 年底，鲁迅在将《摩罗诗力说》编入杂文集《坟》时，在《〈坟〉题记》中写道："其中所说的几个诗人，至今没有人再提起，也是使我不忍抛弃旧稿的一个小原因。他们的名，先前是怎样地使我激昂呵，民国告成以后，我便将他们忘却了，而不料现在他们竟又时时在我的眼前出现。"十余天后，鲁迅又作《写在〈坟〉后面》，说道："倘若硬要说出好处来，那么，其中所介绍的几个诗人的事，或者还不妨一看。"两年之后，鲁迅收到热爱彼得斐的青年诗人的译稿，勾起他对既往的追忆和对这位青年译者的注目，正是匈牙利浪漫主义诗人彼得斐在鲁迅与殷夫之间架起了一座精神之桥。

殷夫的投稿，亦使鲁迅想起 30 年前，在日本东京弘文学院求学时托丸善书店从德国购得的，一直珍藏于北京寓所的两本《彼得斐集》。此时鲁迅有心要将这两本珍藏多年的书，献给这位青年同好。所以在 6 月 16 日为讨要原文给殷夫复信的同时，又致函北京的许羡苏,请她去寓所把那两本集子找出寄来,准备送给殷夫。两本《彼得斐集》由柔石亲自交给殷夫后,在殷夫第三次被捕时落到了捕房手中。

23 日　作为上海青年反帝大同盟盟员,参加在上海小沙渡路举行的群众纪念大会。大会以纪念"沙基惨案""援助张案""启封三校"为三个中心口号,在通过各种重要决议案之后,继由群众自动将华南、大陆、建华三校启封。这一行动是青年群众直接起来反对帝国主义、反对军国主义、争取自由的斗争。

按:此前,在工人阶级影响下,上海革命学生举起"打倒帝国主义"的旗帜,引发国民党、帝国主义和学校当局的压迫,于是发生封闭华南、大陆、建华三校事件。

同日　作《前灯》诗。

24 日　与鲁迅第一次相见。此前,鲁迅在第一封信中要殷夫将原文寄来,以便核校。但因原文印在德文《彼得斐集》前面,不便邮寄,便亲自送至鲁迅处。

按:据人民文学出版社 2005 年版《鲁迅全集》,在《为了忘却的记念》一文中,鲁迅回忆:

我们相见的原因很平常,那时他所投的是从德文译出的《彼得斐传》,我就发信去讨原文,原文是载在诗集前面的,邮寄不便,他就亲自送来了。看去是一个二十多岁的青年,面貌很端正,颜色是黑黑的,当时的谈话我已经忘却,只记得他自说姓徐,象山人;我问他为什么代你收信的女士是这么一个怪名字(怎么怪法,现在也忘却了),他说她就喜欢起得这么怪,罗曼谛克,自己也有些和她不大对劲了。就只剩了这一点。

按:关于这次见面的情况,殷夫曾告诉过少年同学姜馥森。据《现实》1939 年第 7 期,姜馥森《鲁迅与白莽》记述:

局外人不明底蕴,当然鲁迅的话可靠,不过鲁迅的住址是秘密的,一位投稿人无从知道他,而他亦不会轻率的与不相识者会面。据当时白莽告诉我:他很早要想会见鲁迅了,因了柔石的介绍而得睹丰采,不过初次见面时,他不愿意多说话……当时鲁迅曾对白莽说:"你才十九岁的人,已有这样好的德文根基,这是很可欣幸的事……"。

同日　寄信给鲁迅。附《流浪人短歌》《夜的静默》《青的游》《最后的梦》四首抒情诗稿。信中向鲁迅提出翻译《Cement》①的建议,告诉鲁迅计划以译书稿费维持生计。并表示悔与鲁迅相见。

按:《鲁迅日记》记:"6月25日,上午得白莽信。"据人民文学出版社2005年版《鲁迅全集》,鲁迅《为了忘却的记念》回忆:

夜里,我将译文和原文粗粗的对了一遍,知道除几处误译之外,还有一个故意的曲译。他像是不喜欢"国民诗人"这个字的,都改成"民众诗人"了。第二天又接到他一封来信,说很悔和我相见,他的话多,我的话少,又冷,好像受了一种威压似的。

25日至30日　中共六届二中全会在上海召开。会后,被党组织安排在沪东区②工厂、学校从事青年运动,开展争取青年工人和学生的宣传工作。

本次会议听取了中央政治局的工作报告,听取了关于政治、组织、农民、土地问题及士兵运动等方面的报告,确定继续深入土地革命,开展游击战争,扩大苏维埃区域,纠正非无产阶级意识,加强公开工作和秘密工作等项任务。

---

① 即苏联作家革拉特珂夫的长篇小说《士敏土》。

② 今上海杨树浦一带。

26 日　收到鲁迅托柔石亲自送来的复信，及鲁迅所藏德国《莱克朗氏万有文库》之《彼得斐集》，一本为散文，一本为诗集。这是鲁迅珍藏多年，连在彼得斐的故乡匈牙利本国都极少见的珍本。

鲁迅复信曰：

来信收到。那篇译文略略校对了一下，决计要登在《奔流》上，但须在第五六期了，因为以前的稿子已有。又，只一篇传，觉得太冷静，先生可否再译十来篇诗，一同发表。又，作者的姓名，现在这样是德国人改的。发表的时候，我想仍照匈牙利人的样子改正（他们也是先姓后名）——Petöfi Sándor。

《奔流》登载的稿件，是有稿费的，但我只担任编辑《奔流》，将所用稿子的字数和作者住址，开给北新，嘱其致送。……

《Cement》译起来，我看至少有二十万字，近来也颇听到有人要译，但译否正是疑问，现在有些人，往往先行宣传，将书占据起来，令别人不再译，而自己也终于不译，数月以后，大家都忘记了。即如来信所说的《Jungle》，大约是指北新豫告的那一本罢，我想，他们这本书是明年还是后年出版，都说不定的。

我想，要快而免重复，还是译短篇。

信末，鲁迅交代送那两本书的目的："我希望先生索性绍介他一本诗到中国来。"

按：鲁迅在《为了忘却的记念》中说："他果然译了几首，自己拿来了，我们就谈得比第一回多些。这传和诗，后来就都登在《奔流》第二卷第五本，即最末的一本里。"

按：据《鲁迅日记》载，鲁迅于24日晚收到托许羡苏寄来的这两册《彼得斐集》，次日即致白莽信，连同这两册书，郑重其事地托柔石亲自送给殷夫。柔石就把鲁迅的信和赠书送去给殷夫,鲁迅在《为了忘却的记念》一文中对此作了记述。

按:鲁迅的这封回信《致白莽》后来由徐素云翻拍成照片保存下来,收入《鲁迅全集》。这封回信末尾的落款日期是"六月廿五日",即托柔石送信前一天。

本月 作随笔《King Coal——流浪笔记之一》,反映流浪生活的片段:"每日跋着漏了底的破鞋,整天的东跑西走,混着饭或讨着钱度日……"文中亦记叙了前月去闸北鸿兴小学应聘教员之事,批判了社会信用与信任的严重缺失。

本月 通过柔石,结识李伟森①、胡也频②等进步文学青年。

本月 在一次秘密活动中偶遇王顺芳。

7 月

4 日 午后前往鲁迅住处,与鲁迅第二次相见,鲁迅"假以泉廿"。将所译诗篇交给鲁迅,即刊载于本年 12 月 20 日《奔流》第 2 卷第 5 期(译文专号)上的《Petöfi Sándor 诗九篇》。

按:《鲁迅日记》记:"午后白莽来,假以泉廿。"

5 日 上海青年反帝大同盟在暨南大学举行第二次代表大

---

① 李伟森(1903—1931),湖北武昌(今武汉市武昌区)人。1922 年加入中国共产党。1924 年赴苏联学习。1925 年回国,曾任共青团广东区委宣传部部长、共青团湖南省委书记、团中央宣传部部长、团中央南方局书记等职。1928 年夏主编《上海报》,5 月任苏维埃代表大会准备委员会上海办事处负责人。曾任《中国青年》杂志编辑。为五烈士中唯一未加入左联之人。

② 胡也频(1903—1931),原名胡崇轩,福建福州人。左联五烈士之一,作家。早年读过私塾,当过学徒,后被家人送到天津大沽口海军学校学习机器制造。1924 年与女作家丁玲结婚,1928 年到上海主编《红与黑》杂志,1929 年与沈从文合编《红黑》月刊和《人间》月刊。1930 年加入左联,被选为执行委员。同年 11 月加入中国共产党,并被选为第一次全国工农兵代表大会代表。

会。会中暨大当局拘捕了大会主席,事后又陆续拘捕该校学生二人(均为青年反帝大同盟盟员),并用军队包围学校,学生出入均须检查,甚至施行戒严,学校完全陷入恐怖状态。报纸完全封锁,消息亦不准登载,持续周余。

按:据目前可见的殷夫政论文所涉内容,殷夫极有可能参与了反帝大同盟相关工作。

10 日 寄鲁迅信。

11 日 又寄鲁迅信并诗。

按:关于这两封信的内容以及殷夫所寄的是什么诗,鲁迅后来不曾言及,只是在《为了忘却的记念》中写道,1931 年 1 月 16 日夜间与柔石见最后一面,第二天柔石就在一个会场上被捕了,"听说官厅因此正在找寻我。印书的合同,是明明白白的,但我不愿意到那些不明不白的地方去辩解"。于是,"这一夜,我烧掉了朋友们的旧信札","同时被难的四个青年文学家之中,李伟森我没有会见过,胡也频在上海也只见过一次面,谈了几句天。较熟的要算白莽,即殷夫了,他曾经和我通过信,投过稿,但现在寻起来,一无所得,想必是十七那夜统统烧掉了,那时我还没有知道被捕的也有白莽"。

12 日 在组织发动上海丝厂罢工中,第三次遭国民党反动派逮捕入狱。

按:经过这次实际斗争考验,殷夫取得了地下党组织的进一步信任,出狱后就进入了共青团中央宣传部工作,成为一名职业革命工作者。

8 月

1 日前后 出狱。

3 日　寄鲁迅信。

按:《鲁迅日记》记"8 月 4 日,午得白莽信"。

5 日　晚,与王顺芳"同步公园",作《寂寞的人》和《给林林》二诗,署名白莽,收入自编《孩儿塔》集。《寂寞的人》诗后记曰:

晚与征夫(王顺芳,引者注)同步公园,颓丧得非凡,自觉这冷寂的过去,好像一条横旋翠微的山道,在暮霭中隐现,真有一种无可奈何的感慨。会征夫又谈起了故友新交等纠葛,都不禁感伤地沉默了下来。象一对醉了的浪人似的,在一对对的金钮丝衣的爱人群中,跟跄而归。

在《寂寞的人》中宣示:

> 我不愿再问你无信的白云,
>
> 你只带了我虚渺的音耗,
>
> 说在那高山巅上有青春,
>
> 我却徒然跋涉,徒然潦倒……
>
> 我再不愿问你轻薄的波涛,
>
> 你只欺骗去了我血花样的年青光阴。
>
> 在那河的湾上,塔尖儿高,
>
> 教堂只是传扬别人的婚礼钟声……
>
> 我要徒步地向前,向前,
>
> 手捧着心儿,心满着爱情,
>
> 我要寂寞地走向冷静墓前,
>
> 玲珑的芝草轻摇着坚柏的荫。
>
> 你莫问我泪光的尖锐,
>
> 希望的灯火即是葬礼的准备,
>
> 但我爆裂之心的血花血蓓蕾,
>
> 也要在永久的幻影之下耀着光辉。

作于当晚"深夜"的《给林林》中,诗人吟唱:

　　我方从黑暗的笼中出来,

　　就闻得你重来海上的音耗,

　　我巴不得立刻就飞向南陲,

　　来和你握手接吻拥抱!

　　但是,人事的不测的波浪,

　　终击打着我们软弱的羽翼,

　　我只有空望飞云箭归虚寂之乡,

　　失望的心儿在幽暗的夜中吞泣。

　　你只漂浪人间的孤儿哟,

　　　今日你,你独访西子,

　　石头城下白鹭洲的泪影,

　　洗濯多少不断的烦恼春丝?

　　我祝福你,自由的穷人,

　　湖山的媚光总诱启你的天才,

　　我虽没握手倾听火车朗鸣,

　　无依的灵曲中也插歌着慰安。

　　按:林林此前曾与艺术专科学校一些老师与同学一起去过南京,打算成立美术团体,但无果而返,又在此时返回艺术专科学校读书,并赴杭州西湖写生。

　　按:据安徽教育出版社 2003 年出版的《阿英全集》,阿英《殷夫小传》记载:"一九二九年九月,他(殷夫)在丝厂罢工中被捕,并且被毒打了,但没有杀死他,放了他出来。他很快的恢复他底工作,依然做青年工人运动。"

　　按:事实上,殷夫第三次被捕的时间不在 9 月,而在 8 月 5 日之前。因为 8 月 5 日晚上,他曾写下《寂寞的人》和《给林林》

二诗。题记中既讲与征夫"同步公园",又能"谈起故友新交等纠葛",说明他当时人身是自由的。

15 日 寄鲁迅信并稿。

按:《鲁迅日记》记:"8 月 16 日,得白莽信并稿。"

16 日 翻译传记《一个青年女革命家的小史——Stoya Markovich 的自述》,署名徐白。译自奥地利维也纳英文版《国际通信》(*International Press Correshonelence*)第 9 卷第 29 号上的传记《Stoya Markovich 的自述》。原作者即 Stoya Markovich,殷夫译作"斯都霞·马可维基"。

18 日 得鲁迅信。

按:《鲁迅日记》记:"8 月 17 日上午复白莽信。"

同日 下午与鲁迅第三次会面。鲁迅付以稿费廿元。即《最后的梦》《流浪人短歌》《夜的静默》《青的游》《诗四首》四首抒情诗稿的稿费。

按:《鲁迅日记》记:"8 月 18 日。下午白莽来,付以稿费廿。"

按:关于此次见面情形,鲁迅在《为了忘却的记念》中说:

我们第三次相见,我记得是在一个热天。有人打门了,我去开门时,来的就是白莽,却穿着一件厚棉袍,汗流满面,彼此都不禁失笑。这时他才告诉我他是一个革命者,刚由被捕而释出,衣服和书籍全被没收了,连我送他的那两本;身上的袍子是从朋友那里借来的,没有夹衫,而必须穿长衣,所以只好这么出汗。……我很欣幸他的得释,就赶紧付给稿费,使他可以买一件夹衫。

鲁迅的这一印象非常深刻。他在 1936 年 3 月 11 日夜为殷夫遗诗作《白莽作〈孩儿塔〉序》时,又写到了这次见面:

热天穿着大棉袍,满脸油汗,笑笑的对我说道:"这是第三回了。自己出来的。前两回都是哥哥保出,他一保就要干涉我,这回我不去通知他了。"

20 日　发表《流浪人短歌》《夜的静默》《青的游》《最后的梦》诗四首,以《诗四首》为总题,署名白莽,载于《奔流》第 2 卷第 4 期。

21 日　参加上海青年反帝同盟、上海工会联合会青工部、东方被压迫民族反帝同盟、上海反帝大同盟、老怡和纱厂童子团等 20 余团体举行的联席会议。会议产生了上海国际青年日筹备会,并筹备"九一"示威。

25 日　参加全上海青年代表大会,筹备上海国际青年日活动。筹备会之下,共组织了 60 支宣传队,先后出发演讲,散传单,写标语,举行飞行集会①。

本月上中旬　进入共青团中央宣传部工作,成为职业革命工作者,从事青年运动工作。

按:殷夫进入团中央宣传部工作的时间,大抵说法是在 1929 年底,主要依据是现在所能看到的当时团中央宣传部的某些会议记录中,有"徐白"出席的记录。但实际情况是,他进团中央宣传部是在 1929 年 8 月 20 日之前。这可以从他当时所作的《最后的梦》一诗中得到证实。

本月　作为团中央宣传部唯一的干事,协助华少峰编辑团中央机关刊物《列宁青年》,为《列宁青年》写政论文、诗歌、散文及翻译文章。

按:1982 年 12 月 15 日,陆定一在给象山县党史征集小组的

---

①　飞行集会:1930 年代中共组织城市斗争的形式之一,指能迅速集合又能迅速分散的集会游行,目的是显示在群众中的政治影响力。当有叛徒告密时,这一斗争形式往往牺牲很大,被视为左的做法。

一封证明信①中说,1930 年,大约七月间,他从苏联回国,来上海接替李求实(李伟森)同志的团中央宣传部部长和《列宁青年》主编的职务,"当时中宣部只有一个干事,名'徐白',懂德文"。

按:作为共青团中央机关刊物,《列宁青年》最初刊名《中国青年》,于 1923 年在上海创刊。1927 年"四一二"政变后,迁往武汉。"七一五"政变,蒋汪合流反共反人民后,刊物又迁回上海,改名为《无产青年》,转为秘密刊物。1928 年 10 月又改名为《列宁青年》。原为半月刊,从 1930 年 6 月第 2 卷第 14 期起,"为了迅速地披露青年斗争的消息与鼓动青年的斗志"(《发刊词》语),改为旬刊,篇幅也由 2 万字扩为 3 万字。从第 17 期起又改为周刊,由 32 开本改为 8 开小型报纸形式,后又改为 16 开杂志形式,随党报《红旗》一同发行。这个刊物是在国民党反动派和帝国主义白色恐怖统治下秘密出版发行的。编辑、出版、发行都在极其艰苦的政治和物质条件下进行,好几期刊物不得不伪装封面,如《青年杂志》《青年半月刊》《建设杂志》等,有时甚至用《美满姻缘》封面来伪装,以与反动派"作理论上的战斗。"

《列宁青年》是一份以革命青年为对象的综合性政治刊物,包括以政治理论为主的多方面内容,主要撰稿者有陆定一、徐白(殷夫)等。1930 年夏天,华少峰调出团中央,任中共湖北省委宣传部部长。《列宁青年》主编暂缺,曾由殷夫代编一两期。同年 7 月,陆定一从苏联回国,接任团中央宣传部部长,并兼任《列宁青年》主编,直到 1931 年 1 月王明掌握党的最高领导权为止。其间,殷夫可能协助陆定一编辑过若干期《列宁青年》。

按:据 1956 年 10 月 20 日《北京日报》,阿英《鲁迅忌日忆殷

---

① 原件存象山革命烈士馆。

夫》回忆：

> 到一九二九年⋯⋯他（殷夫）参加了《列宁青年》的编辑。他在《列宁青年》上发表的稿件很多，我所见到的有诗、散文、政论和翻译。当我见到他从俄文翻译过来的文稿时，我很惊奇，因为我知道他懂英文、德文，没有学过俄文。后来遇到他，才知道他又学了五个月的俄文，结果竟能进行翻译了。我感到他真是一个天才，几乎想把他抱了起来。

本月中旬　参加在上海召开的共青团五届二中全会。

会议通过全会宣言、全会告同志书、青年反帝斗争决议案、经济斗争与工会工作决议案、教育宣传工作决议案、反军国主义与反大战斗争决议案、政治决议案等文件。会议指出，团要进一步群众化、青年化、无产阶级化，转变"第二党"色彩的工作方式方法，迅速地深入到青年群众中去，加紧发展产业支部，保证团的无产阶级成分。会议提出"反对帝国主义国民党进攻苏联，武装保护苏联""反对世界大战""反对军阀混战"等口号。

本月下旬　与林林重逢，合租在天通庵路附近的亭子间。

按：为了躲避敌人搜捕，殷夫经常变换住处，曾于此时住在闸北天通庵路附近。楼适夷曾给象山党史资料征集组回信，信中提到殷夫曾住在闸北天通庵路附近。

按：据《诗刊》1979 年第 2 期，楼适夷《殷夫，永不凋谢的青春》记载：

> 记得是在一九二九年的夏天，我流浪在上海，突然需要搬家，在匆匆几小时内，一辆人力车，就把全部家私搬到闸北宝山路底近天通庵车站的一条马路上，那儿有一排简陋的三层住房，住的大半是贫穷的工人、市民和流浪者。我租了一间二楼的亭子间，这屋子住着好多房客，正对我顶上的三楼亭子间里，住的

是两位穷学生，出乎意外地，我在这儿遇到了殷夫。殷夫在《太阳月刊》发表过长诗，我和他在那时已成了相识，但大家的地址是不互相公开的，一向没有私人往来，不料无意间成了亲近的邻居，大家都感到高兴。见过殷夫这样的青年，谁都会留下深刻的印象。虽那时自己年纪也不大，看起他来总觉是一个可爱的小青年。他脑袋仰得高高的，两颊泛出青春的红晕，大声地说话大声地笑，带着稚气的脸，却装出老练的模样，语尾上带一个长音的"啰"，实际上却完全象个孩子。谁会想到他已是一位经过几次生死考验的坚强的战士，和思想深沉的诗人。那时，他刚从又一度的牢狱中出来，却已热烈地重新投入地下的战斗。他虽挂名为吴淞同济大学的学生，实际早已脱离学校。可是在亭子间里，是难得遇见他的。同他合住的是一位美术学校的学生，他叫林林，好象是福建人。殷夫遗集中留有一首《给林林》的短诗，写自己刚从狱中出来听到了林林重来上海的消息，恨不得马上飞去和他握手、接吻、拥抱。显然，他是殷夫的好友。就在写那首诗之后，他们两个已同住在一起了。每次我上楼去探望殷夫，遇到的却常常只有这位林林，我也就和林林成了朋友。这位美术学生不大上学，却已画出了自己的风格，在《太阳月刊》上发表过他一幅用墨笔构成的黑白画《凭吊》，至今仍可在影印本见到。在和他的闲谈中，我发现他不仅是殷夫的好友，同时也是殷夫的崇拜者。他总是用高级形容词来描写自己的朋友；我所了解的殷夫，比之来自与殷夫的直接接触中，更多是从与林林的闲谈中得来的。殷夫的形象虽象个孩子，生活却很严肃，很少谈到自己的事，因此关于他的生活和经历，往往是由林林告诉我的。这个富有浪漫情调的青年，话说得高兴了，有时就会有一点夸张。《白莽印象记》中关于殷夫和鲁迅的交往，就是从林林处听来的，当然记述得轻率，还是我自己的责任。

　　有时在屋子里遇见殷夫，他总好象只是匆匆忙忙地回来一下，不一会儿又出去了。我知道他那时参加团中央和工会的工作，他的行动是需要谨慎的。他常常深夜才回家，从林林那儿知道我有事找过他，便急急忙忙来敲我的门，两人把要谈的谈完了，时候已不早，他才上楼去休息。那时他不断地写出不少诗和散文，但我很少发现他安静坐下来的时候，那亭子间也实在挤得要命，被美术学生的东西给占满了。虽然短时间作了他的邻人，却不知道他的诗文是在什么时间什么地方写下来的。

　　本月下旬　组织青年工人，陆续举行沪东、沪西、闸北、南市等各区域代表大会。代表大会除讨论本身的斗争以外，都一致通过了"青工要求纲领"，并一致表决"罢工参加'九一'示威"。

　　本月下旬　带领革命的青年团体（如学生会、研究会等）加入示威筹备会，准备参加"九一"战斗。

　　本月　结识中共沪东区委宣传部部长谢绮孟，因从事青年工人运动而与之关系密切。时谢绮孟化名苏雪华[①]，以一家纺织厂女工夜校教师身份为掩护，从事青年妇女工作。

　　按：殷夫进团中央宣传部之初，在上海沪东区（今杨树浦一带）工厂、学校从事青年运动，做争取青年工人和学生的宣传工作。工作中，结识了中共沪东区委宣传部部长苏雪华。她与殷夫因为工作关系，联系紧密，殷夫当时在自学俄文，不时向她请

---

　　①　谢绮孟（1907—1982），广西临桂县人。初中时加入共青团，曾在梧州女子师范求学。后因遭广西军阀追捕，逃至广州。1926年加入共产党，与恋人曾任良一起赴苏联莫斯科孙逸山大学留学。1928年冬，在莫斯科与曾任良结婚。1929年回到上海，任中共沪东区委宣传部部长，化名苏雪华，从事妇女运动工作。1930年曾被国民党投入监狱半年，1933年后在广州税局工作，1939年迁居桂林。解放后曾被视为"托派分子"和"叛徒"而生活困顿，长期在菜场做工。1982年平反"历史问题"。

教,两人经常在一起,犹如一对情侣。不久,殷夫曾向她求爱。但她在生活上很严肃,因已婚,与殷夫不曾跨越"姐弟关系"。因而,殷夫写下了那首《最后的梦》:

> 我从一联队的梦中醒来,
> 窗外还下着萧瑟的淫雨,
> 但恐怖的暗重云块已经消散,
> 远处有蛙儿谈着私语。
> 哟,我在最后的梦中看见了你,
> 你像女神般端正而又严肃,
> 你的身后展开一畦绿的野地,
> 我无可慰藉地在你脚下泣哭。
> 若是你对我还有,还有一些温意,
> 那末你说吧,说一句"我爱"。
> 若是你那颗心终也没有我的居留地,
> 你只要轻笑着说:"滚蛋!"
> "──你的身世,漂泊,烦恼,我同情;
> 我只当你是我一个可怜的弟弟,
> 因为我的心,我的心留在远的都城,
> 我不能背了他①,背了他说'我爱你'。"
> ……罪恶的爱! 罪恶的爱! ……
> 呵,爱到今日再不是独有的私产,
> 未来的社会是大家庭的世界,
> 千百万个爱你,你爱千百万。
> 若你是个紫外线儿,或 X 光,

---

① "远的都城",指苏联莫斯科。"他"指她的丈夫曾任良。

你一定总窥见了我的心怀，

你试看它的血波多末激荡，

不久，失望的情火要烧它成焦炭。

我说过我是一颗春笋，

坚壁的泥中埋藏了我的青年，

我今日是，是切望着光的温吻，

请哟，请说："弟，立起来！"

……我吻着你了，你的朱唇，

冷颤颤地不胜春寒，

姊姊哟，即使你只给我一个冷的吻，

我心中也爆了新生的火山。

诚然，殷夫在诗中并未写明他"从一联队的梦中醒来"的时间，诗后也未注明这诗的写作日期。但这诗却与《流浪人短歌》《夜的静默》《青的游》等诗，以《诗四首》为总题发表在 1929 年 8 月 20 日出版的《奔流》月刊第 2 卷第 4 期上。而殷夫结识苏雪华则是在进团中央宣传部工作之后，可见他发表《最后的梦》之前已在团中央宣传部工作。

本月　结识谢绮孟同住好友苏曼莎[①]。时苏曼莎正复习报考暨南大学，殷夫帮助其复习英文、数学。

按：后苏曼莎考入暨南大学教育系。

本月　从事青年反帝大同盟、共青团和工人运动工作。

按：反帝大同盟，全称"反对帝国主义大同盟"，是由法国著

---

①　苏曼莎(1907—?)，原名苏曼沙，曾用名锦云、伊平，广西桂林人。与谢绮孟为小学、初中同学。大革命时在家乡读书，加入共青团，1928 年到上海，因没有经济依靠，生活困难，一边教书，一边读书。1929 年，与谢绮孟重逢。为掩护身份，两人同住，以姐妹相称。

名作家、共产党员巴比塞，作家罗曼·罗兰，苏联作家高尔基和中国的宋庆龄女士等一些著名人士，于 1927 年 2 月在比利时首都布鲁塞尔发起成立的一个国际保卫和平组织。1929 年 7 月，在中国共产党领导下，该组织首先在上海建立，随即，在全国各地也先后建立，成为中国共产党领导下的群众组织。

9 月

1 日　参加上海国际青年日示威巡行活动。活动由共产青年团领导。上午 9 时集合行动，沪东童工先发难，在永安、先施一带发动，经过四马路上的激战，行动持续 4 小时之久，到下午 1 时散。参加者约 2000 人。

13 日　寄鲁迅信并稿。

按：《鲁迅日记》记："9 月 14 日，午后得白莽信并稿。"

19 日　得鲁迅信。

按：《鲁迅日记》记："9 月 18 日，晨寄白莽信。"

21 日　下午，第四次拜访鲁迅。鲁迅付以稿费五十。

按：《鲁迅日记》记："9 月 21 日，下午白莽来，付以泉五十，作为稿费。"

30 日　参与组织策划共青团中央"非基运动"①。

本日，中国共青团中央执委会发表《反对基督教青年会第十一届全国大会宣言》。宣言指出：

中国共产青年团在目前除坚决的站在无产阶级哲学反对一

---

①　非基运动又称"反对基督教运动"，是继"五四"新文化运动之后的又一次民族主义运动。

切宗教任务前面,号召全国广大的青年群众一致严厉的起来反对基督教,反对基督教青年会外,同时,并恳切的希望一切被基督教青年会所迷惑的青年群众,都能很迅速的觉悟过来。

按:非基运动是殷夫在团中央的工作内容之一。为响应非基运动,他曾写过小说《基督教的人道》与政论文《继续扩大我们的非基运动》。

本月　收到盛孰真来信,知悉其已考入上海法学院法律系。

10 月

5 日　继续参与策划共青团中央"非基运动"。

按:据共青团中央办公厅 1958 年编《中国青年运动历史资料》第 6 册记载,为反对基督教青年会召集全国大会①,本日,共青团中央发出五字第六十四号通告,指出非基运动的策略:

1. 极力扩大一切反帝、非基的宣传,在群众中尽量暴露基督教会内一切上层分子的罪恶。

2. 积极影响他们的群众,使群众觉悟转变到革命方面来。

3. 努力发动外部群众,提出"反对帝国主义侵略中国的工具——基督教""取缔教会学校""收回教育权""反对基督教徒借势鱼肉乡民""反对基督教勾结土豪劣绅剥削农民"等等口号,积极进行非基运动,同时扩大我们的政治影响,根据群众切身要求,发动群众的斗争。

同日　筹备召集全国青年反帝大会。

---

　　①　基督教青年会定于本月 11 日在杭州举行第十一届全国大会,国民党规定将"训政时期青年的使命"作为这次大会讨论的总题目。

按:据共青团中央办公厅 1958 年编《中国青年运动历史资料》第 6 册记载,本日,团中央就反帝战线的工作计划发出五字第六十五号通告《建立全国青年反帝战线的工作计划》,指出这一时期的具体工作:1.扩大反帝斗争的工作;2.扩大反帝宣传工作;3.建立青年反帝同盟及各种反帝性质的青年团体的方式与方法——建立青年反帝同盟,使之成为青年群众反帝斗争的真实领导者;4.在反帝中保证共产主义的正确领导。团中央决定于 12 月 11 日(广州暴动纪念日)在上海召集全国青年反帝大会,在这一准备期间,各地应努力发动青年反帝斗争,组织青年反帝同盟,以及各种带有反帝性质的青年团体组织。

本月 发表杂文《苏俄妇女生活近况》,署名徐白,载于《女青年月刊》第 8 卷第 8 期。文章聚焦于 1917 年大革命后苏俄妇女在婚姻、劳动、政治、经济权利诸方面的改良,借以传达对中国妇女生活的美好期待,寄寓妇女解放的革命理想。

按:此为殷夫佚文,未见于《殷夫著译系年目录》。该文的独特意义在于从性别视角观照妇女解放,而未将之简单地融于阶级解放。这一被忽视的革命思想更加丰富了殷夫的思想面貌与革命业绩。

本月 前往上海法学院法律系看望盛叔真。

本月 三兄徐文达离开象山,赴任南京国民革命军总司令部上尉参谋。

11 月

7 日 为纪念十月革命节,反对军阀战争,与上海工人、学生 1200 多人,聚集在公共租界南京路、九江路、汉口路一带示威。因军警冲击,队伍转移中 16 人被捕。

7日至11日 参加在上海秘密举行的第五次全国劳动大会。大会通过了中华全国工人斗争纲领、工会组织问题决议案、工农联合决议案等12个决议案及告红军将士书、致赤色职工国际及世界各国工人书等13项电文。大会围绕青年工人斗争工作展开热烈讨论,包括青年工人特殊利益的争取,青年工人特殊利益斗争策略的正确运用,青年工人特殊组织问题,黄色工会①中的青年工作,青工女工斗争的意义,青工女工的宣传教育问题,青工女工特殊利益争斗纲领等问题,还通过了告全国青工女工书、青工部工人大纲、童子团工作大纲等附件。大会选举了全总第五届执行委员27人和候补执委18人,选举项英为委员长,林育南为秘书长。

9日 寄鲁迅信。

按:《鲁迅日记》记:"11月10日,得白莽信。"

20日 发表译文《一个青年女革命家的小史——Stoya Markovich 的自述》,署名徐白,载于《列宁青年》第2卷第4期(总第28期)。

该文以青年女革命家 Stoya Markovich(斯都霞·马可维基)自述的方式,讲述了她的革命成长史。女主人公斯都霞,是欧洲巴尔干半岛蒙德尼格罗一个农家女孩,后来受一个从苏联归来的老布尔塞维克的叔父影响,参加了当地游击队,与资本家的保护者奋勇作战,结果被反动警察逮捕入狱,判处十五年徒刑。她在阿克拉牢里过了十五个半月,受尽酷刑折磨,但英勇不屈,越狱逃往苏联,终于成为一名女革命家。译者附记说明了翻

---

① 黄色工会:指在资本主义国家和中国被资产阶级或其政府收买的工会。黄色工会主张工人阶级与资产阶级实行"阶级合作",为了维护资产阶级的利益,破坏罢工,分裂工人阶级的团结。

译这篇作品的意图：

> 在这篇短短的，一千多些字的小文中，我们看到了一个多末勇敢的革命女子：她受苦，她作战，她逃狱，并且她思想！这是新时代妇女的典型。译者因为看见中国的妇女，只知抹脂涂粉，只知华衣美食，只会唱《毛毛雨》，比之这位斯都霞，不知要惭愧到如何地步啦！所以我不管这篇文章的简朴，没有文学气，就大胆的把她译出来。为的是要请中国的妇女也来看看别人，想想自己。

24 日　参与共青团中央反军阀战争工作周相关工作。

按：据共青团中央办公厅 1958 年编《中国青年运动历史资料》第 6 册记载，本日，共青团中央倡议开展反军阀战争工作周运动，向各级团并全体团员发出一封公开信。信中指出：

> 反军阀战争工作的中心，就是怎样的深入到广大青年群众中去动员群众，即是怎样在支部中发动广大青年群众起来反对军阀战争的斗争。……最主要的就是要很积极的争取每个公开号召与活动机会，召集青年群众会议，来以发动广大的青年群众。……特别要注意对广大劳苦青年群众中的宣传鼓动以及斗争的发动的工作。……加紧士兵的工作。

按：开展反军阀战争运动是殷夫此阶段的工作重心之一。

25 日　深夜，翻译政论文《军国主义批判》。

这是一篇批判帝国主义、反对帝国主义战争的论文。论文层层深入地分析了军国主义的表现、实质与根源，在论述了"军国主义的本质""军国主义产生的根据地""殖民地的军国主义的特质"后，推进到对"军国主义与青年""现代军国主义与世界第二次大战"关系的分析，指出"军国主义是牺牲被统治阶级的青年群众的武器"，着重指出反军国主义与当时整个革命各方面任

务的密切关系,从而号召青年必须积极反对军国主义:

> 我们反对军国主义运动不应被作为孤立的,我们必定要把它与反对世界大战、反对瓜分中国、反对进攻无产阶级国家的斗争,和我们的要求经济改善、政治自由等的斗争联系起来!在工人群众中,反军国主义同时也反对资本家的进攻!在农民群众中,反军国主义,也要求土地的分得!在学生中,反军国主义也要反对封闭学校、逮捕学生,争取言论、集会、结社、思想、出版的自由!

按:《军国主义批判》原作者约翰·赫德与原文,均无考。此文的内容主要针对中国反帝斗争和青年运动,文字不像译文,可能是殷夫根据第三国际有关反帝运动的文件精神,结合中国实际情况写就的。文中有一节专门分析殖民地国家的军国主义,实际也是针对中国而言的。

27 日　参与布置动员全国青工群众执行第五次劳动大会青女工决议事宜。

按:据共青团中央办公厅 1958 年编《中国青年运动历史资料》第 6 册记载,本日,为动员全国青工群众实现第五次劳动大会青女工决议,并为即将举行的全国经工工作会议做好准备,共青团中央发出五字第六十九号通告。通告要求:

(一)各级团部接到大会青女工决议后,马上开始讨论……具体定出这支部的斗争纲领和实现的计划。(二)……(三)在各种刊物小报上开始讨论青年工人斗争的策略,和发表大会青女工的决案。……(中央)还决定在广州暴动纪念节后召集全国经工工作会议……详细的估量目前整个青工争斗形势,和如何去执行二中全会决案及五次劳动大会的青工决议。

按:据阿英回忆,殷夫经常参加争取妇女解放的活动,不仅在实际工作中与青年女工运动关系密切,而且作过若干理论阐释。

30 日　布置动员劳动童子团工作。

按:据共青团中央办公厅 1958 年编《中国青年运动历史资料》第 6 册记载,本日,共青团中央发出五字第七十号通告《关于劳动童子团工作》,指出目前儿童工作总的路线是在发动日常特殊利益斗争的基础上,动员广大的童工学徒群众,用最灵活的组织方式和工作方法去组织他们,在经常的斗争中培养其革命意志,特别是娱乐游戏方法的配合,在这中间进行文化教育,促进他们阶级的政治认识。

按:殷夫在共青团中央工作中,关于儿童革命问题亦多关注。他曾撰文翻译美国《劳动报》关于团结儿童反战的通讯,见《摩登青年》1930 年第 1 卷第 2 期的杂文译作《两个美国小朋友的文章》。

本月　作《Romantik 的时代》《Pionier》《静默的烟囱》《让死的死去吧!》和《议决》等红色鼓动诗,直接为政治斗争服务。

按:这 5 首红色鼓动诗,都是殷夫这段时间从事青年工人运动实际斗争和生活的生动写照,也是他宣传群众、发动群众和组织群众的有力武器。

《Romantik 的时代》写的是过去的罗曼蒂克时代逝去了,现在的罗曼蒂克的时代,是与资本家作斗争,罢工和示威游行、散发传单的“革命”的时代,“现在,我们要唱一只新歌”,“工厂里,全是生命:我们昨天闹了写字间,今天童子团怠工游行,用一张张传单串成,说‘比打醮还要灵’”。

《Pionier》描述“拓荒者”与同志们在“拂晓时代”准备战斗的情景:

我们把旗擎高，

号儿吹震天穹，

只是，走前去呵，

我们不能不动！

这尚是拂晓时分，

我们必须占领这块大地，

最后的敌人都已逃尽，

曙光还在地平线底。

荒芜的阵地，

开着战斗的血花吧！

胜利的清晨，

太阳驰上光霞吧！

走前去呵，同志们！

工作的时候不准瞌睡，

大风掠着旌旗，

我们上前，上前！

《静默的烟囱》鼓动工人兄弟"不再为魔鬼作工"，起来罢业：

烟囱不再飞舞着烟，

汽笛不再咽叹着气，

她坚强地挺立，有如力的女仙，

她直硬的轮廓象征着我们意志！

兄弟们，不再为魔鬼作工，

誓不再为魔鬼做工！

我们要坚持我们的罢业，

我们的坚决，是胜利的条件，

铁的隧道中流着我们的血，

皮带的机转中润着我们的汗水，

我们不应忍饥寒，

我们不应受蹂躏，

我们是世界的主人。

看，烟囱静默了，

死气笼住工场的全身，

这只是斗争时的紧张，

胜利时，

汽笛将歌咏我们的欢欣。

《让死的死去吧！》中，面对斗争中死去的同志，殷夫悲愤地
鼓动大家：

让死的死去吧！

他们的血并不白流，

他们含笑的躺在路上，

仿佛还诚恳地向我们点头。

他们的血画成地图，

染红了多少农村，城头。

他们光荣地死去了，

我们不能向他们把泪流，

敌人在瞄准了，

不要举起我们的手！

让死的死去吧，

他们的血并未白流，

我们不要悲哀或叹息，

漫漫的长途横在前头。

走去吧，

斗争中消息不要走漏，

他们尽了责任，

我们还要抖擞。

《议决》表现了地下党领导秘密开会，研究部署着下一步斗争策略和行动计划的场面，诗中洋溢着斗争必胜的信心：

在幽暗的油灯光中，

我们是无穷的多——合着影。

我们共同地呼吸着臭气，

我们共同地享有一颗大的心。

决议后，我们都笑了，

像这许多疲怠的马，

虽然，又静默了，

会议继续到半夜……

明日呢，这是另一日了，

我们将要叫了！

我们将要跳了！

但今晚睡得早些也很重要。

本月　重新与蒋光慈、钱杏邨的太阳社接上关系，并将《Romantik 的时代》《Pionier》《静默的烟囱》《让死的死去吧！》和《议决》等 5 首红色鼓动诗和本年 6 月所作的《前灯》一起，投寄给钱杏邨。

按：当时《太阳》月刊已被反动当局查封，钱杏邨与蒋光慈正在重新创办《拓荒者》月刊。

本月　与钱杏邨、孟超及一些太阳社成员关系密切。告诉钱杏邨，他学习俄语不仅是为了翻译列宁的著作，还想阅读普式庚和马雅可夫斯基的原文作品。在与太阳社同人谈话时，不止一次倾吐自己对普式庚和马雅可夫斯基诗歌的见解,并说:"彼得斐、普式庚和马雅可夫斯基——他们都是我热爱的诗人,都是我的老师!"

本月 在团中央领导下发起成立摩登青年社,并筹备创办《摩登青年》月刊。摩登青年社以公开的青年群众团体名义出现。

本月 潘汉年受中宣部指示,要求冯雪峰与鲁迅沟通成立左翼作家组织。冯雪峰拜访鲁迅,说明中共方面意见,希望创造社、太阳社与鲁迅及其周边的左翼作家联合起来,组成一个革命文学团体,并拟以"中国左翼作家联盟"为新团体名称。

12 月

2 日 作《我们》《时代的代谢》诗。

《我们》是殷夫红色鼓动诗中的杰作,气势雄伟、音节铿锵,写出了无产阶级在战斗中行进,创造历史的伟大形象及必胜信念,起到了时代战鼓和号角的作用。诗歌鼓舞和动员广大革命群众为"转动着地球"而作战。

> 我们转动着地球,
> 我们抚育着人类的运命!
> 我们是流着汗血的,
> 却唱着高歌的一群。
> 目前,我们陷在地狱一般黑的坑里,
> 在我们头上耸着社会的岩层。
> 没有快乐,幸福,……
> 但我们却知道我们将要得胜。
> 我们一步一步的共同劳动着,

　　　　　向着我们的胜利的早晨走近。

11 日　作《May Day 的柏林》诗。

同日　参加反军阀运动周活动。

按:据共青团中央办公厅 1958 年编《中国青年运动历史资料》第 7 册记载,本日,在广州暴动两周年的纪念日,上海发起反军阀运动周活动。沪东、沪西、法南、沪中四区于本日分别举行了群众会议和飞行集会,通过了武装保护苏联,反对军阀混战的决议和口号。闸北、浦东、吴淞各区因戒备甚严未能开成群众会议,但飞行集会、贴标语、散传单的工作同样热烈进行。

12 日　作《与新时代的青年》诗。

14 日　参与共青团中央发动青工女工革命斗争的工作。

按:据中国青年出版社 1988 年版团中央青运史研究室、中央档案馆编《中共中央青年运动文件选编》记载,本日,中共中央就接受共产国际对于中国职工运动的决议案发出第六十二号通告。通告指出:

　　在目前资本进攻中之生产合理化,青工女工的工作更具重大作用与意义。过去对于这一工作还不充分……目前,党与团和工会,都要特别加紧这一工作。有计划的运用各种方式,去发动斗争。……党与团和赤色工会,应特别注意黄色工会内青工女工的工作与组织,坚决的发动青工女工的斗争,使他们能脱离黄色领袖领导,独立的斗争起来,这是反黄色工会之更有力的生力军。

按:殷夫在共青团中央工作中,极为重视青年女工的革命问题。他曾撰文《苏俄妇女生活近况》。文中对妇女解放问题的思考,呈现出他在从事青年工人运动中革命思想的一个维度。他亦发表过关于妇女解放问题的小说译文《决斗》(瑞典小说家、剧作家史特林堡著）。

15日 《摩登青年》第1卷第1期（创刊号）出版。《摩登青年》投稿地址在吴淞的吴淞书社，由上海前夜书店总经售。

按：《摩登青年》是上海青年反帝大同盟刊物。上海青年反帝大同盟是一个半公开的、在中国共产党和共青团直接领导下团结广大青年的革命团体。

按：邝光沫《编后记》指出：

"前期的青年运动是蓬勃的民族感情的爆发，它的主要任务是在反对帝国主义"，"在混乱的社会意识形态之中，为青年打出一条正确的道路来，在目前是必要的了。而且一个正确的青年的刊物，在目前的中国，是应该存在的。'摩登青年'就在此时代的任务之下诞生了。他将揭起他的血旗站在时代的火线上。他是准备着浴血，中弹，他决不有惧。""我们这个刊物或许对于青年的探求真理有一点贡献。""我们声明，本刊是青年的公开喉舌，我们竭诚地欢迎读者的批评和投稿——无论是赞成或反对的"。

按：据《学术月刊》1961年第7期，丁景唐、陈长歌《殷夫烈士和〈摩登青年〉》记载：

殷夫作为一个刊物编辑，同样显示出他的卓越才能。现在看到的《摩登青年》虽然只有两期，但已可看出它立场鲜明、重点突出的优点。

……

《摩登青年》月刊很可能只出版了现在看到的两期。第三期虽有预告，预告上也列有殷夫的作品两篇，题目是"中国青年运动之史的发展与目前青运的新阶段""中国教育批判"，可是在当时白色恐怖的环境下，第三期终于没有出版的可能性是很大的。

同日　发表政论文译文《军国主义批判》，署名殷夫，载于《摩登青年》第 1 卷第 1 期（创刊号）。

　　同日　发表小说《音乐会的晚上》，署名徐任夫，载于《新流月报》第 4 期。篇后附注："这是我在马路上拾到的一本簿子。这时我在学习俄文，就用了字典把它译成中文。不过里面也有一个逻辑，也有一个意志或可看看！"

　　按：从全篇的情节看，文中的 C 君显然是殷夫本人的化身。他在"附注"所说的"马路上拾到的"等语，其实是一种托词。因此，这篇小说绝非译文，而是他关注当年几万流亡上海的俄侨民历史命运而创作的重要作品。

　　同日　上午 10 时，动员上千群众在南京路集合游行示威。示威后在福建路、五马路举行群众会议。会后一路红旗前导，散发传单，高呼口号。参加群众以工人最多，店员、学徒、学生次之。虽有群众被捕，但情绪不减，直至下午 1 时方散。

　　16 日　作《伟大的纪念日中》诗。此诗是为纪念广州起义两周年而作。

> 不能忘，羊城的血旗飞展，
> 　　——明日变成了今日，
> 　　——现在代替未来；
> 虽然我们的血又和泪水泛滥，
> 虽然我们的骨又堆积高如山，
> 但这是我们永久的纪念日，
> 这是我们流血的礼拜！
> 没有血水的灌溉，
> 光明火种不会灿烂，
> 没有风雪的冬宵，

新春的温阳永难到来……

我们宣誓过：

我们永不悲悼，

我们记清这血的债数，

我们死也难忘掉！

真的，除非是海洋枯干，

除非是嵩岳的伟岩糜烂，

即是我们的骨骼磨成了沙沫，

我们也永远要他们偿还！

现在，看啊！

雨点淋打我们的头脑，

恐怖的雷电威吓在天的高高，

打吧！无情的水点，

我们的愤火总永久在燃烧！

……

我们没有惧怕，

我们不肯逃跑，

只有向前，浴血，饮弹，咆哮，……

即使是天，我们也有胆把它打倒！

17 日 作政论文《目前青年反帝运动的战术》。

此文是 1920 年代末中国青年的战斗纲领，对当时青年反帝运动的形势作了分析，并提出任务。文章从帝国主义在中国统治之巩固与扩大、全国反帝运动的复兴、目前反帝运动的阶段性、过去反帝运动的教训和目前反帝运动的实际任务与正确的战术等五个方面阐述了反帝运动的由来、阶段性、教训、任务和战术。尤其指出，青年反帝斗争与其他方面斗争的任务，首先与反封建斗争有不可分割的关系："帝国主义统治中国的主要工具是中国封建或半封建的残余。所以反帝和完成土地革命是中国革命的不能分离的两个基本任务。……总之，反帝运动与别的斗争是互相影响，互相连系的，这个连系须切实的执行。"最后结合过去的经验，确定了四点正确的战略："1. 反帝运动与其他斗争切实连系起来……2. 巩固工人阶级对于反帝运动的领导权……3. 切实的注意到国际的呼应……4. 坚决的反对改良宣传。"

按：该文体现了殷夫的马克思列宁主义理论修养。对青年反帝运动和军国主义的分析，文章除了反复从理论上说明问题，还运用大量的统计数字和历史资料证明论点，使结论更具说服力。

18 日　继续投入"非基运动"。

按：据共青团中央办公厅 1958 年编《中国青年运动历史资料》第 6 册记载，本日，共青团中央发出五字第七十四号通告《关于非基运动》。通告指出：

基督教是帝国主义文化侵略的先锋……活动对象最主要就是青年群众……现在耶稣圣诞节又到了，各地团部必须针对这一事件切实布置"非基"工作，散发宣言标语，举行群众集会，应该有计划有准备的派人到教堂布道大会中去进行"非基"工作。

同日　作短篇小说《基督教的人道》。

该文为响应共青团中央此前发出的《反对基督教青年会第十一届全国大会宣言》和第六十四号、第七十四号两次关于非基、反基的通告而作。《基督教的人道》叙述了发生在基督教青年会书店的一幕：体面的教会绅士不仅残忍驱逐在书店门角瑟瑟发抖、试图取暖的乞丐，还怒气冲冲地喊来巡捕暴打他。这篇小说以残酷真相击碎了基督教会慈善活动绚丽的肥皂泡，犀利地揭露基督教人道表象下的伪善,并讽刺报纸上黄包车苦力募捐会鼓吹的资产阶级迷人音调的欺骗本质,同时直指新闻界的合谋。

20 日 发表译文《彼得斐·山陀尔行状》,署名白莽,载于《奔流》第 2 卷第 5 期(译文专号)。"译后小志"称:

这是一篇旧译稿,从一本由旧书摊买到的德译彼得斐诗集里译出来的。这篇文章并不好,经了坏的译笔之后,更加一塌糊涂,但我因为很敬仰彼得斐的为人,又见中国尽有介绍拜伦的文章,却从没有讲过彼得斐的,所以就贸然的把这不好的文章来和世人见见面。将来有机会,我希望能由自己来作篇介绍,比这更有系统一些,更详细一些。并且,我现今正在译他的诗,或者有机会也可供诸位一读。——再,我译文里写了很多外国字,这是我疏懒的结果,不肯费力将他译出,希读者原谅。

按:文中第四节译彼得斐诗:"爱比生命更可贵,但为自由尽该抛。"

按:译文中,有译诗《咏彼得斐铜像》。诗中赞美彼得斐:

迷雾下降,星光明亮,

挺立着诗人的铜像,

庄严的花圈围在周身,

他的精神尚由(有)花的热情,沸腾。

千颗泪珠中发微音:

和匈牙利过早,过早离分,

——还在青春可爱的时节,

火的情感充着豪气,臂充着力!

洪涛的年份,大的时代,

你是最美的涌出的花瓣,

你的歌是蹂躏者的死耗，

你的歌是我们自由的灵鹊赞文！

你是我们的旗，我们的旌，

火的柱石，伟大的首领，

你导我们跃出奴从的昏雾，

走向光明烁闪的自由皇土。

你用宝剑砍断我们的锁链，

你用火舌熔烧了钢刚铁坚，

你的声如洪雷，响动大陆，

如闪电的光，在穹宇互逐！

下界的心都已燃烧，

寸火也瞬息集成狂熛，

我们又觉得如同胞般密接，

我们滋生了无限的大力！

如今哟！……无论自由有否获得，

你点燃的熛火总不熄灭，

以无限的奋勇往前燃烧，

终有一日实现——你的遗教。

你的语言鼓动未来的青年，

它的精神培养了多少后辈，

你现在休息吧，你匈牙利的守兵，

把铜睛注视你美丽的故境！

同日 发表译诗《彼得斐·山陀尔诗九首》，包括《黑面包》《在野中》《酒徒》《我要变为树……》《听哟，那迷人的……》《生与死》《我的爱情——不是……》《原野有小鸟》《雪哟，大地的……》，署名白莽，载于《奔流》第 2 卷第 5 期（译文专号）。目录题作《黑面包及其他——匈牙利 Petöfi Sándor 诗八篇》,正文则题作《PETOEFI① SANDOR 诗八篇》。诗"八篇",实有"九篇",并作附记:

这几篇短诗,是在极不安定的生活中,硬压心头地译出来的,选择也十分偶然,并不能算 Petöfi 的代表作品。要是我生活还有安定的日子,那我想集本小册子,献给中国。只是我不懂匈牙利文字,德文程度又不十分高明,读者的指教,是万分地切盼着的。白莽志于穷愁病梦四骑士的困扰之中,1929……

22 日　作政论文《继续扩大我们的非基运动》,署名沙洛。

该文同样是为响应共青团中央此前发出的《反对基督教青年会第十一届全国大会宣言》和第六十四号、第七十四号两次关于非基、反基的通告而作。文中鲜明地提出反对基督教的主张:

基督教在这情形之下,最主要的职务是和平主义的传布,它帮助资产阶级,用巧妙的手段来夺取青年群众,使他们在虚伪的和平主义宣传之下,在唯心迷信之下,失去了他们阶级的觉悟。不但这样,青年会全国会议上面,还公然有反对苏联的决议,这十分明显的表示,基督教不仅仅在消极方面,想尽方法以模糊青年的阶级的自觉,并且在积极方面,它亦公然以法西斯蒂自任,指使青年去为帝国主义作进攻苏联的工具……至于慈幼运动,更不用说是一种最卑鄙的手段,他们把无抵抗的、奴从的品性,灌输到儿童纯洁的脑中去,使他们怎么也不会反抗,怎么也不会革命,一辈只做帝国主义国民党的孝子顺民!……青年的群众们,记着,非基运动是实际斗争的一部,非基运动的胜利必然是保障中国革命胜利的必要条件之一。

---

①　可能为排印之误,应为 PETOFI。

同日 作政论文《过去文化运动的缺点和今后的任务》。

文中写道,过去文化运动的缺点是"文化运动只成为一种上层的运动,意识的争取大多数没有深入群众;文化运动不能与工农、学生实际斗争联系起来,因此就缺乏了一种战斗的活力"。在严肃批评了当时知识分子脱离实际、脱离群众倾向的同时,指出:"今后的文化运动者,不但应该毅然地脱下大衣,拉了眼镜,到工农中去,并且要积极地做他们最忠实、最勇敢的朋友,和他们一起呼吸,和他们一起斗争。"全文从"实行尖刻的思想斗争""运用马克思列宁主义的方法来研究中国的问题""继续介绍革命的理论""教育青年工农""建设革命的文艺""介绍苏联的工农生活状况"六个方面提出今后文化运动的任务。为了完成这些任务,提倡革命者必须要"勇于自我批判""文化运动要与实际斗争紧密结合""与合法运动倾向奋斗""力求群众化""注意国际的联系"。

25日 作《写给一个新时代的姑娘》诗。诗中描写了一个无产阶级革命女性形象。

> 姑娘,你很美丽,
>
> 但你不是玫瑰,
>
> 你也不是茉莉,
>
> ……
>
> 你是一株健美的英雄树,
>
> 把腰儿挺得笔直,
>
> 把步儿跨得轻捷,
>
> 即使在群众的会场上,
>
> 你的声音没有一些羞涩。
>
> 姑娘,你的手为劳作磨得粗黑,

你的两颊为风霜吹得憔悴，

但你的笑声却更其清脆，

你的眼珠也更加英伟，

你很配，姑娘，扯着大旗前进！

姑娘，你是新时代的战士！

姑娘，你是我们的同志。

30 日　参与全国经工工作会议讨论的相关工作。

按：据共青团中央办公厅 1958 年编《中国青年运动历史资料》第 6 册记载：本日，共青团中央发出《给各级团部的一封信——关于全国经工工作会议讨论提纲》，提纲分为青女工运动的现状与趋势、团的任务与具体策略路线的运用、工会工作、黄色工会工作、青工的武装组织、青女工附属组织、失业青工女工的组织及斗争、宣传教育与训练、农村手工业者及青年雇农工作、几种错误的组织倾向、青女工学徒童工的要求纲领等 11 个部分，要求各级团部收到这一大纲后，须作具体讨论，并择中心部分提到产业支部及群众工作的同志会议中去讨论。

上旬　摩登青年社成立。根据团中央指示，摩登青年社以团体名义加入上海青年反帝大同盟。

本月　任《摩登青年》主编，开展反帝大同盟的实际工作。

本月　成为《摩登青年》主要撰稿人之一。

按：《摩登青年》多期刊载了殷夫的政论文章与诗歌作品。这些作品反映了殷夫当时参加青年工人运动的重要内容，如青年反帝大同盟的组织工作、宣传工作等。

本月　参与共青团中央机关刊物《列宁青年》的编辑工作。

本年冬　与江上青、杨纤如多有革命工作上的交往。

按：据 1952 年 2 月 2 日《光明日报》，杨纤如《忆白莽，纪念李伟森——为"左联"五烈士殉难二十周年而作》回忆：

那时上青和我是终日在一起的，两个人又都爱好着文艺。对于《奔流》上常常发表诗的白莽，以及在《拓荒者》上面署名殷夫的文章，是早已很熟悉的了。上青又继续提供一些材料，因而我得以知道白莽那时还只二十二岁，已经读好了英文、德文，并且正在读法文，还计划把俄文读好。白莽对于我和上青已是一个知名的作家了，但我们却没料到他还只有二十二岁，而且已经读好两国文字，还在进行读另外两国文字；这给上青和我留下无限的慕仰，带来极大的鼓励。我记得那天晚上我和上青以后的谈话，几乎都是关于白莽的事情；两个人也曾计划着以后如何在文艺上下功夫，如何在革命事业上努力。

夜里，我躺在床上睡不着，不断地惭愧着自己的低能，相形之下，白莽是那么优秀。特别是他在布置工作时，是那般的有条理，干脆、果决、清楚。他说话声音不高，缓慢而柔和；所以虽然是象山口音听来却并不费解。他的语气是那般柔和而温雅，但关于工作重点的解释和说明、指示，却又是那么干脆、爽利。他在说着每一段话乃至每一句话时，总都是带着一贯的笑容看着你的面孔，好像就便考查你是否听得进似的；雪白的两颗门牙，不断地在笑容下面闪露。

大概过了不几天，我们又在上海西藏路一家挂着贸易公司招牌的接头地方会到了，当时我心里就盘算着如何能在谈完工作之后两人闲谈一些什么，但又恐怕环境不允许。没想在大家分别接完头之后，他却跑过来拍拍我的肩说："我们一道跑跑罢。"两个人便顺着南京路走进一家饭馆子里吃客饭，饭后一同搭电车回到我的住处。那天晚上好像他有点空闲，和上青三个人一直谈到深夜。

从谈话中我知道他还在同济大学读书,他还打开他常常随身携带的报纸包子给我们看,里面都是他的译文和诗稿。后来他也派来法南区工作,上青我们三人时常在一起,工作之外谈的都是文艺上的问题。他一再提到搞文艺切忌走到空洞的路上,要把文艺看作是革命工作的一部份,不可把它与实际工作隔离开来,要搞有战斗性的文艺。

本年　作小说《下着毛毛雨的那个早晨》。

小说以冷峻的笔法,描摹下毛毛雨的那个早晨一位中国农民惨死的情形:在阴惨惨的天色中,满天飞起白晰的水沫。农民试图穿过一条马路,不幸被一辆机器脚踏车轧坏了腿。此时,正在行进的"租界志愿者"游行队伍过来了。队伍中有日本人、美国人、法国人、英国人、挪威人、荷兰人,他们都对那个农民视而不见,木乃伊般的继续若无其事地沿街前行。而警察不但不将农民送往医院,反而还毒打他一顿。周边则是默默观望农民之死的愁眉苦脸的人群。

本年　林林告知盛孰真关于殷夫生活困难情况,盛孰真慷慨解囊二十银元接济。

本年　三兄徐文达与原配离婚,娶王阿惠为妻。

按:自此,与徐文达的感情出现裂痕,回上海后亦不曾与其有亲密交往。

本年 结识白波①,一起参加飞行集会等革命活动。

1930 年(庚午,民国十九年) 20 岁

▲1 月 10 日,钱杏邨在《拓荒者》创刊号发表《中国新兴文学中的几个具体的问题》。这是对茅盾在《从牯岭到东京》和《读〈倪焕之〉》两文中批评普罗文学有标语口号缺点的反批评,并且要求普罗作家掌握唯物辩证法,树立无产阶级世界观。

▲2 月 13 日,鲁迅、冯雪峰、郁达夫、郑伯奇、夏衍、田汉、潘汉年、柔石、邓初民等 50 余人,组织上海左翼文化界人士发起成立中国自由运动大同盟,在上海爱文义路圣彼得堂秘密举行成立大会,发表宣言,出版刊物《自由运动》月刊。该组织以争取言论、出版、结社、集会自由,反对国民党法西斯统治为宗旨。

▲5 月 1 日,蒋介石发表讨伐阎锡山、冯玉祥誓师词,中原大战爆发。

▲7 月,国民政府立法院通过所谓"处置共产党条例"。

▲8 月 23 日,苏区成立以毛泽东为主席的全国性的中国工农革命委员会,并制定变封建、半封建的土地所有制为农民的土地所有制的土地革命路线。

▲10 月,蒋介石以鲁涤平为总司令、张辉瓒为前敌总指挥,

---

① 白波(1911—1972),原名梁白波,广东中山人,青年女画家。毕业于上海新华艺术专科学校,擅长油画、漫画。1925 年,曾向鲁迅投过画稿。1930 年代在上海参加中国第一个油画艺术团体"决澜社"。1938 年奔赴武汉,参加叶浅予、张乐平、胡考等漫画家组成的全国漫画作家协会战时工作委员会。后结识空军轰炸机飞行员陈恩杰并与之结婚。抗战胜利后随夫回上海,后去台湾。

对中央苏区发动第一次军事"围剿"。

1 月

1 日 发表随笔《King Coal——流浪笔记之一》,署名白莽,载于《萌芽月刊》第 1 卷第 1 期。

按:该期为《萌芽月刊》创刊号,由鲁迅主编,冯雪峰、柔石、魏金枝助编,光华书局出版发行。从第 1 卷第 3 期起为左联机关刊物之一,出至第 1 卷第 5 期(本年 5 月 1 日)被国民政府查禁,同年 6 月 1 日出第 6 期,改刊名为《新地月刊》,仅出一期。《萌芽月刊》主要译介马克思主义文艺理论、苏联以及其他国家的进步文艺,兼及创作和评论。

同日 发表政论文《继续扩大我们的非基运动》《过去文化运动的缺点及今后任务》,署名沙洛,载于《列宁青年》第 2 卷第 6 期(总第 30 期)。

6 日 作杂文《名人与生意》。

这是一篇抨击文坛时弊的杂文,文中讲到自己某日购买了光华书局出版署名"L. 郭沫若"译的《新俄诗选》,却发现诗歌是 L 译的,只是给郭沫若校改了一遍,便被书贾使花招用"郭沫若"的羊头卖了"L"的狗肉。文章借此抨击当时文坛上无名作者与书贾借名人名号推销书籍,而名人以此种生意敛财的恶劣风气。

7 日 根据上年 10 月青年共产国际的来信,共青团中央发出《共青团中央接受少共国际最近训令的决议》,指出:根据国际的指示,目前团中央在反帝国主义、反国民党、反世界大战等实际斗争中,第一个基本任务是"以最大的努力发展青年工人运动,要以最紧张的毅力组织青年工人经济政治斗争与工会工作"。

按：殷夫在共青团中央的工作与青年共产国际联系密切。

10 日　发表《我们的诗》，包括《Romantik 的时代》《Pionier》《静默的烟囱》《让死的死去吧！》《议决》《前灯》等 6 首诗，署名殷夫，载于《拓荒者》第 1 卷第 1 期（创刊号）。

按：《拓荒者》月刊于本日在上海创刊，该刊系《新流月报》停刊后改出的刊物，太阳社主办，蒋光慈、钱杏邨主编，现代书局经售。从第 3 期（本年 3 月 10 日）起，成为左联机关刊物之一。4、5 期合刊号（本年 5 月 1 日）之后，被国民党查禁。《拓荒者》主要发表有关马克思主义文艺理论的文章和左翼作家的作品。

12 日　作政论文《东方殖民地解放运动之发展》。

文中指出，世界革命的新浪潮已然兴起，特别是朝鲜的伟大斗争和印度独立运动，使得民族解放运动更加深入扩大与发展，也预示世界资本主义已经走到穷途末路。因而，文章号召中国的革命青年：

在这个层波似地（的）打来的革命呼声中，在我们自身斗争剧烈开展中，更应该坚决地担当起我们伟大的使命来。朝鲜、印度都是我们贴近的邻国，他们解放运动的发展，必然直接地或间接地推动中国的革命斗争。同时，我们要援助我们的友军，也只有动员广大的群众，加紧我们的反帝运动，发展自己的斗争来，用我们的力量来击破共同的敌人——帝国主义与他的走狗！

13 日　深入上海美商安迪生灯泡厂调查采访，探望被害罢工工人家属。

按：本日，上海美商安迪生灯泡厂工人为增加工资、对受伤工人发给医药费等合理要求，发动罢工斗争。警察向罢工群众开枪，打死 4 人，重伤多人。同时，大批美国水兵到厂驱逐工人。次日，《民国日报》对此事件作歪曲报道，捏造工人开枪等语。全国总工会发出通告,号召全上海工人同盟罢工。

15 日　共青团中央发出宣言,谴责美帝国主义者、国民党当局枪杀上海工友,号召全国劳苦青年援助美商安迪生灯泡厂工友的斗争。

按:此为殷夫在团中央的工作内容之一。

同日　作政论文《李卜克内西的生平事略》。

此文为纪念德国工人阶级领袖、德国共产党创始人卡尔·李卜克内西①牺牲十一周年而作。全文分为身世、奋斗、议会中、斯巴达卡斯团、"五一"示威、革命、一月十五日夜(李卜克内西牺牲之日)、李卜克内西与青年、我们的誓语等九节,描述了李卜克内西的一生。

16 日　发表《李卜克内西的生平事略》,署名沙洛,载于《列宁青年》第 2 卷第 7 期。

同日　作《囚窗》诗,回忆此前第二次被捕经历。

同日　发表《东方殖民地解放运动之发展》,署名殷乎,载于《列宁青年》第 2 卷第 7 期(总第 31 期)。

18 日　为援助朝鲜、印度革命及上海灯泡厂工人流血事件,共青团发出五字第七十八号通告。

通告指出,援助的中心任务是加强反帝运动,尽量揭露帝国主义屠杀群众的真相。援助方法上不仅要竭力扩大宣传鼓动,而且一定要发动广大群众,组织后援会公开号召群众示威、群众大会和罢工罢课。

按:此为殷夫在团中央的工作内容之一。

---

①　卡尔·李卜克内西(1871—1919),德国和国际工人运动领袖,德国共产党创始人之一。

19 日　作《前进吧,中国!》诗。

同日　作《奴才的悲泪——献给胡适之先生》诗。

22 日　筹备共青团中央关于"二七"纪念宣传事宜。

按:据共青团中央办公厅 1958 年编《中国青年运动历史资料》第 7 册记载,本日,共青团中央发出《关于"二七"纪念宣传大纲》,指出:"二七"运动是中国工人阶级第一次积极起来,参加中国革命实行反帝反军阀统治的斗争;证明只有无产阶级是中国革命的领导者;在今年这种如火如荼的环境中,对"二七"的纪念,不应是一个和平的纪念,而是要发动一切斗争,用斗争来纪念"二七"。

本月　作政论文《中国革命运动和中国革命文学》。文中指出摆在中国进步作家面前的任务:

现在,中国人民在中国共产党领导下,正进行着一场反对蒋介石集团与外国压迫者的残酷斗争。作家不应该袖手旁观。文学应该带有战斗性。文学事业是革命工作的一部分。所以,文学应该反映广大人民群众的利益。

革命运动与革命文学是一个统一的整体。作家应该站在无产阶级立场上。超阶级的文学,在阶级社会是不存在的。

按:此文信息,见于 H. Ф. 马特科夫《殷夫——中国革命的歌手》第 8 章"政论文章"。但至今未觅得此文原文。

按:据《光明日报》1952 年 2 月 2 日杨纤如的文章《忆白莽,纪念李伟森——为"左联"五烈士殉难二十一周年而作》回忆:殷夫曾多次指出,应该把文学视为革命工作的一部分。

2 月

月初　编成《孩儿塔》诗集,共收入自 1924 年到 1929 年的诗作 65 首,署名白莽。为诗集所作的前言《〈孩儿塔〉上剥蚀的题记》末尾注"已经是激荡中的一九三〇了",《题记》记述编辑这部诗集的用意与经过:

> 我的生命,和许多这时代中的智识者一样,是一个矛盾和交战的过程,啼,笑,悲,乐,兴奋,幻灭……一串正负的情感,划成我生命的曲线;这曲线在我诗歌中,显得十分明耀。这里所收的,都是我阴面的果实。现在时代需要我更向前,更健全,于是,我想把这些病弱的骸骨送进"孩儿塔"去。因为孩儿塔是我故乡义冢地中专给人抛投死儿的所在。我不想说方向转换,我早知光明的去路了,所以,我的只是埋葬病骨,只有这末,许或会更加勇气。

5 日 作政论文《血淋淋的"一一三"惨案——美帝国主义、国民党联合屠杀安迪生灯泡厂工人》,揭露安迪生灯泡厂工人罢工斗争惨案的真相,鼓动广大青年从惨案中学习斗争,坚决地推翻帝国主义与国民党反动统治。

同日 作政论文《共产国际执委十次全会中的青年问题》。

该文是殷夫针对 1929 年 8 月在莫斯科召开的共产国际执委十次全会对青年问题和青年团工作的指示精神而撰写的政论文。共产国际执委十次全会主要讨论"目前国际形势与共产党的任务""经济斗争与共产党的任务""国际赤色日"等三个中心主题。殷夫在该文中,结合共产国际执委十次全会的材料,就青年问题与共产青年团的重要性、青年在反战争运动中的作用、弱点、优点、青年团今后的任务等问题提出观点。认为全会提出"向群众工作的转变"的口号是符合中国实际的。

6 日至 10 日 以共青团中央宣传部干事身份参加团中央召开的全国青工经济斗争会议。

此次会议到会代表 14 人,代表江苏、福建、广东、湖北、河南、顺直、满洲、江西 8 省,议题涉及国际国内形势与党、团斗争策略,青工罢工战术与策略,各省青工斗争纲领等。

10 日　发表《我们》《时代的代谢》《May Day 的柏林》诗三首,以《诗三首》为总题,署名殷夫,载于《拓荒者》第 1 卷第 2 期。

同日　发表政论文《血淋淋的"一一三"惨案——美帝国主义、国民党联合屠杀安迪生灯泡厂工人》《共产国际执委十次全会中的青年问题》,署名沙洛,载于《列宁青年》第 2 卷第 8 期(总第 32 期)。

13 日　寄鲁迅信及稿。

按:《鲁迅日记》记:"2 月 14 日,得白莽信并稿。"

16 日　鲁迅、沈端先、郑伯奇、冯雪峰、柔石、冯乃超、彭康、洪灵菲、钱杏邨、华汉(阳翰笙)、蒋光慈、戴平万共 12 人在北四川路窦乐安路口公啡咖啡馆举行"新文学运动者底讨论会",以"清算过去"和"确定目前文学运动底任务"为主题进行讨论。

会议指出,中国新兴阶级过去的文艺运动有以下缺点:"(一)小集团主义乃至个人主义;(二)批判不正确,即未能应用科学的文艺批评的方法及态度;(三)过去不注意真正的敌人,即反动思想集团以及普遍全国的遗老遗少;(四)独将文学提高,而忘却文学底助进政治运动的任务,成为为文学的文学运动。"会议确定今后的任务:"(一)旧社会及其一切思想底表现严厉的破坏;(二)新社会底理想底宣传及促进新社会底产生;(三)新文学理论底建立。"最后"全场认为有将国内左翼作家团结起来,共同运动的必要"。

按:殷夫虽未参会,但密切关注了此次会议。此次会议对"文学"与"政治运动"的关系、左翼作家文学创作的任务提出了方向性意见。

18 日　作短篇小说《小母亲》。《小母亲》刻画了一个坚定的女革命家形象（林英）。

按：小说人物原型即谢绮孟。"岑"的原型即殷夫。从这篇带有自传色彩的小说中，似乎可以窥见作为小资产阶级知识分子出身的青年革命家，殷夫身上所具有的罗曼蒂克与多愁善感。如文中岑对林英的表白：

> 姊姊，我说过，我是缺乏一种发动的力，我的生命是愈趋愈下的一支病苇。我的理性，其实何尝有什么决口，只是我在情感上，是狂风暴雨的牺牲。我夜不能睡，我白日坐着时，却梦着不可知的幻境，我走在马路上，仿佛是一个吃醉了酒的白俄，柏油的路面，象棉絮似的蠕动着。

> 我昨晚独立在 D 公园徘徊，我突然感觉到死的诱惑，高耸的大树，鬼怪一般的伸上天空去，铁青的天空，只点缀了嘲弄似的几点星光。我面对着栏外的江面，无尽的水波，倒映着凌乱的灯影……

> 我不是以前有句诗叫"灯影乱水惹人哭"的吗？那是真的。我最怕见这景象，见了一定是悲伤，是追忆，是哭泣，是死的憧憬。

> 我那时觉得，我为什么没有一个来扶持一下的人呢？为什么没有一个握着我生命之缰的人呢？再想，如果我放弃了我生命的占有，而勇敢地跃入无尽的碧波中去，一切会怎样呢？一切要依旧的。公园依然是那末静美的，上海的夜依然是那末呻吟的，乱水灯影依然是那末凄凉的，一切都不会改变。……

> 但我终于是想起了你，我想你怕是我最后阶段中生命的握有者吧！我，怎么讲呢？我若没有你，那是只有坚决的去死呵！

我理性上是不要死,情感也一定要自杀的……

按:据上海文艺出版社 2011 年版《百年殷夫:新感悟、新解读——纪念殷夫诞辰一百周年》,王庆祥《殷夫"地下斗争"时期的一段隐情——从一首悼诗说起》讲述:殷夫友人苏曼莎在殷夫死后,于 1951 年 2 月 25 日上海《大公报》第 4 版上发表了小诗《悼殷夫》。苏曼莎回忆:

当时殷夫也是党的地下工作人员,负责青年工作。因为青年工作与妇女工作关系密切,所以经常到我们住的地方来。由此,我也认识了殷夫。殷夫这人很沉默,穿件蓝布长衫,年龄比我们都小,但老气横秋的,像个小老头,平时却以"大哥"自居,跟着苏雪华叫我"小妹"或者"小曼"。当时的情景,与殷夫后来写的小说《小母亲》一模一样,"林英"就是苏雪华,"曼妹"就是我,"岑"就是殷夫。我那时正在复习功课考大学,殷夫还帮助我复习英文、数学。也由于他的帮助,我后来考进了暨南大学教育系。大约是 1930 年春夏之间,殷夫到"暨大"向我告别,说是要去参加中华苏维埃成立大会。这以后,就再也没有见过他了。后来,听说他牺牲了,我一直怀念他,所以解放初写了这首诗悼念他。

同日 作政论文《全国青工经济斗争会议的总结》。

此文是本月 6 日至 10 日召开的"全国青工经济斗争会议"的总结报告。文章对会议的意义与任务、参会人员与议事日程、生产合理化的结果与青年斗争的形势、同盟罢工中团的任务与工作方法、会议的成就与缺点等问题进行了分析,认为会议的意义在于改变了团以前脱离青年群众的工作方法,解答了青工运动中许多具体的问题,总结了各地的斗争经验和过去的工作教训。指出目前党对"工运"的总策略是组织同盟罢工,但在具体应用上应该制定更适应青工特殊利益、特殊环境的实际的运用方法。

19日 夜，为迎接3月8日国际劳动妇女节，作政论文《踏着"三八"的路向前猛进!》。

文章紧密联系国际国内形势，鼓动劳动妇女奋起反抗压迫者，为争取8小时工作制、争取男女平等而斗争。认为女性地位的堕落，根本原因是私有财产制度，因此，只有推翻私有财产制度，女性才能得到永久的解放！文章结尾处号召，真正的妇女解放，必然要由劳动妇女来完成。

23日 将本年初整理的短诗集《孩儿塔》投寄鲁迅，请求正式出版。

按：1936年3月11日鲁迅为《孩儿塔》作《白莽作〈孩儿塔〉序》，发表于1936年4月《文学丛报》月刊第1期，发表时题为《白莽遗诗序》，对这些诗歌作如是评价：

这遗诗的出世并非要和现在的一般的诗人争一日之长，是有别一种意义在。这是东方的微光，是林中的响箭，是冬末的萌芽，是进军的第一步，是对于前驱者的爱的大纛，也是对于摧残者的憎的丰碑。一切所谓圆熟简练、静穆幽远之作，都无须来作比方，因为这诗属于别一世界。

按：《孩儿塔》中间并有友人白波画的插图8幅。鲁迅在《关于〈白莽遗诗序〉的声明》中误以为这8幅是白莽（殷夫）"亲笔插图"。

按：《孩儿塔》原拟由友人设法公开出版，因诗人不久即被捕牺牲，未能如愿。这部诗集的手稿幸经鲁迅珍藏得以保存。新中国成立后，原稿藏于北京图书馆（今国家图书馆）。1951年开明书店出版的《殷夫选集》未选入《孩儿塔》中的诗。人民文学出版社 1954 年出版的《殷夫诗文选集》、1958 年出版的《殷夫选集》,收入《孩儿塔》原诗 65 首中的 35 首。该社"文学小丛书"之第 44 种,1958 年出版的《孩儿塔》(诗集)收入手稿中的 27 首诗。

25 日 发表译文《少共国际的现状》,署原作者赫达诺夫名,未见译者署名,载于《列宁青年》第 2 卷第 9 期(总第 33 期)。译文开篇介绍由来:

> 赫达洛夫同志这两篇恳切的演说,的确提出了很重要的问题。这不但要作少共国际执委全会的讨论中心,并且也是团转变到布尔塞维克群众工作去的根基。这两篇演词是少共国际执委主席团讨论会的开会词和结论。

按:刊物标题中作"赫达诺夫",正文中作"赫达洛夫"。

同日 发表译文《〈少共国际纲领〉的序言》,署名沙洛,载于《列宁青年》第 2 卷第 9 期(总第 33 期)。此篇序言,预告了共产国际第五次大会通过的《少共国际纲领》。首段指出《少共国际纲领》的重要性:

> 这本在共产国际主席团通过后印行的《少共国际纲领》,在目前,可说是国际无产青年运动最重要的文献。它把无产青年运动的理论,以及几十年来的斗争与努力的经验,搜集起来,把它们一般化起来,很有秩序的陈述出来;这种理论,在这纲领里是以世界革命为立脚点而采用的。几多年来无产青年的先锋军的战绩,有着它稳固的基根。劳动青年群众为争取特殊利益的斗争,是常与共产国际世界革命的总路线连系着的。所以,在这意义说,《少共国际纲领》也就是革命青年在为实现世界无产阶级专政而战时的纲领。

末段重申《少共国际纲领》的重要性及《序言》的意义:

> 关于五次大会通过的纲领,少峰同志曾做了一篇文章介绍

过的。现在这篇少共国际执委会的序言，也是很可帮助"融化"这部纲领的，所以特地先译出登载列青。值得预告的是：纲领是在翻译中，大概不久可以印单行本出来。青年的同志们，你们有问过"共产青年团究竟是什么？是不是小共产党？少共国际又是什么？他同第三国际的关系又怎样？现在世界无产青年运动的地位怎样？路线怎样？……"等等的问题吗？你们找不到完全的解答，只有这本《少共国际纲领》，才根据了马克思列宁主义的基点和分析，给与最正确、最合式的回答。不仅如此，少共国际纲领还正是我们目前实际斗争的重要武器。——译者。

同日 发表政论文《全国青工经济斗争会议的总结》，署名殷孚，载于《列宁青年》第2卷第9期（总第33期）。

同日 发表政论文《踏着"三八"的路向前猛进!》，署名莎菲，载于《列宁青年》第2卷第9期（总第33期）。

26日 得鲁迅复信。

按：《鲁迅日记》记："2月25日，午后寄白莽信。"

27日 共青团中央发出宣言，拥护中国共产党与全国总工会发起全国苏维埃大会。

宣言指出："因为中国广大青年工农及一般被压迫被剥削青年所受痛苦，只有根本推翻帝国主义与国民党反动统治，在工农兵苏维埃政权之下才能解除，所以中国共产青年团完全赞同中国共产党与全国总工会召集苏维埃大会的主张，并一致坚决号召全国同志及一切革命青年群众起来热烈参加并拥护大会，热烈的希望大会十二分的注意青年利益，全国革命青年必须以最高度的斗争力量来拥护大会得到完满的成功。"

按：此为这段时期殷夫在共青团中央工作内容之一。

本月下旬 翻译少共国际主席团给各国团的俄文信件《新

的路线——少共国际主席团给多国团的信》。该信发信日期为本月 27 日。

按:据共青团中央办公厅 1958 年编《中国青年运动历史资料》第 7 册所收《团中央通讯》第 6 期,中国共青团中央曾于同年 6 月 30 日发布《接受少共国际的"致各国团的信"及党中央五月五日来函的决议》。由此可见殷夫的这篇译文对当年全团的"转变"曾起到重要的推动作用。决议称,中央在接读少共国际 2 月 27 日的"致各国团的信"后,"立即引起了我们极强度的震动和惊觉,而开始了连续三天的极热烈极透彻的讨论"。认为少共国际的来信,"恰恰万分正确的针对着目前中国团的工作。极透彻极严格的指出了目前中国团工作现状的严重特征及其原因,实际的具体的指出了中国团转变的途径"。指出:"首先必须一个搅动全团组织的全团一致的透彻的讨论,以诚挚严格的自我批评精神,将一切错误和缺点,无情的指摘出来,讨论出具体的方法,坚决的把这些错误和缺点一一克服,创造出一种新的力量来实践我们紧迫的新的任务。"决议还结合中共中央 5 月 5 日给团中央的来函,对贯彻此信提出了五方面意见与要求:一、目前团的工作到了一个严重时期! 二、转变的全部是斗争,是反对右倾——就是反对清谈的斗争。三、自狭小的团内活动范围转变到青年群众工作去。四、转变团员的作用和改造团的组织。五、立即举行一个搅动全团的壮烈而透彻的讨论。

本月 发表小说译文《决斗》,原作者为瑞典作家史特林堡,署名徐白,载《女青年月刊》1930 年第 9 卷第 2 期。小说叙述女子哀蒂丽由灵魂之爱而与男青年律师自由结合,在婚姻生活中经历种种抵牾,探讨了婚姻关系中女性社会价值实现、角色分工与伦理义务、家庭经济主动权等问题。

按：此为殷夫佚文，未见于《殷夫著译系年目录》。

按：《决斗》的翻译，可见殷夫试图以马克思主义世界观与方法论探讨女性解放问题。他不再将妇女解放孤立地视为单纯的革命问题，而是察觉了它与经济制度以及整个社会文化的复杂关系。这一颇为成熟的思考，既可反映出马克思主义对殷夫的影响，又标志殷夫秉持坚定革命立场的同时，也蕴含关注社会全面进步的文化建设立场，揭示殷夫革命思想中未被认识的重要一面。

本月　参加在上海成立的左联筹备会。

3 月

1 日　发表随笔《监房的一夜》，署名白莽，载于《萌芽月刊》第 1 卷第 3 期。

2 日　参加在上海窦乐安路 233 号（今多伦路 201 弄 2 号）中华艺术大学底楼教室举行的中国左翼作家联盟成立大会。

按：出席会议的另有冯乃超、华汉、龚冰庐、孟超、莞尔（俞怀）、邱韵铎、沈端先、潘汉年、周全平、洪灵菲、戴平万、钱杏邨、鲁迅、画室（冯雪峰）、黄素、郑伯奇、田汉、蒋光慈、郁达夫、陶晶孙、李初梨、彭康、朱镜我、柔石、林伯修、王一榴、沈叶沉、冯宪章、许幸之等 50 余人。

下午 2 时，大会开始，先推定鲁迅、沈端先、钱杏邨 3 人成立主席团。由冯乃超报告左联筹备经过，郑伯奇作纲领说明。之后，由潘汉年作为中国自由运动大同盟嘉宾（实为代表中共党组织）作题为《左翼作家联盟的成立及其意义》的发言，总结无产阶级革命文学运动的经验，提出近几年的任务主旨是强调中国革命的高潮正在到来,无产阶级文学的使命是成为这一革命的武器,因此左联要领导中国的无产阶级文学运动,其任务是开展理论斗争,确立理论指导权,发展大众文艺,实行自我批判。之后,鲁迅发表《对于左翼作家联盟的意见》演讲。鲁迅演讲后,彭康、田汉、阳翰笙演讲。其后大会表决通过筹委会草拟的《中国左翼作家联盟底理论纲领》,并确定主要工作方针:

(一)吸收国外新兴文学的经验,及扩大我们的运动,要建立种种研究的组织;(二)帮助新作家之文学的训练,及提拔工农作家;(三)确立马克思主义的艺术理论及批评理论;(四)出版机关杂志及丛书小丛书等;(五)从事产生新兴阶级文学作品。

《理论纲领》指出:

社会变革期中的艺术,不是极端凝结为保守的要素,变成拥护顽固的统治之工具,便向进步的方向勇往迈进,作为解放斗争的武器。也只有和历史的进行取同样的步伐,艺术才能够焕发它的明耀的光芒。……他们不能不站在历史的前线,为人类社会的进化,清除愚昧顽固的保守势力,负起解放斗争的使命。

然而,我们并不抽象的理解历史的进行和社会发展的真相。我们知道帝国主义的资本主义制度已经变成人类进化的桎梏,而其"掘墓人"的无产阶级负起其历史的使命,在这"必然的王国"中作人类最后的同胞战争——阶级斗争,以求人类彻底的解放。

那么,我们不能不站在无产阶级的解放斗争的战线上,攻破一切反动的保守的要素,而发展被压迫的进步的要素,这是当然的结论。

理论纲领附有两个文件:行动纲领和工作目标。这两个文件强调:无产阶级革命文学运动的目的是解放无产阶级,反对一切压迫,研究外国的无产阶级文学和文学理论,不断壮大左联,教育新作家,出版进步期刊和报纸。

下午4时,开始选举。首先选举执行委员会,选定沈端先、冯乃超、钱杏邨、鲁迅、田汉、郑伯奇、洪灵菲7人为常务委员,周全平、蒋光慈2人为候补委员。其次决定成立马克思主义文艺理论研究会、国际文化研究会、文艺大众化研究会、漫画研究会、左联国际联络委员会等,建立左翼文艺大同盟组织。最后通过的各项提案达17项,其中包括组织自由大同盟的左联分会,建立与国际左翼文艺界的联系,组织各种研究会,与各革命团体建立联动的关系,启动左翼美术大同盟,确定各左翼杂志的创刊计划,参加工农教育事业等。

中共在左联内部设立党团,直接接受中央文委领导。左联首任党团书记为冯乃超,同时为中央文委成员。原由鲁迅、冯雪峰、柔石等编辑出版的《萌芽月刊》,蒋光慈、钱杏邨编辑出版的《拓荒者》月刊,郁达夫等编辑的《大众文艺》月刊从即期起作为左联机关刊物,并另拟创刊《巴尔底山》旬刊。

同日 与鲁迅和柔石在左联成立大会上相见。

6日 以共青团中央名义,就上海祥昌棉织厂工人事件向全国青年工农兵士及青年劳苦群众发出宣言,反对帝国主义与国民党勾结屠杀上海工人。并向各级团部发出紧急通告,要求各地抓住此事件,配合当地实际情形,有计划地发动和组织政治罢工、同盟罢工。

按:5日,上海祥昌棉织厂工人要求厂方开厂,被法国巡捕开枪射击,死亡3人,重伤十余人,轻伤数十人。

8日 组织上海全市女工大游行、大罢工。

10日 发表《写给一个新时代的姑娘》诗,署名殷夫,载于

《拓荒者》第1卷第3期。

11日 作《写给一个哥哥的回信》。针对徐培根要求殷夫"觉悟"的"哀的美顿书"①,《回信》表明对于哥哥劝告的决然拒绝:

可是这,你是失望了,我不但不会"觉悟"过来,不但不会有痛苦扼住我的心胸,不但不会投降到你们的阵营中来,却正正相反,我读了之后,觉到比读一篇滑稽小说还要轻松,觉到好像有一担不重不轻的担子也终于从我肩头移开了,觉到把我生命苦苦地束缚于旧世界的一条带儿,使我的理想与现实不能完全一致地溶化的压力,终于是断了,终于是消灭了!我还有什么不快乐呢?所以我微微地笑了,所以我闭了闭眼睛,向天嘘口痛快的气。好哟,我从一个阶级冲进另一个阶级的过程,是在这一刹那完成了:我仿佛能幻见我眼前,失去了最后的云幕,青绿色的原野,无垠地伸张着柔和的胸腔,远地的廓门,明耀地放着纯洁的光芒,呵,我将为它拥抱,我将为它拥抱,我要无辜地瞌睡于这和平的温风中了!哥哥,我真是无穷地快乐,无穷快乐呢!"

信中回顾了徐培根诚意的教导与悉心的培植:

当然,你对待我,确没有我对待你那样凶,因为你对我是兄弟,我对你是敌对的阶级。我站在个人的地位,我应该感谢你,佩服你,你是一个超等的"哥哥"。譬如你要离国的时候,你送我进D大学,用信,用话,都是鼓励我的,都是劝慰我的,我们的父亲早死了,你是的确做得和我父亲一般地周到的,你是和一片薄云似的柔软,那末熨帖,但是试想,我一站在阶级的立场上来说呢?你叫我预备做剥削阶级的工具,你叫我将来参加这个剥削

---

① Ultimatum 的音译,即最后通牒。

机械的一部门,我不禁要愤怒,我不禁要反叛了!

但殷夫仍然决绝地宣告:"这不能留住我不向你告别,我不能不向别方转变。"①

我自己已被我所隶属的集团决定了我的前途,这前途不是我个人的,而是我们全个阶级的,而且这前途也正和你们的前途正相反对,我们不会没落,不会沉沦到坟墓中去,我们有历史保障着:要握有全世界!

……

别了,再见在火线中吧,我的"哥哥"! 你最后的弟弟在向你告别了,听!

Ivan 一九三〇,三,一一晨。

13 日 寄鲁迅信。

按:《鲁迅日记》记:"3 月 14 日,上午得徐白信。"

16 日 共青团中央发出五字第八十二号通告,拥护全国苏维埃大会。团中央决定将 5 月 1 日到 30 日作为"拥护苏维埃运动月",动员最广大青年群众进行拥护苏维埃大会的示威运动、同盟罢工、同盟罢课,在苏维埃区域举行广大的群众大会、巡行示威及青年的武装大会。

按:此时期殷夫在共青团中央工作内容之一。殷夫计划作为代表参加全国苏维埃代表大会。

18 日 共青团中央为"三一八"发出宣言,号召青年工人用同盟罢工、青年农民用地方暴动来纪念"三一八"。

按:此时期殷夫在共青团中央工作内容之一。

20 日 发表译诗《青年的进军曲》、译文《新的路线——少共

---

① 此句出自殷夫的诗《别了,哥哥》。

国际主席团给各国团的信》，发表时未署原作者名，仅署沙洛译，载于《列宁青年》第 2 卷第 10 期（总第 34 期）。

《青年的进军曲》气势磅礴、情绪激昂，表达对无产阶级革命的雄心壮志，歌颂了巴黎公社前驱者的英雄气概。

> 伟大的公社，光明的火焰！
>
> 劳动者点燃，照耀世界；
>
> 这光焰在我们青年的胸中，
>
> 也爆发了烈火灿烂。
>
> 对前辈的伟大英雄，
>
> 无产阶级生活的创造者，
>
> 和带来光明的战士——
>
> 都给以兄弟的礼赞！
>
> 在老年人是风暴，在我们——
>
> 漫漫长夜后的光明；
>
> 我们是工人和农民的青年，
>
> 前进，前进，前进，前进，前进！

同日 作小说《"MARCH 8"S—A sketch》，小说通过对比两个阶级的妇女，探讨关于纪念三八妇女节、维护妇女权益的意义所在。

文章旨在说明，当局未敢公开禁止上海劳动群众纪念国际妇女节，却故意赋予这个节日以娱乐消遣的性质，让统治阶级代表的女性穿着漂亮衣服、摩登皮鞋，出现在会场发言。她们讲话空洞无物，不谈政治，不讲节日意义，不谈资本主义国家妇女艰难、无权的状况。与之相对，上海的劳动者市民用另一种方式纪念了"三八"这个光荣的日子。节日前两天，地下革命组织就在劳动群众之间散发传单，强调国际"三八"妇女节的伟大意义：这一天是检阅世界无产者战斗力量的日子。全体男工和女工热烈响应共产党的号召,宣布在这一天罢工与游行示威。尽管罢工遭到残酷镇压,但是,人民的战斗精神并未被摧毁。

同日 翻译政论文《到布尔塞维克化之路——少共国际的一个讨论》,讨论少共国际如何实行"布尔塞维克化"的转变问题。文末述及,这次讨论是为少共国际在本年 11 月举行第十次执委全会做准备。

同日 参与撰写共青团中央《五一工作行动大纲》。

大纲在关于"怎样组织青工罢工"时规定,青工大会及青工代表大会是发动和组织青工斗争和罢工的最好方式;在组织"五一"示威中,团要特别去组织广大劳动童子团来参加;飞行集会是发动和号召青工斗争和行动的主要方式之一;在宣传鼓动中要注意运用政治口号、青工会议、工厂小报、歌曲、画报、标语、传单等方式;要发动和组织青工反黄色工会的斗争;青工单独罢工要注重策略和战术。

在关于"青年群众组织工作"时指出,必须运用公开的群众路线去组织青年群众;必须建立在政治口号上,建立在斗争上;要广泛大胆地在斗争中去组织青年群众;组织青年群众的方式和方法,必须适合于青年情绪,青年的活泼的斗争的情绪。

在关于"怎样动员农村青年群众参加'五一'大示威"时规定,少年先锋队和农村童子团是组织农村青年参加"五一"示威的基本力量;在苏维埃区域要组织青年群众参加武装大示威,举行少年先锋队、童子团的大检阅、大会操。

关于"团员的发展",大纲规定了 4 月 1 日到 5 月 31 日全国各地需要发展的团员数目,并指出这一发展,是专对产业青工而言。要特别注意在斗争中吸收青年群众中勇敢坚决的分子大批入团,使团的组织战斗化。

31 日 共青团中央就怎样纪念五一节发出指示:(一)凡是有团组织的地方,必须坚决地去组织青年发动和参加示威运动;(二)坚决积极地组织青年工人单独罢工;(三)必须加大童子团的发展;(四)必须以最大力量组织勇敢青工加入纠察队;(五)必须组织广大青工加入赤色工会,加入工厂委员会;(六)必须特别加紧对敌人军队中的士兵工作;(七)应特别注意扩大组织青年加入红军,扩大少年先锋队,扩大童子团等等。

按:这是此段时期殷夫在共青团中央的工作内容之一。

上旬 收到徐培根来信。信中,徐培根要求殷夫为自己的前途而"觉悟",希望他能到德国去留学,放弃革命。

下旬 开始翻译德文版《少共国际纲领》。

《少共国际纲领》由少共国际第五次大会通过,经本月 12 日共产国际执委主席团批准,由 10 个部分组成,共约 34000 字。

本月 编辑团中央机关刊物《列宁青年》及其外围刊物《摩登青年》。根据刊物需要深入第一线,采写稿件。

按:此一时期,多期《列宁青年》刊发殷夫的政论文章、译文、文艺论文。

本月 诗集《伏尔加的黑浪》被上海现代书局列入"拓荒丛书",准备出版。《拓荒者》本年第 3 期和第 4、5 期合刊附页登载"拓荒丛书""在印刷中"的广告。

按:据 1931 年出版的《前哨》(纪念战死者专号)刊载的《被难同志传略·殷夫》一文罗列,殷夫著作计有:《孩儿塔》(诗集)、《伏尔加的黑浪》(诗集)、《一百○七个》(诗集)、《诗集》(包括译诗)、《小母亲》(小说、随笔、戏曲集)、《苏联的农民》(翻译)、《苏联的少年先锋队》(翻译)、《列宁论恋爱》(翻译)等 8 种。此外还有部分手稿、日记和书信,为其三兄徐文达和二姊徐素云等人所保存;但这部分遗文,除少数幸存至今,大多已散佚。而8种遗稿中,除《孩儿塔》为鲁迅保存下来外,其余的当时都已在殷夫寓所和柔石处被敌人查抄失去下落。1936年,上海联合出版社曾有在该年12月间出版《殷夫遗诗集》的计划,1940、1941年间,上海行列社也曾有印行诗稿《孩儿塔》的计划,但最终均未实现。

4 月

1 日　发表《囚窗》《前进吧,中国》诗,署名白莽,载于《萌芽月刊》第1卷第4期。

按:本日,《萌芽月刊》第1卷第4期出版,成为左联机关刊物。本期刊登鲁迅在左联成立大会上的演讲,冯雪峰整理成文,题为《对于左翼作家联盟的意见》。

同日　发表短篇小说《小母亲》,署名白莽,载于《萌芽月刊》第1卷第4期。

按:《编辑后记》指出:"白莽先生的创作小说《小母亲》,是想写一个女青年革命家。她已大部握有布尔塞维克的意志,在这点上有着感动人的力量,而且也有真实性。但在这里也还可看见浪漫谛克的要素,这大约从两方面而来,一方面是作者的观察带了浪漫性,他方面是小资产阶级出身的青年革命家在现在也还不能不有浪漫性。"

5 日　发表政论文《拥护苏维埃运动中劳动青年群众的任务》,署名徐白,载于《红旗》第90期第1版"拥护苏维埃"专栏。

7 日　下午,在上海南京路与革命群众示威游行,声援上海和记蛋厂工人反抗资本家与国民党的运动。

按:本月3日,上海和记蛋厂工人反对资本家剥削,组织赤色工会,与资本家谈判,遭资本家、国民党武装袭击,发生血战,致数名工人重伤身亡,多名工人受伤,发生"四三"惨案。

8 日　上午,前往上海宁波同乡会参加援助"四三"惨案会议。会议遭国民党当局破坏。

10 日　作政论文《又是一笔血债——为"四三"惨案死难者及刘义清烈士复仇!》,署名徐白,载于《列宁青年》第 2 卷第 11 期(总第 35 期)。文末宣告:

> 全中国的劳苦群众,特别是青年的工农兵士学生群众,一定会认得这又是一笔记在帝国主义、国民党名下的血债。他们决定了,时间一到,他们要血来偿还血呵! 流血吓不退革命。看看,到"五一"的时候,他们还要更坚决,更勇敢的搏战呵!

按:文后附启:"以前的笔名'沙洛',听说在反对派'龌龊的小刊物'《我们的话》上,也被用作一个署名,我不敢盗美,宣布此后不用了。"

同日　发表译文《到布尔塞维克化之路——少共国际的一个讨论》,署名斐尔白克①。载于《列宁青年》第 2 卷第 11 期(总第 35 期)。文章认为:

> 我们的团对右倾危险的斗争,以及一般的政治斗争,确也是执行了的,但却总像一个"青年党"似的。我们的任务是要基本地转变过来,走向"青年化"……我们必须进行着去训练一种新式的干部,一种"群众化"的人;他们能生活在青工群众之中,能知道群众的情绪与要求,能强烈地感觉到自己及整个团所担负的责任。……我们的原则是:什么地方有青工群众,我们都要把他们组织起来。

---

① 系当年少共国际执委会主席团成员,国籍及生平事略无考。

同日　发表短篇小说《下着毛毛雨的那个早晨》，署名一俘，载于《摩登青年》第1卷第2期。

按：此文为殷夫佚文，未见于《殷夫著译系年目录》。

同日　发表短篇小说《基督教的人道》，署名一俘，载于《摩登青年》第1卷第2期。

按：此文为殷夫佚文，未见于《殷夫著译系年目录》。

同日　发表译文《两个美国小朋友的文章》，署名一俘，载于《摩登青年》第1卷第2期。前言提到，这是译自美国《劳动报》两篇美国小朋友的通讯。Hasie Taft《万国童子团代表大会记》报道了1929年8月在莫斯科举行的第一次国际无产阶级儿童会议（旨在团结儿童反战）。Elmer McDonald《在苏联的学校里》报道了参观莫斯科实验学校的经历：儿童们不仅能够读书学技能，而且完全自治。这两则言简意赅、语言平实的通讯，艺术成就或思想深度并不突出，但它是殷夫涉及儿童革命问题的唯一译文。

按：此文为殷夫佚文，未见于《殷夫著译系年目录》。

同日　发表政论文《关于斯巴达卡斯团》，署名雪华，载于《摩登青年》第1卷第2期。文前小引说明写作目的：

> 因为看到最近李华君译的《德意志革命史》中对斯巴达卡斯团，颇有不直其所为的地方，并且著者还诋毁李卜克内西不是一个真知灼见的人。这到（倒）引起我考据的癖性，搜集了一些材料，来编这短短的"斯巴达卡斯团史"，给人家看看这位修正派的话可对也不对。同时呢，也正可给李、卢二人作个十一周年的小纪念。

按：该文为殷夫佚文，未见于《殷夫著译系年目录》。"雪华"即殷夫在团中央宣传部工作期间结识的中共沪东区委宣传部部长苏雪华。殷夫与她因工作关系联系密切，曾向她求过爱。

同日 主编的《摩登青年》第 1 卷第 2 期出版，由第 1 期的上海前夜书店总经售，改为上海时代书社和吴淞书店代售。

同日 发表政论文《目前青年反帝运动的战术》，署名殷夫，载于《摩登青年》第 1 卷第 2 期。

同日 发表杂文《名人与生意》，署名一俘，载于《摩登青年》第 1 卷第 2 期。

按：此文为殷夫佚文，未见于《殷夫著译系年目录》。

同日 发表《与新时代的青年》《伟大的纪念日中》诗，署名殷夫，载于《摩登青年》第 1 卷第 2 期。

同日 发表《摩登青年社发起宣言》。宣言道：

新的阶段，有新的任务，新的时代，需要新的战士。……我们是"现代的青年"不追慕过往的荣华，不空想未来的安逸，我们只知道现实地，瞄准着我们的敌人向前战斗。说我们粗暴的，浅薄的，或许不错，但我们把握的真理是真实的，革命的，而且是决定胜利前途的；我们负的使命是伟大的，光荣的，而且是不得不负的。所以，我们没有畏惧。

宣言发起人有邝光沫、祝秀侠、丘旭、殷夫、白莽、邱韵铎、杨邨人、菀尔、郭任华。

按：同时署殷夫、白莽的两个笔名，目的是在壮大声势，同时也证明宣言为其所作。

同日 发表《摩登青年》第 2 期编后记。说明"编辑部因为人事关系，临时换了负责人，所以出版误了期。虽然是没法，但这种中国脾气，《摩登青年》编者是努力要改正的"，并概要介绍了本期文章。

这期的文章，不消说有几篇是值得讲一讲的：季诺维夫的

《智识份子与革命》，这于中国的智识份子，是有相当贡献的，有很多人以为'智识阶级'（这是一个错误的名字）是可以变时更世的，这是十分错误的观念。要理解智识份子与时代变革的真正连系，最好请看看这篇文章。丘旭君的文章，处置的是严重问题，希望读者细心一点；尤其是：读后再思想一遍！《关于斯巴达卡斯团》包含了一些难得的材料，《朝鲜革命的新浪潮》与《中国青年反帝运动的战术》也把握着目前最动人的两个问题，都可一读。

11 日　参与编辑的《巴尔底山》（旬刊）创刊号出版。

刊名"巴尔底山"由鲁迅从众人提出的几十个名称中选定，即 Partisan（游击队、突击队之意）的音译。刊物以抨击黑暗政治，宣传苏维埃革命为宗旨。创刊号《编辑后记》列有基本队员名单：德谟、N.C.、致平、鲁迅、黄棘、雪峰、志华、熔①炉、汉年、端先、乃超、学濂、白莽、鬼邻、嘉生、芮生、华汉、镜我、灵菲、蓬子、侍桁、柔石、王泉、子民、H.C.、连柱、洛扬、伯年、黎平、东周。

按：《巴尔底山》既没有编委会，也未明确说从属左联。阿英把此刊与《萌芽月刊》《拓荒者》并列为左联刊物，可能因为该刊撰稿的基本成员多是左联盟员，又是鲁迅题的刊名，内容进步，文笔锐利，对帝国主义、买办资产阶级及国民党反动派进行有力的抨击。因此人民文学出版社 1958 年出版的《殷夫选集》之《前言》也把它列为左联刊物。1950 年代末 1960 年代初，丁景唐主持影印左联刊物《前哨·文学导报》《萌芽月刊》《拓荒者》等时，也将《巴尔底山》列入其中。从《人民日报》1980 年 5 月 28 日刊载的李一氓《记〈巴尔底山〉》文中，可知这份战斗性很强的刊物

---

①　原文作"溶"，为刊印错误。

由李一氓负责编成。刊物得到鲁迅的赞同,鲁迅曾拿出 100 元作印刷费,并亲笔题写报头。

同日 发表《奴才的悲泪——献给胡适之先生》诗,署名白莽,载于《巴尔底山》第 1 卷第 1 号。附白:"中国没有过讽刺诗,这是我的试作,亦仿胡适先生的'尝试'之意,故以献胡先生。"

12 日 共青团中央为"四一二"流血事件发表纪念宣言,号召青年的劳苦群众,以更坚决的斗争起来推翻国民党、帝国主义的统治,建立苏维埃政权。

按:这是此段时期殷夫在共青团中央工作内容之一。

15 日 共青团中央发表《动员"五一"大示威的宣传鼓动工作大纲》。

大纲指出要按照独立的公开的路线向青年群众做广大的宣传,号召青年工人罢工、青年农民罢耕、青年兵士罢操、青年学生罢课,一致参加大示威。为使这种宣传更能深入青年群众,一切宣传鼓动工作必须以支部为中心,上级团部必须尽力帮助支部建立宣传工作。

按:这是此段时期殷夫在共青团中央工作内容之一。

同日 共青团中央发表《关于"五三""五四"及"五九"纪念的宣传大纲》。

大纲指出:"五三"是 1928 年日本帝国主义在济南屠杀三千名中国民众的日子;"五四"是北京学生示威反对日本帝国主义的反帝斗争纪念日;"五九"是袁世凯称帝时,承认日本帝国主义所提的"二十一条"的日子。纪念这三个日子,只有继续着"五一"的精神,罢工、罢耕、罢操、罢课,向国民党、帝国主义示威,以不断的斗争走向武装暴动,夺取政权!

按:这是此段时期殷夫在共青团中央工作内容之一。

25 日　作政论文《暴风雨的前夜——公共汽车电车大罢工》,报道上海公共汽车公司与英商电车公司工人罢工的胜利,号召整个上海以至全国的工人阶级一齐起来向反动的帝国主义与国民党军阀统治作斗争。

按:本日,在中国共产党策动下,上海公共汽车公司与英商电车公司工人为要求增加工资举行联合罢工,斗争取得胜利。

同日　作《五一歌》诗。诗中明确表示:

> 我们今天一定,一定要冲,冲,冲,
> 冲破那座资本主义的恶魔宫。
> ……
> 我们为解放自己的阶级,
> 我们冲锋陷阵,奋不顾身。
> ……
> 我们过的是非人的生活,
> 唯有斗争才解得锁链,
> ……
> 不建立我们自己的政权——
> 我们相信,我们相信,永难翻身!……

同日　作政论文《冲破资产阶级的欺骗与压迫!》。文章指出,国内外资产阶级企图以欺骗与压迫手段抹杀五一国际劳动节的斗争性质。对此,文章号召工农大众、劳苦兄弟向反动统治阶级示威,争取利益要求,同时准备武装暴动,推翻反动统治,建立工农政权。

同日　作政论文《五一——国际无产阶级的斗争日》。文章号召中国劳动人民与战斗中的工人、职员、大中专学生和老师团结起来,反对内外反动派,为争取经济和政治权利,推翻现存的社会制度,在中国建立工农政权而斗争。

本月　参与创办《巴尔底山》旬刊。

按:该刊出至第1卷第5号被禁。

5月

1日　参加青年反帝大同盟在上海举行的全国代表大会。

同日　共青团中央发表《五一节宣言》,指出:"今年的五一,全中国的劳苦青年群众只有高举红旗,罢工罢耕罢课,到街上来向统治阶级示威! 为反抗资本进攻,反对进攻苏联,反对军阀混战,反对军国主义。"

按:这是此段时期殷夫在共青团中央工作内容之一。

同日　发表政论文《暴风雨的前夜——公共汽车电车大罢工》,署名莎菲,载于《列宁青年》第2卷第12期(总第36期)。

按:《列宁青年》第2卷第12期为"五一特刊",首刊共青团中央执行委员会于本年5月1日宣布的纪念"五一"口号:

"罢工、罢耕、罢课纪念五一节!""参加五一大示威!""推翻帝国主义、国民党军阀统治才能解除青年的共痛!""建立苏维埃政权才能获得三八制,青年工人才能获得六小时工作制!""武装拥护苏联,反对帝国主义进攻苏联!""准备全国武装暴动,消灭军阀战争!""打倒改组派、取消派、黄色工会的反革命的欺骗!"

同日　发表政论文《今年的五一》《拥护全国苏维埃代表大会》《冲破资产阶级的欺骗与压迫!》,署名徐白,载于《列宁青年》第2卷第12期(总第36期)。

《今年的五一》在回顾"五一"简史的基础上,分析国际国内的革命形势,提出中国劳苦青年的主要任务,鼓动广大青年在党团的领导下走向武装暴动,推翻帝国主义、国民党统治,建立苏维埃政权。

《拥护全国苏维埃代表大会》是对拟于本月 30 日召开的第一届全国苏维埃区域代表大会的支援。文章分析了 1930 年上半年中国的政治形势,指出政治混乱、军阀战争扩大、经济危机等因素为革命运动创造了有利条件:使战士的革命精神大为增长,扩大了苏区,加强了红军队伍;国内的革命气氛高涨。这次全国苏维埃区域代表大会就是争取在全国建立苏维埃政权的战斗号角。公开号召中国人民为建立苏维埃政权,奋起进行武装斗争!

按:全国苏维埃区域代表大会原定 5 月 30 日在江西中央苏区召开,后由中共中央和中华全国总工会中共总会执行委于 5 月 20 日至 23 日在上海秘密举行。大会由李立三主持,主要讨论了红军的组织和苏区的建设问题,还做出了《目前革命形势与苏维埃区域的政治任务》的决定。决定认为,目前革命形势日益接近革命高潮。当前的中心问题是准备一省与几省的首先胜利,创立全国革命政权。为此,"苏维埃区域的最主要任务是建立红军,向外发展,争取全国革命的胜利。""红军的发展方向必须是积极的向着交通要道及主要城市。""战略战术必须集中,进攻歼灭敌人较大部队,夺取主要城市。"这些都是李立三"左"倾冒险错误观点的具体体现。但此时殷夫对此也许始料未及,或是不能分辨,所以在会前写下了这篇拥护短文,意在鼓动广大青年为迎接这次会议而奋起斗争。

同日　发表长诗《一九二九年的五月一日》,署名白莽,载于《萌芽月刊》第 1 卷第 5 期(五月各节纪念号)。

同日　发表诗《五一歌》,署名莎菲,载于《列宁青年》第 2 卷第 12 期。

按：殷夫牺牲后，此诗转载于 1931 年 4 月 25 日《前哨》第 1 卷第 1 期（纪念战死者专号）《被难同志遗著》，署名殷夫。

2 日　作政治抒情诗《巴尔底山的检阅》。诗中表达游击队员革命的豪情。

> 虽则，我们没有好的枪炮，
>
> 虽则，我们缺少锋利的宝刀，
>
> 这有什么关系呢，
>
> 我们有的是热血，
>
> 我们有的是群众，
>
> 我们突击，杀人，浴血，
>
> 我们守的是大众的城堡。

5 日　发表《血字》《春天的街头》《一个红的笑》《别了，哥哥》《意识的旋律》《上海礼赞》《都市的黄昏》等 7 首诗，署名殷夫，以《血字》为总题，载于《拓荒者》第 4、5 期合刊。

按：该期《拓荒者》也以《海燕》刊名印行。

同日　发表《写给一个哥哥的回信》，署名 Ivan，载于《拓荒者》第 4、5 期合刊。

同日　发表小说《"MARCH 8"S—A sketch》①，署名殷夫，载于《拓荒者》第 4、5 期合刊。

按：同刊"编辑室消息"中提到："关于本期的创作，有几篇是值得特别介绍的。如殷夫的"March 8th"，就是对比的在描写两个阶级的三八。"

5 日至 10 日　代表共青团中央宣传部，参加全国苏维埃区域代表大会预备会议。

---

①　正文标题中"MARCH"字母均大写。

会议听取了政治报告,以及关于职工运动与全国工人斗争趋势、关于农民运动、关于红军、关于苏维埃、关于土地法劳动法令、关于反对帝国主义反对国民党等诸报告。代表们对上述报告进行了充分的讨论,并初步通过了有关各项决议草案,为正式会议作了必要的具体的准备。

9 日 作政论文《在红军中的宣传教育工作》,对团在红军中的宣传教育工作和组织机构、宣教形式等提出意见。

文中指出,应该加强共青团在红军中的宣传教育工作。主要方式有:在红军中刊发青年赤兵小报;建立附属组织如俱乐部、读书班、唱歌队、故事队;演剧、演讲与化妆演讲;建立兵士委员会的青年部等,多方面开展在红军中的宣传教育工作。文末指出政治教育和宣传工作是一项非常重要的工作,它将促进红军的成长和壮大。

10 日 作政论文《改组派的卑劣面目——论他们的〈论电车罢工〉》。

按:文题中的"改组派",系指"中国国民党改组同志会",是国民党内部以汪精卫、陈公博为首的政治派别。1928 年 11 月底成立于上海,并在十多个省市和国外设立支部,出版《革命评论》《前进》杂志,以改组国民党相标榜,与蒋介石争夺党权和政权,煽动各派军阀联合反蒋。后因军事失败,于 1931 年在香港宣布解散。副题中的"电车罢工",即前文《暴风雨的前夜——公共汽车电车大罢工》中言及的上海英商电车公司 2000 余工人为声援公共租界汽车司机罢工而举行罢工的事件。改组派报刊对这一事件作了歪曲评论,故殷夫撰此短文进行驳斥。

14 日 发表政论文《扩大共产主义的儿童运动》,署名徐白,载于《红旗》第 101 期。文中指出儿童运动在革命中的地位,共产主义儿童运动的扩大是保障革命胜利的条件之一。因而,共产主义的儿童运动最基本的原则是阶级地观看儿童,把儿童动员到阶级斗争的战线上来。

同日 作政论文《拥护苏维埃代表大会与少年先锋队工作的转变》。这是在拥护全国苏维埃代表大会的背景下,关于如何转变少年先锋队工作的意见。

17日 共青团中央就怎样准备五卅的政治罢工和全国总示威发出五字第八十五号通告,指出今年纪念五卅的中心任务是政治罢工,全国总示威。为此,共青团的每一个支部都必须在其工作范围内建立起有广大群众基础的五卅筹备会分会,抓紧每一青工斗争的时机,组织青工展开政治罢工,最大限度地建立和发展劳动童子团。

按:这是此段时期殷夫在共青团中央工作内容之一。

同日 共青团中央发表《关于五卅五周年纪念宣传大纲》,指出在五卅运动中,中国青年群众曾起过极大的作用,但目前青年群众地位的卑下与生活痛苦不可胜述。今年纪念五卅要继续五卅运动的精神,彻底进行反帝国主义及国民党的斗争。

按:这是此段时期殷夫在共青团中央工作内容之一。

20日 共青团中央就本年2月27日少共国际执委会主席团致各国团的信和中共中央5月来函发布《给全团的一封信》。

信中认为:两件来函都恰如其分地指出了共青团工作的严重不足,实际而具体地指出了转变的途径。指示全团要"自狭小的团内活动范围转变到青年群众工作去",具体制定各级团部和每个团员需做的工作,如工厂支部要"青年群众化";努力争取在大工厂中建立支部、发展工人团员;培养青年工人干部;肃清官僚化的习气。信中号召立即在全团举行透彻的讨论,使转变的思想深入每个团员，以促进全团向群众工作转变。

按：这是此段时期殷夫在共青团中央工作内容之一。

20 日至 23 日　全国苏维埃区域代表大会在上海秘密举行。

中共中央和中华全国总工会代表和闽西、鄂东、左右江、湘鄂赣边、鄂豫边、赣西南等苏维埃区域的代表，还有红军各军和各游击区域的代表以及各赤色工会和其他革命团体的代表共 50 人出席会议。会议通过《全国苏维埃区域代表大会宣言》和《目前革命形势与苏维埃区域的任务》《苏维埃组织法》《劳动保护法》《暂行土地法令》《红军及武装农民扩大计划》等决议及文告多种。会议规定苏维埃区域的策略路线与具体任务，制定《十大政纲》等苏维埃政府的根本法令。会议对于稍后中华全国苏维埃第一次代表大会的召开，以及建立苏维埃政权，起到了积极的推进作用。但本次大会也是李立三"左"倾冒险主义发展的高潮，给之后的中国革命带来极大的损失。大会召开之际，左联发表《致全国苏区代表大会祝词》，派代表胡也频、柔石、冯铿出席会议，并向大会致祝词。

按：殷夫原拟出席，后因故未能参加。

21 日　发表《巴尔底山的检阅》诗，署名白莽，载于《巴尔底山》第 1 卷第 5 号。

25 日　发表政论文《在红军中的宣传教育工作》，署名徐白，载于《列宁青年》第 2 卷第 13 期（总第 37 期）。

同日　发表政论文《改组派的卑劣面目——论他们的〈论电车罢工〉》，署名莎菲，载于《列宁青年》第 2 卷第 13 期（总第 37 期）。

同日　发表政论文《拥护苏维埃代表大会与少年先锋队工作的转变》，署名徐白，载于《列宁青年》第 2 卷第 13 期（总第 37

期）。文中强调在革命浪潮增长期改变共青团组织工作的必要性，指出共青团的主要任务是为建立和扩大革命根据地、为建立苏维埃政权而斗争；同时，还要大力帮助红军，积极参加土地革命。

同日 发表独幕剧本《斗争!》，署名莎菲，载于《列宁青年》第2卷第13期（总第37期）。剧本说明中指出：

这剧本是仿效美国左翼作家哥尔德的群众朗读剧作成的，因此我希望同志们能把它来试演一下，不过这里应该注意：一、舞台是极简单的就可以了，最好只高一尺至二尺光景。或者一些不高起也可以。不要幕。二、布景和演员装饰，最好由观众来设意。三、演时最好是用方言。剧中的演员有帝国主义者一，有国民党一，资本家一，有改组派一，有取消派一，有兵士二，有青年工农群众若干人（散在观众之中），青年工人之一，立在观众前面的一排（即剧文中的青工）。"

剧本叙述了1930年，为了纪念"五卅"运动5周年，上海工人宣布举行大罢工。帝国主义企图用一切办法阻止群众出动。他们向工人派出了"资本家""国民党""改组派""取消派"，利用各种手段竭力分化工人队伍，但并未成功。当局下令武装镇压，然而，士兵们拒绝向自己兄弟开枪，并最终和他们联合起来共同罢工。剧本以高唱国际歌的工人、农民、士兵的声势浩大的游行示威而告终，表明现在工人和农民都在为争取自己的权利而顽强地斗争。

29日 参加左联在上海南京西路华安大厦秘密召开的第二次全体盟员大会。

会议由冯乃超主持。会议内容包括：各部各研究会工作报告、五卅筹备会代表报告、社联代表发言、柔石作出席苏维埃区域代表大会的报告并介绍《土地暂行法》。会议通过全体盟员参加五卅示威和艺大启封、与社联发生密切关系的决议,并对左联工作提出多方面的批评,通过联盟改组和干部改选的提案。鲁迅在大会上发言。会后,左联盟员展开直接行动,占领了精武体育会。

按:4月29日下午2时至6时,左联在上海爵禄饭店召开第一次盟员大会。会议政治报告指出了资本主义的崩溃趋势,认为中国的革命工农势力日益壮大,号召革命的文学家在革命高潮到来的前夜,应该不迟疑地加入到这艰难的行动中去。政治报告后是常会秘书的会务报告,总括了各部各研究会的工作。最后通过了11个决议案。

此次会议决定由《文艺讲座》《拓荒者》《萌芽月刊》《现代小说》《巴尔底山》等13家刊物的有关人员作编委,为纪念"五一",联合编辑出版一期《五一特刊》,作为附在各刊物中的赠送特刊。特刊于5月1日出版,刊发《左翼作家联盟"五一"纪念宣言》。

第一次盟员大会因事前通知工作没做好,到会的左联盟员不齐,仅有30余人,另有南国社员3人,同文书院日籍学生2人。鲁迅也没有到会。现在没有确切的材料能证实殷夫是否出席了这次大会。

30日 共青团中央发出《五卅纪念告全国劳苦青年》书,指出"五卅是中国革命运动的第一个浪潮,它是中国广大劳苦民众起来推翻帝国主义和封建军阀的第一回尝试",但五卅的任务并没有完成,广大劳苦青年要继续五卅的光荣传统,"学习五卅的教训,而冲破一切叛徒敌人的欺骗,英勇地在无产阶级领导之下,罢工,罢课,罢操,示威,组织地方暴动,组织士兵暴动,一直走向武装暴动,推翻帝国主义国民党的反动统治,建立我们工农专政的苏维埃政权"。

按：这是此段时期殷夫在共青团中央的工作内容之一。

同日　作长诗《我们是青年的布尔塞维克》，纪念"五卅"运动。诗中写道：

我们生在革命的烽火里，

我们生在斗争的律动里，

我们是时代的儿子，

我们是群众的兄弟，

我们的摇篮上，

招展着十月革命的红旗。

我们的身旁是世界革命的血波，

我们的前面是世界共产主义。

本月中旬　到上海暨南大学向苏曼莎告别，告知其自己即将参加全国苏维埃区域代表大会。

本月　作政论文《中国革命运动和青年任务》。文章指出中国正经受着严重的政治危机和经济危机，又以向青年发出热情召唤结束全篇。

在外国帝国主义帮助下夺取政权的蒋介石叛徒集团，在中国制造了残酷的白色恐怖。中国人民的生命处于危险之中……我们必须坚决迅速行动起来，否则国家将会灭亡。……行动起来，加入到争取建立真正人民政权的先进战士行列！争取 8 小时工作日，争取改善劳动条件，争取签订集体劳动合同，争取男女劳动条件平等！斗争或死亡——没有别的出路！

按：此文信息，见 Н. Ф. 马特科夫《殷夫——中国革命的歌手》第 8 章"政论文章"。原文不存。

本月　完成德文版《少共国际纲领》的翻译，该纲领以中国共产青年团中央名义出版。

按:《少共国际纲领》收录于共青团中央办公厅编印的《中国青年运动历史资料》第 7 册第 528—575 页。原版单行本不觅。

6 月

9 日　作政论文《政治罢工,示威援助高昌庙兵工厂惨案》。

按:本月 2 日,高昌庙兵工厂因炸药爆炸,炸死炸伤工人四五十人。高昌庙兵工厂前身是李鸿章于 1865 年在上海虹口创办的江南制造总局。1867 年迁至上海南市旧城之南七里的高昌庙市。后经不断扩充,成为清政府最大的军工企业,除可制造枪炮与弹药外,还可修造兵轮与机器。1927 年后,成为国民党军队的主要武库。

10 日　发表政论文《政治罢工,示威援助高昌庙兵工厂惨案》,署名莎菲,载于《列宁青年》第 2 卷第 14 期(总第 38 期)。

按:本期《列宁青年》,因为是在地下斗争的背景下秘密出版发行,为避免反动当局查禁,封面印作《青年旬刊》第 2 卷第 14 期。而"目次"仍印《列宁青年》。

同日　发表政论文《今年的"六二三"纪念》,署名白蒡,载于《列宁青年》第 2 卷第 14 期(总第 38 期)。

按:文题中的"六二三",系指 1925 年 6 月 23 日发生的"沙基惨案"。

按:白蒡是一种二年生大型草本植物,即牛蒡,其根可食用、入药,枝叶可作饲料。殷夫的父亲是位民间医生,殷夫从小耳濡目染,对白蒡入药极为熟悉。又从文风及内容鉴辨,推断"白蒡"为殷夫笔名,此文应为殷夫佚文。

同日　发表《列宁青年》旬刊第 1 期《编完以后》,载于《列宁青年》第2卷第14期（总第38期）。从本期开始，《列宁青年》由半月刊改为旬刊。《编完以后》指出：

> 在血红的五月的斗争中，《列宁青年》为适应客观的需要，由半月刊改变为旬刊的准备，获得完成了！特别是它的内容转变，开始了初步的成功。我们预计《列宁青年》改为旬刊后，每期字数至少是二万字以上；可是，旬刊的第一期，突破了这个限度，竟有三万字以上——较半月刊时的字数还多些。这一定是编者和读者所非常满意的。可是这旬刊第一期的编辑中，因为几篇稿子迟迟交来之故，致延迟了五六天的出版期，今后，希望投稿者按期交稿，使《列宁青年》能按期出版！因为，时间上的延迟，定然要使青年运动因此而受到一些损失！

按：本期刊载《全国苏维埃代表大会告青年书》。指出青年"是现社会下的最被剥削者，也是革命的最勇敢的前锋"，苏维埃政权将为青年谋取政治、经济、教育上的解放。但青年特殊利益的彻底获得，绝不是从和平中得来，而一定要经过最残酷的国内战争和国际战争。青年之解放，只有在血的斗争胜利后。

按：殷夫本年在共青团中央宣传部干事任上负责《列宁青年》编辑工作，结合本文的行文风格分析，这应当是他所写的一篇"编后记"。

11日　中共中央政治局召开会议，李立三主持，通过《新的革命高潮与一省或几省的首先胜利》决议，主张采取城市暴动方式来夺取政权，认为形势已具备了在全国举行武装起义的条件，制定了立即组织全国各中心城市起义的冒险计划，提出"会师武汉""饮马长江"的口号。立三"左"倾路线出现。

12日　作政论文《国民党的体育运动》。文章揭露了国民党倡导历次体育运动的实质在于灌输军国主义思想，麻醉青年，粉饰太平。进而指出,提倡红色体育运动与政治斗争密切相联系,目的在于养成健强的阶级战士。

14 日　发表《怀拜伦①》诗,署名白莽,载于《草野》周刊第 2 卷第 11 号(中国现代名家作品专号)。诗中通过与拜伦英灵交流的形式,倾诉对民众觉醒的热切期待,对革命前途的焦灼企望,以及在困厄中摆脱羁绊,重新投身火热斗争的渴求。

> 唉,你高晶的红星哟,
>
> 　望着生身的母亲吧,
>
> 在地球上喷着多少火山,
>
> 　滚沸着多少白热真心?
>
> 　瞌睡或会过于深沉,
>
> 　你的精神可别让迷昏,
>
> 即使你现在还感得孤独,
>
> 　你也定耐得短期的候等。
>
> 严冬的雪帐内育生了阳春,
>
> 　黑暗的前夜领引来明晨,
>
> 　即在罪恶的地狱中,
>
> 也几句透出了觉醒的呻吟!

按:《草野》是草野社编的文艺周刊,创刊于 1929 年 9 月,停刊于 1931 年 11 月第 6 卷第 12 期。主要刊登文艺创作,内容有诗歌、小品、论文、小说、剧本,介绍国内外文坛消息与琐记等。社址在上海斐伦路 34 号。

20 日　发表《列宁青年》旬刊第 2 期《编后记》,载于《列宁青年》第 2 卷第 15 期(总第 39 期)。

---

① 　拜伦,原刊作"拜轮",今按通译。

六月份第二期今天总算编完了！可是，编辑上的老毛病丝毫未见起色！——辑稿期依然是延迟了一个星期！

这绝不是一个简单的现象！这包含了很严重的政治意义！

在六月号第一期的开首，我们就严重的说明了《列宁青年》转变的意义和内容。但是，到现在，我们还依然看见很多同志对《列宁青年》的转变没有充分的了解，更谈不上以极大的努力来执行了！甚至于，对《列宁青年》负有直接责任的几个同志，反而因文章之迟迟交稿或不交，以致在事实上障碍了《列宁青年》的转变！

我们在此地要以《列宁青年》的转变就是团的转变的很重要的一部分！谁不积极执行这一转变，谁障碍这一转变，谁就是《列宁青年》转变的敌人！——也就是团的转变的敌人！同志们：我们一致起来以多量的投稿、严酷的批评、最强度的发行工作来执行《列宁青年》的转变呵！

按：本期《列宁青年》与上期一样，也印了《青年旬刊》的伪装封面。

同日　发表《我们是青年的布尔塞维克》诗，署名莎菲，载于《列宁青年》第2卷第15期（总第39期）。

同日　发表政论文《国民党的体育运动》，署名白莽，载于《列宁青年》第2卷第15期（总第39期）。

按：从文风及内容鉴辨，推断"白莽"为殷夫笔名。此文未见于《殷夫著译系年目录》，应为殷夫佚文。

23日　共青团中央发出五字第八十七号通告，指出共青团在"争取苏维埃中国之胜利"这个总任务之下，把第一次全国苏维埃区域代表大会的意义及其与青年的关系，普遍地深入地在青年群众中作洪水一般的宣传，是团目前主要的任务之一。

宣传的主要方式有：（一）召集青年群众会议（如青工大会、青工代表大会、青工群众会议、青农大会、少年先锋队大会、童子团大会等），指定专人报告全国苏维埃区域代表大会的经过及大会决议，特别说明与青年的关系，引起群众的讨论，作热烈的鼓动。（二）各级团部及各地支部必须事先有一番极充分的讨论，使这一大会的意义彻底地为全体团员所了解、认识，并立即造成一个全团的宣传动员。（三）各地方团部的刊物及在团领导或影响下的公开刊物，必须出版专号，除转载大会重要文件外，须作许多浅近的文字图画，特别解说大会对青年的意义。（四）大批翻印《全国苏维埃区域代表大会告青年书》，广泛散发。（五）各地方团部支部及青年群众组织须不断地有种种的宣传品（传单、画报、标语等），解说大会对于青年的关系，把劳动法、土地法、苏维埃组织法及其他文件中关于青年的问题，普遍地使青年群众熟识。（六）各地方团部须有计划地利用一切方式（群众会议、宣传品、刊物等）来说明劳动青年群众与红军的关系，公开鼓动青年群众加入红军。

按：这是此段时期殷夫在共青团中央的工作内容之一。

25 日 共青团中央发出五字第八十八号通告《关于青年妇女工作》，认为站在整个革命运动以及青年运动的立场上，争取广大青年妇女群众，无疑是团的主要任务。指出要加紧到青年女工、青年农妇中作宣传鼓动工作，宣传苏维埃十大纲领和团的斗争纲领，并联系到青年女工、青年农妇的特殊利益要求（如反对童养媳、反对买卖人口、婚姻自由），号召并组织她们参加土地革命斗争，并在斗争过程中去争取她们的特殊利益和彻底解放。通告要求各省委各地方团部收到这项通告后立即有计划地来领导这一工作的转变，注意发展女团员。

按：这是此段时期殷夫在共青团中央的工作内容之一。

27日 共青团中央局会议通过《军阀战争与团的任务——接受党中央六月十一日的政治决议》，指出在目前形势下，共青团最中心的问题是组织广大青工群众发动和参加反军阀战争的政治罢工。要注意去建立和扩大青工群众的组织，要用十二分的努力去扩大劳动童子团和学徒特别是重工业学徒的组织。要以反对军阀战争准备武装暴动的口号来鼓动广大青工群众加入工人纠察队。决议还对怎样组织广大青农群众参加地方暴动、怎样开展士兵运动、怎样扩大红军，以及如何加紧一般劳苦青年群众及学生群众中的工作等方面做出具体指示。最后强调，这些任务的充分执行与策略的充分运用，与团的转变斗争不能分离。转变的性质就是反右倾，特别是反清谈的斗争。

按：这是此段时期殷夫在共青团中央的工作内容之一。

7月

7日 致信二姊徐素云。

信中告知工作极为忙碌，"我工作是忙碌的，在整天的太阳火中，我得到处奔跑"，表达目前困境，"我所有的只是件蓝色爱国布大衫，两件厚布的衬衣。你想我怎么过得这夏天呢？所以我迫切地请求，给我想法十元或十五元的钱吧！我没有办法再可以想了"，并告知"今年秋，或许有去莫京①希望，时间很短，半年即回的"。

8日 共青团中央发出五字第八十九号通告，指出团的机关报《列宁青年》还没成为真正意义上的团报，"它的存在，还没有

————————

① 即莫斯科。

引起全团同志和青年群众的注意"。

通告指出,要完成《列宁青年》转变,必须使全团同志透彻了解《列宁青年》转变的政治意义。号召全团坚决执行下列办法:(一)各级团部立刻动员团员进行讨论,使其认识团报的作用及团员对团报应负的责任;(二)各级团部须切实规定执行《列宁青年》转变的实际方法;(三)各级团部须立刻开始进行一个阅读及发行《列宁青年》的运动,举行竞赛,并具体规定竞赛的办法;(四)各级团部须经常对中央团报委员会负责,提出意见,供给稿件。切实建立通信网,指定同志为《列宁青年》的特约撰稿员;(五)各省省委应尽可能翻印《列宁青年》,并视为经常的工作。

按:这是此段时期殷夫在共青团中央的工作内容之一。

18 日 共青团中央为组织"八一"示威运动发出第三十三号通知,除要求各级团部坚决执行团中央 6 月 27 日政治通告外,还有如下具体指示:(一)应立刻加紧"八一"任务的宣传与鼓动,加紧宣传"八一"运动的国际意义,以开展对青年群众国际教育的工作;(二)坚决运用群众路线;(三)团在"八一"示威运动中应以最大努力去实现"八一"政治罢工;(四)团应以三大中心口号为号召,动员外国海陆军与印度、安南、台湾等民族侨民参加示威;(五)"八一"示威运动的布置必须紧密配合总的政治路线,积极组织青年群众的政治斗争,加紧宣传武装暴动夺取政权的必要;(六)"八一"运动中必须坚决执行变军阀战争为消灭军阀战争的革命战争;(七)"八一"工作必须与团的转变有密切的联系,一切工作方式与方法都应群众化青年化;(八)"八一"示威本身必须坚决采取公开斗争的方式,形成严密的组织,"以坚决斗争分子为领袖指挥,运用二重三重的指挥方式"。

按:这是此段时期殷夫在共青团中央的工作内容之一。

8 月

1 日　参加在上海市中心发生的集会游行。

按：上月 13 日，李立三在上海主持召开中共中央临时政治局会议，作《关于南京问题与全国工作布置的报告》，提出在南京、武汉举行暴动，在上海实行总同盟罢工。

按：其时，左联和各界群众数万人参加活动被镇压，不少示威者被捕。

4 日　收阅左联《无产阶级文学运动新的情势及我们的任务》决议。

按：本日，左联执行委员会通过《无产阶级文学运动新的情势及我们的任务》决议。决议错误认为以占领长沙、攻打武汉等"武装暴动"为标志的"中国革命的高潮"，是"全人类解放斗争的伟大叙事诗，最后一卷的前奏曲"。决议在揭露国民党反革命"文化围剿"的种种事实后，号召左联全体盟员到工厂、到农村、到社会的下层中去。决议检查了过去的创作，认为存在的弱点"是作品的内容缺乏现实社会的真实性。因为作家们依然没有和现实社会的斗争打成一块，形成生活的空虚，作品内容没有力量"。

决议具体分 6 章，首先，阐述世界格局已分为两大阵营——各国资产阶级统治集团与社会主义国家阵营，当前主要危险是帝国主义进攻苏联，而中国是世界资本主义统治最薄弱的一环。其次，阐述中国社会阶级斗争激烈，无产阶级文艺运动的任务加重。第三，阐述中国无产阶级文学运动已经从"击破资产阶级文学影响争夺领导权的阶段转入积极的为苏维埃政权而斗争的组织活动的时期"，左联在领导中国无产阶级文学运动中，应该是

"领导文学斗争的广大的群众的组织"。第四,号召盟员到工厂、农村,到社会底层去开展"工农兵通信运动",用平民夜校、工厂小报、壁报等方式,创造真正的大众文学。第五,检讨本身的弱点与错误观念,要纠正"组合主义"倾向,运用马克思主义的方法指导创作,使左联成为真正的"斗争机关"。第六,要求开展自我批判,克服动摇倾向,与右倾倾向斗争。

这个决议体现了左联在李立三"左"倾盲动主义影响下的错误导向,使左联热衷开展实际革命活动。

9日 共青团中央局致信青年共产国际,提出在武装暴动的特殊时期,为了在政治上、行动上的统一和指挥力量的集中,中国党和团共同决定组织全中央行动委员会。团中央强调:

"行委的组织,绝对不是取消了青年团,青年团独立的青年活动,独立的政治宣传,都是存在,并且用整个行委的力量更有力的去执行,团中央机关报《列宁青年》,还是照常出版,各地团的刊物,亦照常出版。""行委结束,党团组织马上分开,还是成立党团二个组织系统。同志划分都以二十三岁为标准"。"这种组织方式,曾经过远东局和国际代表同意的,并且在中国运用的结果得到很大的成绩,现在国际新派来的代表,对此种组织不同意,所以我们要求国际批准我们这种组织方式,中国团根据斗争上的需要,现在已经是在执行。"

按:这是此段时期殷夫在共青团中央的工作内容之一。

按:6月,在中共中央李立三错误路线影响下,党团实行合并,把各级团部都归并到各级行动委员会领导之下。殷夫所在关系隶属党团合设之"中央行动委员会"下设的"青年秘书处"。

15日 中共中央、共青团中央就"九七"纪念大示威联合发出第八十六号通告。

通告指出此次运动的中心口号是"反对军阀战争""反对军国主义""反对帝国主义第二次大战""反对帝国主义进攻苏联"等,提出"在此运动中,宣传应把苏联工农状况与中国工农状况对比,特别应把苏维埃区域工农状况与国民党区域工农状况对比"。同时强调"在这次运动中,特别须注意青年工农方面的鼓动。'九七'是国际青年日,应提出青年特殊利益,动员青年群众积极的参加这次大示威运动。极度发展赤色先锋队、童子团与乡村少年先锋队的组织,号召青年积极加入红军。并须注意建立各种青年的组织"。

按:这是此段时期殷夫在共青团中央的工作内容之一。

同日　出席中共中央和共青团中央合设的"中央行动委员会"青年秘书处第一次会议。

会议讨论青秘本身组织与工作、江苏青秘组织与工作建议、苏代会准备会中青年工作、《列宁青年》问题、"学习"问题、青年秘书处经费预算等问题。会议出席者6人:秘书处主任袁炳辉,秘书处秘书、《列宁青年》负责人陆定一,秘书处干事均鹤,秘书处外交负责人文达,《列宁青年》编辑徐白,会议记录员刘某。

会议由袁炳辉主持,宣布陆定一去担任江苏①青秘主任,不兼"中行委"其他工作,并继续负责主编《列宁青年》。在讨论青秘本身组织和工作、江苏青秘组织与工作建议、苏代会准备会中青年工作等问题后,转入《列宁青年》问题。会议决定,《列宁青年》为C.Y.②机关报,今后仍由青年秘书处主持,独立名义出版。会议最后讨论了"学习"问题、青年秘书处经费预算问题。

---

①　当时上海属江苏。

②　此为共青团代号。

会议发言顺序先后为袁炳辉、陆定一、文达、徐白，由袁炳辉作总结。并决定由徐白起草通知交"中行委"。

　　按：据共青团中央办公厅1960年编印的《中国青年运动历史资料》第8册所收1930年8月15日《中行委青年秘书处第一次会议录》记载，"中行委"是当年中共中央和共青团中央合设的"中央行动委员会"之简称，亦称"总行委"。"青年秘书处"是"中行委"下设的青年工作办事机构，由共青团中央各部处主任、秘书、干事、外交、内交二人、技术抄写、文件保管、"列青"编辑共9人组成。主任为"总行委"主席团成员之一。

　　按：这份《会议录》明确记载：

　　"定"（陆定一）暂时去江苏负责青秘是可以的。他对"列青"仍要负责，不只是帮助。至于许多党的会议，如宣传会议可由"白"（殷夫）同志去参加。

　　按：此次会议，殷夫发言内容如下：

　　"列青"内容我完全同意"文"（指文达）意见。不过"列青"今后对于敌人进攻青年的问题应予以揭破，作无情斗争。在"列青"末尾要多做小篇文艺及歌曲与画报（插画）。列青社为搜集材料便利起见，可直接参加上海下级行委的接头，各地访员我同意"文"提议再发通知。要党报委员会以后多帮助"列青"做文章。"列青"每周出一期可以办到。式样以单张较好，报面要有插画。发行路线应和总行委合一，不必独立。

　　17日　作政论文《周刊的"列青"》。文章指出《列宁青年》在动员引导中国广大青年投入到目前最迫切的武装斗争这一任务中的重要作用及实现途径，并强调了《列宁青年》从半月刊改为旬刊，又从旬刊改为周刊的意义。

　　"一、迅速的充分的传达中国少共中央的路线和策略，应该成为把党的策略运用到青年运动中来的一个喉舌,应该传达具体的实际的青年政策。二、详细的透彻的介绍国际无产青年运动的理论与实际,应该实际地运用这些理论和经验;应该无情地打击敌人的一切欺骗。三、迅速的敏捷的号召青年群众,起来为争取其特殊利益而奋斗,并活泼地反映青年群众的斗争,搜集其经验,批评其缺点与错误。""现在革命的发展是一日千里,那末'列青'是更不得不努力加鞭了! 它的变为周刊,所以决不仅仅是一个简单的出版期的变动,而是一个包含着严重意义的'转变'! 这一'转变'毫无问题即是团之转变的一部分,也只有被全团团员与青年群众所深刻认识而放出新的力量来努力执行的时候,这才能够'完成!'"

21 日　作政论文《以暴动的精神来纪念今年的国际青年节》。

24 日　主持改版的《列宁青年》周刊第 1 期(总第 41 期)出版。

同日　发表《周刊的"列青"》,署名徐白,载于《列宁青年》周刊第 1 期。以主编口吻说明《列宁青年》更名为《周刊》。

按:本文实为《列宁青年》改为周刊的改版启事。

同日　收阅少共国际执委会发布的《在历史转变阶段中的国际共产主义青年运动——致少共国际各支部及各少共团员公开的信》。

信中批评:"我们的支部对夺取青工新的分子工作表示懦弱无能,或则团员数量停滞,没有发展,自己的队伍非常流动,在群众组织中,在工会组织中,都没有去做工作,轻视在共产主义青年团周围组织许许多多的群众组织,甚至工厂作坊支部数量与团员数量也有减少,完全没有采用,或不充分采用下层统一战线的策略,在本国的最主要的工厂中,不但没有支柱,而且没有联系。"指出:"共产主义青年运动一定要建筑在比党更广泛的基础上,应当夺取更广泛的青年工人阶级",号召团员"到工厂,作坊中去,到群众团体中去!为夺取大多数青工而斗争!"

按:这是此段时期殷夫在共青团中央的工作内容之一。

26日 根据《中行委青年秘书第一次会议录》决议起草的《中国共产主义青年团中央通告——注意发行工作》发布。

通告指出:党团虽已在组织上实行党团合并组织行委的策略,但在对群众的公开号召方面,还应保存党团的独立面目。强调"特别注意团报——《列宁青年》——的发行与扩大,不仅是团的同志要将这一工作担负起来;每一个党的同志,也要把它看成本身的一个重要工作"。要求对《列宁青年》的发行工作做到:(一)要坚决肃清党团同志中一切不注意青年工作的取消观念,对发行团报工作怠工的分子作无情的争斗;(二)加紧在青年群众团体——特别是青年工人中建立团报的代派处,经常公开征求群众对团报的意见,使它真正成为青年群众的核心,并一致的注意改善团报发行的数量与方法;(三)细心考察团报在青年群众中的影响,并注意如何改善报的内容来适应青年的要求和心理;(四)凡党报所能发到的地方,都要有团报,能够翻印党报的地方,就必须翻印团报。关于团报发行的数量和方法,要有单独的统计的报告。

按:《中行委青年秘书第一次会议录》决议:"通知由'白'起草交行委。"据此可知该文系殷夫草拟,再由团中央以《通告》下发各级行委。

同日 参加各革命文化团体代表大会。

到会者有社联、美联、左翼剧团联盟等十余个团体。会上通过反对国民党摧残文化运动宣言，决定 9 月 1 日至 7 日为反对国民党摧残压迫文化运动周，并拟在此斗争周，形成中国无产阶级革命文化运动总同盟。

本月中上旬　左联召开第三次全体盟员大会。

会议主题是传达全国苏维埃区域代表大会精神。由柔石介绍大会情况，并宣读苏维埃区域代表大会通过的《中国土地法大纲草案》。会议作出《中国左翼作家联盟在参加全国苏维埃区域代表大会的代表报告后的决议案》《关于工农兵通信运动的决议案》等。

按：殷夫是否参会未能确定。

本月　负责《列宁青年》改版事宜，将《列宁青年》由旬刊改版为周刊。

本月　收阅《少共国际执行委员会致中国共产青年团中央书》。

文件认为，对于革命之现阶段的估量，对于团之主要任务的确定，必须完全根据共产国际的决议案（七月），在这决议案里对于最近几月来发展事变有一个布尔什维克的估量，把革命的前途与任务明显的确定下来，指出党在群众中工作的大纲。"这一决议案必须广大的在团员及青年工农群众中作一个普遍的解说；必须把它当作为团未来工作的一个政治根基。"文件认为，革命运动的发展需要更迅速地执行团的中心任务：夺取最重要部分的青年工农群众。根据这个理由，少共国际执委会认为中国共青团必须把一切注意力都集中到下列的中心问题去：保持正确的政治路线，反右倾和"左"倾，领导青工的经济和政治的斗争夺取青年的主要阶层，加强团在重要工业中心中的地位，执行土地革命发展中之团的任务。在苏维埃区域中的任务：扩大红军，发展游击战争,在白军中的反军国主义工作。文件具体就"土地革命与苏维埃区域的发展与团的任务""建立红军与团的主要任务"等方面指出了具体的政治与实际任务。

按:这是此段时期殷夫在共青团中央的工作内容之一。

9 月

4 日 共青团中央为成立苏区团中央分局一事致信关向应。

信中指出按照共产国际要中共在苏区成立中央分局的指示,团亦应在苏区成立团中央分局。由于团中央没有合适人选,经中共中央同意后,特委托曾长期从事青年工作的关向应负责这一工作。信中要求关代表团中央在最短时间内召集一个各特委及中心县委的代表大会或扩大会议。同时对劳动童子团与少年先锋队的组织问题作出重要指示。要求对各地的童子团组织进行整理与集中,各个童子团单位(如工会、农会、学校)共同联合起来组织"劳动童子团联合会",并决定中央以至各地团部必须成立"儿童局",专门负责与指挥各级童子团工作。对少年先锋队,亦强调其组织虽然受当地苏维埃政府指挥,但团必须运用团组的作用以保证团的领导。

按:这是此段时期殷夫在共青团中央的工作内容之一。

5 日 参加共青团中央举行的会议。

会议讨论了上年 11 月至 12 月青年共产国际全体会议的决议案。会议表示完全拥护这些决议,并以最大的决心领导全团切实执行。团中央一致认为:实际工作转变的第一要点就是克服团的闭关主义,第二要点是发展青年政策与青年工作方法,第三要点是工作的切实化、具体化。同时指出:

为要执行工作的转变,党团关系的切实改善,非常重要。必使全团以及全党都来注意青年团工作转变问题的严重，切实地来执行。团内必须增加兼党的团员，各种会议实行互派代表出席，要求党的各级机关以至支部，应当把团工作转变问题，列在自己的重要议事日程之中。

7 日 参与共青团中央关于号召全国青年群众纪念"九七"的宣传活动。

按：据共青团中央办公厅 1958 年编《中国青年运动历史资料》第 8 册，本日，共青团中央发出《为号召全国青年群众纪念"九七"宣言》。宣言指出："现在革命形势紧张到了极点！武汉、长沙、南昌、九江完全在工农红军的包围之中"，"全中国到处闻到了暴动的火药气味。大爆发的时候到来了"，号召"全国工农劳苦群众起来，准备武装暴动，准备最后的拼死决战！"呼吁群众"罢工一天，上街示威，纪念国际青年日！"

同日 作政论文《为党的正确路线奋斗》。

文章明确论述了党的路线斗争和策略，对团参与党内路线斗争的问题提出具体建议。指出"团要拥护党的路线，不仅仅是在口头上，并且是在工作上，不仅仅只一般地反对不正确倾向，特别要在实际工作中执行转变的斗争，即对取消主义与清谈主义斗争。"

按：由于当年党内占据主导地位的是李立三"左"倾冒险主义思想。因此，此文中所称道的"正确路线"其实是后来实践证明了的错误路线。

同日 发表政论文《以暴动的精神来纪念今年的国际青年节》，署名徐白，载于《列宁青年》周刊第 2 期（总第 42 期）。

文章指出："今年纪念国际青年节的行动口号，是准备武装暴动夺取政权"，为了在政治上组织上动员青年群众，团必须实行迅速转变，"肃清其过去闭关主义的遗留，克服害怕群众的心理，从群众的尾巴而转变为群众的领袖，只有团真正成为群众的组织，而坚决领导青年群众斗争时，团及青年群众才能实践这伟大时代中的任务"。

同日 《列宁青年》周刊第2期刊登《少共国际为国际青年节第十六周年纪念告中国青年工农书》《国际青年节与团的任务》《国际青年日与苏维埃政权》等文章，以及《少年先锋队歌》的歌谱与歌词。

《少共国际为国际青年节第十六周年纪念告中国青年工农书》表示同情中国工农的艰难处境，呼吁中国工农，只有积极地以武装暴动消灭军阀混战，推翻国民党的统治，驱逐帝国主义，建立苏维埃政权，才能得到自由。号召中国的青年工人们"于国际青年节实行政治罢工，同成年工人一起到马路上去举行有力的示威运动。反对军阀战争，拥护苏维埃政权"，"增加工资，规定假日，废除工头所给你们的一切不良待遇。加入共产主义青年团和共产党"，号召中国的青年农民们"起来参加并组织地方暴动，打倒地主、豪绅、军阀，消灭这些吸血鬼和压迫者。加入红军和少年先锋队。在共产主义青年团与共产党的领导之下，成立新的队伍"。

《国际青年节与团的任务》指出："团在这十六次国际青年节中的任务是非常明显的"，一是动员青年工农到街道上示威；二是扩大组织，大批吸纳新团员。"我们的组织还很薄弱，我们的基础，还没有坚固地建筑在青工上面，因此，我们在这纪念日中，做一个狂热的运动，把广大的新的群众，吸收进我们的队伍中来。"

《国际青年日与苏维埃政权》指出：纪念国际青年纪念日，与青年争取苏维埃政权,有不可分离的关系。"因为只有苏维埃政权,才能消灭军阀战争及根本的消灭帝国主义的二次世界大战,只有苏维埃的政权,才能保障我们彻底解放,才能获得六小时的工作制,及增加工资,求得我们生活的保障,因此我们今年来纪念'九七',必须要争取苏维埃政权。这是国际青年节的伟大的意义。"

按:这是此段时期殷夫在共青团中央的工作内容之一。

10 日　少共国际代表致信中国共青团中央及各省委,指出国际青年日政治运动失败的主要原因是党、团支部合并,取消团的委员会,把一切行动集中在行动委员会手中,批评上海"九七"运动中,共青团没有动员青年工人上街示威。为改进目前团的组织状况,提出六项措施:(一)把党和团的支部在组织上分开,"团的结构上的各个部分完全服从党的决议案及党的日常领导,但团应当还是独立的组织,有他自己的委员会支部等";(二)马上把现有的团支部没有权利召集自己会议的状况消灭,团的支部应当经常集会讨论党及团内生活的一切问题;(三)整顿团支部的常态生活,整顿团对群众辅助组织(小组、少年先锋队、反帝同盟等)的联系及领导,团的地方机关或委员会须分派代表参加以上组织,并在这些组织中建立党团;(四)加紧征收团员,与怕征收新团员的倾向、教派的倾向作斗争;(五)反对害怕提拔工人团员到团内来做领导工作的倾向;(六)必须加紧秘密工作。

按:这是此段时期殷夫在共青团中央的工作内容之一。

同日　关注冯乃超在《世界文化》创刊号上发表的政论文《左联成立的意义和它的任务》。

该文从理论上阐明无产阶级革命文学运动的产生和左联的成立有"它的社会的根据和历史的条件",驳斥了左联是"只有几个小团体的组合"的说法，论证了左联成立的历史意义，强调"大众化——到工农群众中去！这是目前文学运动的中心口号"。

14 日　发表政论文《一部青工必读的书籍》，署名徐白，载于《列宁青年》周刊第 3 期（总第 43 期）"书报介绍栏"。此文中推荐的"一部青工必读的书籍"即殷夫在本年三四月翻译、五月以共青团中央名义出版的《少共国际纲领》。

《一部青工必读的书籍》指出："少共国际的第五次世界大会，第一次把共产主义青年运动的理论与实际，详详细细的、有条不紊的写在它的纲领里"，"它不但说明了共产主义青年运动的理论基础和根本问题，并且指出具体的实际策略，是全世界无产青年群众的斗争武器。""每一个无产青年，每一个被剥削的青年，以及每一个革命群众，必须一读这部唯一的书。"文末提到："这本书已由中国共产青年团中央译成中文，已经出版。从红旗日报社，本报发行处，C. P. 及 C. Y. 支部①，赤色工会互济会及各革命团体，都能买得到。"

同日　编辑的《列宁青年》周刊第 3 期出刊。

按：本期社论刊登陆定一《与闭关主义坚决斗争》一文。文章指出，革命形势急速向前发展，但团的组织却停顿削弱，原因就在于闭关主义。闭关主义的第一个表现，是团的秘密观念、宗派观念；第二个表现，是团不能用群众公开路线进行工作；第三个表现，是团的辅助组织不会单独工作，发生许多团体"夺取一个群众"的现象。文章认为团"实际工作转变的第一要点，就是消灭这闭关现象"，呼吁"一定要消灭对群众的惧怕，消灭团的秘密、宗派观念，广大应用公开工作路线，改变辅助组织的工作方

---

　①　C. P. 为共产党代号，C. Y. 为共青团代号。

法,才能实现转变,夺取广大青年劳动群众,争取革命的最后胜利"。

同期还刊登《"冲锋队"》《青工代表会——怎样建立,怎样运用》等文章。《"冲锋队"》指出:苏联社会主义建设之所以能飞速发展,其重要原因在于组织社会主义竞赛。共青团中央决定学习苏联青年团,在全国组织革命竞赛,号召"要把全国成为一个大'冲锋队',并扩大这个运动,到革命群众组织中间去!"《青工代表会——怎样建立,怎样运用》指出:目前团在工人运动中的任务是建立广大群众的赤色工会青工部,发动并组织黄色工会之下的青年工人,消灭黄色工会",青工代表会就是实行这个任务的最好方式。文章就怎样建立与运用青工代表会作了论述。

17 日　出席左联发起的为鲁迅祝寿活动。

由冯雪峰、柔石、冯乃超、蔡咏裳、董绍明等发起,通过史沫特莱借吕班路①50 号荷兰西餐室为鲁迅举行五十生辰祝寿会。出席者有左联、社联、美联、剧联代表,及叶绍钧、傅东华、茅盾、史沫特莱等 22 人。左联党团书记阳翰笙主持。鲁迅与许广平携子海婴出席。祝寿会先由柔石致开会辞,嗣由各左翼团体代表及史沫特莱先后发言,对鲁迅在左翼文艺运动中的贡献表示敬意,冯铿吁请鲁迅担当左翼作家联盟和左翼艺术家联盟的保护者和盟主。最后由鲁迅致答词,鲁迅在会上回顾了他半个世纪的经历和思想,批评了文艺界脱离工农、脱离实际的不良倾向,恳切希望普罗文学的青年要到工农当中去,从实践中而不是从概念中创造出工人农民所喜爱的文艺作品来。

18 日　左联、社联、美联、剧联等左翼文化团体代表 20 余人

---

①　今重庆南路。

举行中国文化总同盟筹备会议。

　　会议首先讨论左翼文化力量统一的问题。其次讨论该同盟包括范围问题。之后讨论参加团体性质问题,决定凡为夺取苏维埃政权而斗争之文化团体即得加入。会议决定组织准备委员会,选出代表五人,由左联代表负责召集。会议规定该委员会的任务是:在"文总"成立前兼任为迎接全国苏维埃代表大会而建立的"苏准会"职能;发表宣言邀请各地文化团体派代表参加"文总"成立大会;扩大该同盟组织。又规定具体工作:起草同盟纲领和宣言;发刊机关刊物;建立革命文化出版所等。

　　按:不确定殷夫是否参会。

　　21 日　发表政论文《为党的正确路线奋斗》,署名徐白,载于《列宁青年》周刊第 4 期(总第 44 期)。

　　22 日　中国自由运动大同盟在上海召开全国代表大会,来自湖南、安徽、四川、湖北、江西、浙江、福建等地代表,以及中共中央、中华苏维埃代表大会准备会、全国总工会、上海总工联,中国革命互济会、江苏互济总会、上海反帝大同盟、社联、左联的代表共 60 余人出席会议。大会讨论通过了运动纲领、组织纲领和大会宣言等文件。

　　按:不确定殷夫是否参会。

　　24 日　中国共产党在上海召开六届三中全会,至 28 日结束。

　　会议主题是清算以李立三为代表的"左"倾盲动主义错误,制止李立三等组织全国总起义和集中全国红军进攻中心城市的冒险行动,结束李立三主导的中共中央"一省或数省首先胜利"的"左"倾盲动主义错误路线。周恩来在会上作《关于传达国际决议的报告》,指出:

在大城市中青年问题，是极其严重的危机，各地团的青年运动是削弱，这是不可不注意。青年团的反对取消派、托洛斯基派的在政治上的坚决是他的成绩，团自五次大会后执行转变至今连初步的成功还没做到。这个责任不仅青年团要负，党对团的领导是太不够了，至于最近"行委"的组织，实际是取消了青年团组织和工作，这是党更应负责的。

按：周恩来在本月4日为中共中央起草的给长江局的指示中指出：过去将党与团合并在行委组织中，不再存在团的独立组织系统，这是错误的。团是非党的组织，必得容许其存在独立的组织系统与工作。团从支部起直到中央，参加党的行委组织是加重其政治责任，而不是与党合并。团本身的组织与工作系统仍应存在。

按：党的六届三中全会结束了立三路线，共青团重新恢复组织和活动。会后，飞行集会之类行动减少，但是思想上、工作上的"左"倾做法依然存在。《中共六届三中全会告青年团书——关于纠正错误倾向、转变团的工作》发表，从五个方面对于纠正错误倾向、转变团的工作做了指示，这与殷夫在共青团中央的工作关系密切。

10 月

1 日 发表政论文《英美冲突与世界大战》，署名白莽，载于《北新》半月刊第 4 卷第 18 期。文章分析了各帝国主义国家之间的冲突将是另一次世界大战的重要根源。

2 日 作政论文《英美冲突与世界大战》。

按：原刊中写作日期迟于出版时间。因出版日期不易有错，故极有可能是写作时间记录有误。

12日　中共中央发出第九十一号通告,对六届三中全会进行总结并传达其精神。指出:

三全扩大会同意中央政治局在接到国际的指正之后,承认行动委员会在党内的组织是不适当的,并立即恢复了团的独立系统与工会的经常工作。同时,三全扩大会更特别指出青年团在这一年来政治上虽有它显著的进步,但团的工作转向青年群众中去的成绩却很微弱,过去这一党团合并的错误,将更加而且已经助长了党内对于青年团的取消倾向,轻视青年团工作的倾向。全党必须坚决的与这一倾向斗争,必须努力帮助团执行工作上的转变,加强团内两条战线的斗争,反对右倾和"左"倾的清谈关门主义以及"第二党"倾向等等。同样,党内对于妇女工作的取消倾向也必须坚决的肃清,并要从实际工作中,支部中真正建立起妇女工作。

按:此次通告,与殷夫在共青团中央的工作关系密切。

25日　中共中央政治局、共青团中央局联合发出致各级党部、团部的一封公函。

公函指出"过去决定成立行动委员会,把党团合并,结果是实际取消了团,取消了青年运动"。根据党的六届三中全会,马上执行党团划分,"团马上照旧存在,马上开始一切工作"。针对党内存在的种种疑惑,公函鲜明指出,共产青年团"在政治上完全受党的领导,但在组织上,无论在任何的时期都必须单独存在,他是党争取广大无产阶级青年及劳动青年群众唯一的武器,是党最亲密最得力的助手,若把团取消,便是取消了整个共产主义青年运动,也就是取消了党的最主要一部分的群众工作,不仅是团本身的最高损失,也是党最大的损失"。公函批评了党内对团的取消观念,提出党团划分的具体办法,如"在团工作原有的干部,必尽可能的全数回到团工作",“原有的团员,一律须划入团,在合并过程中新介绍的青年分子,以二十三岁为标准,均须加入团的组织",“团的机关,完全照旧恢复,党须积极加以帮助"等。公函强调:“今后的党团关系,绝不是要形式上的建立,而是必须要建立在工作上,尤其是要在支部的基础上建立起来,反对过去形式上建立关系,而没有建立在工作上去。”“党团划分,绝不是单纯地恢复团的组织,而要恢复与发展团的青年群众工作。”

按:这是此段时期殷夫在共青团中央的工作内容之一。

下旬 共青团中央召开团五届三中全会。

根据《中共六届三中全会告青年团书——关于纠正错误倾向、转变团的工作》指出的“要赶紧积极的整顿,切实执行工作上的转变——主要是团的工作的青年化”精神,全会同意党的三中全会对团在新形势下的各种任务的具体指示,认为要完成团的总任务,就必须坚决地实行青年团工作的转变——转变到“向着青年群众”“领导青年劳动群众斗争”。这次全会虽然批判了立三路线取消主义的错误,但对立三路线错误的思想实质,以及它对青年运动的深刻影响,却认识和估计得不够。

按:这是此段时期殷夫在共青团中央的工作内容之一。

本月 中国左翼文化界总同盟在上海成立,成为领导左翼文化运动的总协调机构。同盟直接接受中共中央文委领导,潘汉年任书记。

11 月

11 日 共青团中央发出《C. Y. 三全会告同志书》。指出:团正处于严重危机状态,"必须结束对于转变问题一切抽象的理论的讨论,而要在实际工作中实现团的转变"。执行转变最中心的问题:(一)必须发展青年政策与青年工作方法;(二)坚决反对团的关门主义;(三)特别注意党内与团内的取消主义;(四)坚持为巩固团的阶级基础而斗争;(五)发展团的布尔什维克的自我批评;(六)坚决执行团的工作实际化。最后,号召全体团员一致动员起来,为"拥护苏维埃政权,反对进攻红军,扩大革命战争"而斗争。

按:这是此段时期殷夫在共青团中央的工作内容之一。

同日 共青团中央发布《为第一次全国苏维埃大会告全国劳动青年》,指出苏维埃是工农兵士选举代表,组织起来的政权。"现在中国只有两条道路,或者是国民党的反动政权,或者是工农苏维埃革命政权",号召劳动青年"选举代表去参加这次大会"。

按:这是此段时期殷夫在共青团中央的工作内容之一。

12 日 共青团中央通过《检查上海团部纪念十月革命工作决议案》。

决议案指出,团中央听了江南省委关于上海团部纪念十月革命工作的报告后非常不满意,批评了上海团部内存在的右倾机会主义的消极怠工态度,指出目前上海团部最中心的任务是"马上开始纪念广州暴动的工作,发动极广大的反对帝国主义国民党进攻红军,保护苏维埃政权,扩大革命战争的青年群众运动",并要求继续加紧反取消派的斗争。

按:这是此段时期殷夫在共青团中央的工作内容之一。

16 日 左联在上海北四川路横浜桥附近一所小学内召开第四次全体盟员大会,30 余人出席,郑伯奇主持大会并作政治报告。

会议提出当前的两个重要任务是反对帝国主义、国民党进攻红军和争取工农兵苏维埃政权的建立。会议对左联工作中脱离实际生活的倾向进行了自我批评。并作出6项决议:(一)派代表参加广州暴动代表大会;(二)全体动员参加群众实际工作;(三)扩大工农兵通信运动;(四)争取公开出版运动;(五)建立农村通信机关;(六)肃清一切投机和反动分子——并当场表决开除郁达夫。因郁达夫曾致信左联负责人,表示不能经常参加左联的会议,左联在会上就是否开除郁达夫进行表决,冯雪峰、柔石等4人不同意开除,但表决仍被通过。事后,鲁迅对左联此做法不以为然。大会还选举胡也频代表左联参加全国苏维埃代表大会,并补选华汉、姚蓬子等3人为执行委员。①

按:殷夫并未参会。鲁迅带了一本美国新闻记者安娜·路易斯·斯特朗所著《中国纪行》德译本,准备送给殷夫,未果。

17日 共青团中央为"发动反抗帝国主义国民党进攻苏维埃区域与红军、广大发展青工团员,以纪念广州暴动"发出第二号通告。

通告指出:纪念广州暴动三周年的运动,必须与反对国民党进攻苏维埃区域与红军,拥护苏维埃政权,选举代表参加第一次苏维埃大会的运动同时进行。号召各地团部通过青年群众组织,"去动员最广泛的青年群众,一致起来,举行不断的示威与反抗运动,一直到广州暴动纪念日,与党一起组织全国的总示威"。强调"这一次运动成绩,将是三中全会所决定的工作转变的初次

---

① 会议情况参见《左翼作家联盟第四次全体大会补志》,载《红旗日报》1930年11月22日。

检查之基础"。

按:这是此段时期殷夫在共青团中央的工作内容之一。

29日 中国共青团中央局收到青年共产国际执行委员会复信。

此为对中国共青团中央8月9日暂时取消青年团,组织行动委员会的复信。信中认为这种做法是错误的立三路线造成的,不符合共产国际执行委员会的路线。同时指出中国团应注意的6个问题,并通知中国团为明年1月举行的青年共产国际执行委员会准备一个报告,希望中国团像中国共产党一样改正过去的决议,纠正错误。中国共青团中央局做出决议,表示同意来信精神,认为今年6月至8月团中央路线是与青年共产国际路线相矛盾的,现在团应集中一切力量巩固苏维埃根据地,巩固红军,发展少先队,争取工人群众,使团的干部无产阶级化。

按:这是此段时期殷夫在共青团中央的工作内容之一。

12 月

11日 根据青年共产国际执委决议与国际儿童局改造儿童运动的来信,共青团中央发布《儿童运动决议(草案)》。

草案指出:团在儿童运动中,虽然有不可否认的成绩,但也不可否认地发生了危机,提出必须根据青年共产国际的儿童运动决议来改组儿童运动。(一)确定儿童运动的性质是共产主义儿童运动;(二)共产主义儿童运动在团的直接领导之下(不经过团组),各级团部的儿童局,就是儿童运动的各级组织。为适应以上的改造,采取以下具体方法:(一)自中央起以至各级团部,迅速成立儿童局;(二)建立儿童运动的系统,主要的不是建立机关,而是建立下层的干部;(三)儿童团中 14 岁以上的分子,应尽量介绍到团内来,其中一部分要受训练成为儿运的下层干部。不加入团的,应介绍加入少先队、青工部等组织;(四)出版儿童的刊物,要以各种方法来进行,首先出版全国的总的儿运刊物。草案最后要求,"各地应根据此草案,立即进行工作,并研究各种具体的问题,交与中央,以便补充此决议,成为正式的具体的决议。"

按:这是此段时期殷夫在共青团中央的工作内容之一。殷夫对儿童革命问题亦有关注,曾译过美国通讯《两个美国小朋友的文章》,作过政论文《扩大共产主义的儿童运动》。

18 日　青年共产国际就出版书报问题致信中国共青团中央。

信中指出"印刷品(书报)是争取广大青年群众的最重要的武器之一",但根据收到的几份《列宁青年》,中国团没有充分利用这个武器。青年共产国际强调,团中央机关报不仅要"成为一个好的理论机关报,并且成为一个鼓动的机关报,以及一个组织者,它要能使工农青年的广大阶层对之感到兴趣"。要求团"必须改变报纸的内容,使之成为更群众化的报纸","你们要学着党的《红旗》①来建立你们的报纸",赞扬"《红旗》是一个好的报纸的例子"。青年共产国际认为,"组织工厂与作坊报纸,这是团的争取无党青年的最好武器之一","工厂与作坊报纸必须尽量地公开出版,因为这样一来,这报纸才能包罗多数的读者。但是,合法性必不可以影响到正确的执行团的路线"。

---

①　1930 年 8 月 15 日,中共机关报《红旗》与《上海报》合并改组而成的《红旗日报》创刊,李求实任主编。该报 1931 年 2 月 24 日改组为中共中央和中共江苏省委机关报,同年 8 月 31 日停刊,共出 182 期。

按：这是此段时期殷夫在共青团中央的工作内容之一。

25 日　布置李卜克内西、列宁纪念周宣传事宜，以共青团中央名义发出《李列纪念周宣传大纲》。

大纲指出李列纪念周的重要意义，提出应发动各种群众的斗争来纪念李卜克内西和列宁，推动革命高潮更快到来。同时，应"坚决的动员群众反对进攻苏联、反对军阀混战"，"反对一切列宁主义的叛徒"。

按：本年 1 月 15 日李卜克内西牺牲十一周年纪念日，殷夫曾作《李卜克内西的生平事略》，署名沙洛，载于同年 1 月 16 日出版的《列宁青年》第 2 卷第 7 期。

27 日　共青团中央为"接受少共国际十一月来信，纠正中央路线，宣布三中全会决议及中央十一月接受少共国际来信决议的无效，并号召全团团员为肃清立三路线与调和主义而争斗"发出紧急通告。

通告宣布，"中央公开的承认，从三中全会以来这一时期中，中央所执行的路线是不正确的，是继续立三路线"。团中央决定，坚决进行急剧的转变：（一）三中全会决议与十一月接受少共国际来信决议，一律宣布无效。未定出新的政治决议以前，中央及各地团部，应根据少共国际两次来信进行工作；（二）团中央同意少共国际及党的政治局的提议，部分改变中央局的领导成分，并开始召集六次大会的准备工作；（三）必须站在国际路线之下，发展自下而上的自我批评，坚决反对以派别观念对抗反立三路线的分子；（四）对于指导机关中还继续执行立三路线的分子，应采取组织上的裁制，但必须反对惩办制度；（五）反立三路线是长期的艰苦的工作。同时在反对立三路线的斗争中，丝毫不能放松反对党内、团内存在着的各种不良倾向，特别是右倾。通告号召全团团员为肃清立三路线与调和主义而斗争。

按：这是此段时期殷夫在共青团中央的工作内容之一。

30 日　共青团中央通过《反立三路线讨论大纲》。

大纲指出：在中国革命高涨成为不可否认的事实的时机中，产生了两条完全不同的政治路线：一条是共产国际唯一正确的进攻的路线，一条是李立三的反马克思主义、反列宁主义、反共产国际的路线。"立三路线是用了'左倾'的空谈，盖掩着实际工作中的机会主义，不去执行目前的迫切任务，反而对于这些现实任务的执行取消极态度，这条路线引导到极危险的盲动冒险和军事投机，引导到党脱离群众，削弱革命力量。"大纲分析了立三路线在革命斗争中的种种表现，宣布"在党团三中全会以后直到最近这一时期内，党团中央在这种调和路线——实际上是继续立三路线的立场上所做出的一切决议通告……应完全取消，而以重新在国际决议与来信基础上定下的新决议来代替，在新决议未产生以前，团整部的实际工作是以国际最近决议及来信直接领导"。

按：这是此段时期殷夫在共青团中央的工作内容之一。

本月　与钱杏邨会面谈话。就钱杏邨的问题"为什么对列宁论爱情的观点这么感兴趣"作了回答："妇女应该是社会平等的一员，然而在我们国家妇女则是奴婢。我相信：在未来的社会，妇女在国家政治生活中，将起着与男子同样的作用。列宁的文章帮助我明白了这一点。"

按：在日记中，殷夫写道："在自由的中国，青年和姑娘，工人和女工，农民和农妇，都是以平等的姿态参加国家的政治、经济生活。"

本年　　与马宁①在上海卡德路、爱文义路②转角偶遇，一同上电车到静安寺，途中聊谈。

　　按：据 1937 年 1 月《西北风》半月刊第 15 期，马宁《记白莽》记载了当时情形：

　　我问他："白莽，我很爱读你的诗。""见笑，见笑。""不，你的诗写得极之自然而有力，这大概是从实际生活里得来的成功吧？"白莽答道："不过我没有勉强去写。""对了，诗是不该勉强写的。""一切的文艺作品都不该勉强写的。"电车老是跳舞着，一些也不平稳。我挨着白莽。"白莽，我们倒差不多高矮，你看！"白莽有趣起来，笑问道："你几岁了？""今年九月十五满二十一。""那么我们是同年了？""你也二十一吗？""是的。"

　　本年　　为杨纤如前往北方送行，临行前嘱其多在文艺上下功夫，把文艺与实际工作结合起来。

　　本年　　从事职业革命家的革命活动，领导青年工人运动。除了写诗、散文、小说等文艺作品以外，主要创作配合党团地下斗争和介绍苏区的政论文。

　　本年　　二姊徐素云赴杭州参加全省小学教师讲习会，受到启发后将象山县立女小并入县立高小，实施男女同校施教。

---

　　①　马宁（1909—2001），原名黄振椿，又名黄震村、黄真村等，福建龙岩人。1925年入厦门集美师范部学习，受革命刊物《中国青年》《向导》和文艺刊物《洪水》《创造》影响，参加地下党领导的学生运动，后被学校开除，流亡广东汕头，参加国民革命军学运的宣传工作。1927 年到上海大学中文系二年级插班学习，同年转入上海新华艺术大学。1930 年经钱杏邨介绍加入中国左翼作家联盟，同年在上海加入中国共产党。后流亡马来亚，曾任马共中宣委员、马来亚总工会秘书、马来亚普罗文学艺术联盟主席。新中国成立后曾任福建省文联主席等职，著有《马宁选集》。

　　②　今石门二路、北京西路。

1931 年（辛未，民国二十年） 21 岁

▲1 月 7 日，中共中央召开六届四中全会，王明"左"倾路线在全党取得统治地位。王明《两条路线底斗争》为"左"倾路线确定了纲领。瞿秋白被排挤出党中央。

▲7 月，蒋介石发动对苏区的第三次军事"围剿"。

▲9 月 18 日，"九一八"事变爆发。蒋介石下令不抵抗，并要求国际联盟进行调解。

▲11 月 7 日，江西瑞金召开全国第一次苏维埃代表大会，成立中央工农民主政府。大会选出毛泽东、周恩来、朱德等 63 人为中央执行委员，由执委会选举毛泽东为中央工农民主政府主席，朱德为红军总司令。

▲ 12 月 19 日，由周建人、胡愈之、夏丏尊、傅东华、郁达夫、丁玲等 30 余人发起的上海文化界反帝抗日联盟成立。

1 月

1 日 所撰写的《李卜克内西、列宁纪念周宣传大纲》以共青团中央名义下发至各地团部。

大纲说明："这一大纲是供给我们的煽动员到群众中解说的材料用的，所以非常的简单，各地团部宣传部还必须定出与当地情形密切联系的大纲。"大纲强调，本年纪念列宁、李卜克内西，团的总任务是：反对帝国主义进攻苏联，反对帝国主义战争，反对帝国主义国民党进攻红军，巩固苏维埃根据地，扩大苏维埃运动。在执行这些任务中必须加强团的"列宁主义的战斗性"，坚

决肃清在党内以及团内的李立三路线。

9日 共青团中央责成各级团组织在列、李、卢纪念和"二七"纪念活动中,"坚决的在反李立三路线与执行国际路线的精神之下,执行实际工作的转变"。

共青团中央局通过《苏维埃区域少年先锋队工作决议》。决议检查了少先队近年的工作,对少先队的性质、任务、组织构造及团对少先队的领导问题作了说明。指出少年先锋队是苏区广大青年群众的半军事性组织,在团的领导之下工作。苏区少先队的任务是巩固和保卫苏维埃政权,参加苏维埃政府经济政策的实施,参加红军和巩固红军,争取青年的特殊利益。其组织原则是民主集中制。在少先队内,应该有经常的组织生活和日常工作;有经常的军事的、政治的、文化的、青年运动的训练;要有经常的会议和操练;要进行教育工作,组织短期的列宁学校、青年俱乐部、干部学校等;要加紧在青年群众中开展文化运动,创设识字班、平民学校,成立俱乐部、阅报室、读书室,组织体育游艺等。

共青团中央局会议通过《上海团部工作的现状及其任务》的决议。决议认为:上海团部的现状"完全不能满意"。上海的团面临以下最迫切的任务:(一)在每一个支部中进行关于青年共产国际来信及三中全会错误的解释工作,反对实际工作中的李立三主义;(二)动员一切力量来打击对于苏区的总进攻;(三)应更加去接近青工学徒的经济斗争;(四)在列宁纪念到来之际,必须即刻宣布征收青工入团的运动;(五)必须加紧领导青年反帝国主义运动;(六)必须切实开始士兵工作;(七)应指定每区有一两个生产支部,经过省委和区委的日常领导,使之变为模范支部;(八)必须坚决反对害怕提拔工人的心理。

按:这是此段时期殷夫在共青团中央的工作内容之一。

12 日　共青团中央局通过关于党四中全会的决议,表示完全拥护党四中全会所规定的路线。

决议指出:"必须采取一切方法,迅速传达党四中全会的路线和本决议,到各级团部去进行广大的讨论,坚决反对一切不良倾向,并将这个讨论与各级团部彻底转变的具体办法联系起来。"决议严厉批评了罗章龙、何孟雄、王凤飞、余飞、贺昌等人反党、反国际的行动及机会主义的路线。

按:这是此段时期殷夫在共青团中央的工作内容之一。

按:本月 7 日,根据共产国际的指示,中国共产党六届四中全会在上海召开。出席会议的除中央委员、中央候补委员 22 人外,还有全总、海总、铁总党团、团中央、苏维埃准备委员会以及白区党的基层组织的代表,共 37 人。会议以"执行国际路线""反对立三路线""反对调和主义"为旗号,通过了《中共四中全会决议案》。在反对"党内目前主要危险是右倾"的纲领下,实际上接受了王明新的"左"倾冒险主义。

15 日　柔石来访,交给鲁迅托他送来的安娜·路易斯·斯特朗所著的《中国纪行》德译本。

16 日　下午 2 时,参加左联在南京路的"文委"机关——王盛记木器店楼上召开的左联、社联、剧联的全体党员会议。会上,胡也频等人对中央的路线进行了激烈指责。会后,冯铿、柔石与夏衍、阳翰笙、钱杏邨等人交流,敦请他们参与党内斗争。

17 日　上午,出席在静安寺路洛阳书店秘密机关召开的左联全体共产党员大会。会议由潘汉年传达中共六届四中全会的决议。

按:据《新文学史料》1981 年第 1 期,罗章龙《上海东方饭店会议前后》回忆：在六届四中全会之后与东方旅社会议之前，党中央曾在上海英租界召开了一个有五六十人参加的会议（即"花园会议"），以解决"米夫－王明集团"与以何孟雄、罗章龙等人为代表的"实际派"之间的分歧，会议中双方发生了激烈辩论，结果是何孟雄、罗章龙等人被全部开除出党。因此，"为了商讨党的领导突然被米夫、王明一伙撤换及我们的党籍被开除……便由史文彬、何孟雄、李求实、林育南和我及其他一些同志共同筹备、召开了上海东方饭店的党内会议，会议由何孟雄、李求实、林育南等同志主持……当时李求实负责文化方面的工作，他来问我：是否请柔石等人来参加，我同意了。这次会议是一次党的会议，它讨论全国的工作，坚持党的六大路线，反对王明集团。所以这次会议不是'左联'的会议，'左联'五烈士是后人的提法。"

按：李求实即李伟森，左联五烈士之一，他被捕时任中共中央宣传鼓动部秘书，兼任全国苏维埃代表大会中央准备委员会党团书记。

同日　下午，至上海三马路的东方旅社 31 号房，与柔石、胡也频、冯铿、林育南、李云卿、彭砚耕、苏铁等 8 人，出席讨论中共六届四中全会决议的会议。

此次会议实质是抵制王明路线，主要商讨六届四中全会后党中央的领导权被第三国际代表米夫、机会主义者王明篡夺之后，如何坚持党的六大路线、反对王明集团、开展全国工作的问题。

同日　下午，在东方旅社被租界捕房逮捕。同时被捕的还有其余参会 7 人。之后当局又在天津路中山旅社、华特路同兴里 325 号、华特路华运坊、武昌路 630 号等处抓捕"共党嫌疑分子"共 36 人，罪名是"秘密会议，意图以非法之方法颠覆政府"。

按：关于左联五作家被捕的经过，《新文学史料》1981 年第 1 期刊载的冯夏熊①《冯雪峰谈左联》作过比较详细的记述：

　　左联五烈士是 1931 年 1 月 17 日下午在上海东方饭店开会时被捕的，同时被捕的有三十多人。这个会与左联无关，是党内一部分同志反对王明的六届四中全会的集会。王明于 1930 年下半年由苏联回到上海，1931 年 1 月间上台，举行了六届四中全会，抛出他的《为中共更加布尔塞维克化而斗争》的"左"倾机会主义政治纲领。李伟森、何孟雄等对四中全会不满，串连了一批同志开会反对。起主要作用的是李伟森，那时他年纪还很轻，非常积极。白莽在团中央编《列宁青年》，冯铿在左联工农工作部工作，都和李伟森有来往。胡也频在 1930 年 6 月才入党，但很活跃。他们都不满四中全会，因此参加了那个集会。东方饭店是当时地下党经常联系工作的地点，据说已为敌人识破，派特务化装成"茶房"，已经侦破了一些时候。1 月 17 日开会时，特务把东方饭店包围起来，会议中间，一个"茶房"闯进来，伪称电灯出了毛病，要检查修理。电灯一亮，外面埋伏的特务冲了进来，三十多位参加会议的同志全部被捕。是否有人告密，一直未查明。

　　按：据《文学评论》1960 年第 2 期魏金枝《"左联"杂忆》，当时和柔石住在一起的魏金枝回忆：

　　柔石他们去开的那个党内会议，是相当重要的秘密会，有的人没有告诉他的妻子，有的人也没有告诉他们党内很接近的同志。何以见得呢，因为他们开会没有回来以后，就有人到处找寻她们的丈夫，或找寻他们的同志。有人想去找柔石和冯铿，几乎

---

　　①　冯雪峰之子。文末附记"本文是根据我父亲《回忆鲁迅》《党给鲁迅以力量》《鲜血记录的历史第一页》等文以及一部分没有发表过的手稿整理而成的"。

被包打听捉了去。

按：据《新文学史料》1981 年第 1 期罗章龙《上海东方饭店会议前后》载：从组织的角度看来，东方旅社事件是党内宗派斗争导致的分裂行为。出于这样的原因，何孟雄等人被捕后，"王明一伙并没有设法营救，也不作任何表态"。

按：中央党史出版社 2001 年龙华纪念馆编《烈士与纪念馆研究》第 5 辑中王菊如《龙华 24 烈士研究的若干问题》、《党史博览》2016 年第 1 期李金明《龙华二十四烈士①牺牲背后的故事》载：关于"龙华二十四烈士"被捕原因，呈现十分复杂的情况，这在知情者和研究者中观点较多。由于可靠史料的匮缺，许多不同的说法哪种最权威、最真实可信，至今尚难定论。主要说法有：1. 有人出卖；2. 领导机关处置失当；3. 当事人疏于防患；4. 特务潜入内部。

18 日　清晨，同住景云里 23 号的魏金枝，按照之前与王育和、林淡秋的商量决定赶往北四川路拉摩斯公寓，把殷夫、柔石被捕消息报告给鲁迅。

按：据《文艺月报》1957 年 3 月号，魏金枝《和柔石相处的一段时光》记述：

过了几天，一个陌生的乡下人送来一个条子，是一张比日历纸大一点的白纸，正反面都写着字，这就是现在附在鲁迅先生的《为了忘却的记念》上的那两节话。这是柔石在狱中买通一个送饭人，传递出来的。上款是王育和，下款是赵少雄。赵少雄是柔石的别名，大概他在狱中就用了这个名字。那时，王育和在沙逊

---

① 关于龙华"二七"烈士的人数问题，另有一种观点认为应为 23 位。可参见康锋《我与殷夫生平史料的研究》，《百年殷夫：新感悟、新解读——纪念殷夫诞辰一百周年》，上海文艺出版社 2011 年。

大厦慎昌钟表行做事，条子就是送到那里去的。我们就把这条子送给建人先生，又由他转送给鲁迅先生。过了五六天，接着又送来第二封信，我们又转送给鲁迅先生，大意也如《为了忘却的记念》上所说的。暗示出他们在狱中已经受了酷刑，冯铿已经面目浮肿了。可惜我们都没有将它记录下来。

同日 李求实去愚园路庆云里 15 号苏准会机关，从林育南夫人李林贞、李平心夫人胡毓秀处得知，林育南昨日去东方旅社开会一夜未归。李求实闻讯后旋即赶至东方旅社，被蹲点特务逮捕。

同日 冯雪峰从丁玲处得知胡也频昨夜未归，经多方了解，证实其已出事被捕，中午去鲁迅处报告消息，鲁迅告知已知此事。冯雪峰等人开始设法营救。

同日 王育和托朋友张横海律师向巡捕房查询，并设法保释。下午，张横海回话，打听到在老闸捕房查到个名叫赵少雄的，昨日在东方旅社被捕，有共产党嫌疑，明日上午送地方法院审讯。

按：《新文学史料》1981 年第 1 期王育和《柔石烈士被捕、营救及牺牲经过》载：

一九三〇年八月，柔石代表上海左联参加在沪召开的中共代表会议后，他的斗争意志更坚强而行动也益加谨慎。为了有一个工作身份，他托我向明日书店取得一张编辑聘请书，带在身边备用，并将景云里二房东的名义转让给我，自己准备迁出。那时柔石住在二楼，三楼是他的同学魏金枝居住。

同日 沈从文找胡适，并与李达夫妇、施存统、朱谦之等商量营救胡也频等人的办法。议定由胡适、徐志摩致信蔡元培，设法让当局放人。

19 日　被引渡至国民党上海市公安局。狱中，化名徐英，自称是学生，杭州人，与敌周旋。

上午，在公共租界北浙江路江苏高等法院第二分院刑庭开庭审讯。与关押在老闸捕房拘留所的李求实、柔石、胡也频、林育南、冯铿、李云卿、苏铁、刘后春、王士青、孙玉法等被先押上法庭。之后，又押上何孟雄、何刚、蔡伯真、伍仲文、欧阳立安、龙大道、黄理文等人。

公共租界工部局律师甘镜光首先报告在东方旅社 31 号房间、天津路中山旅社 6 号房间的逮捕经过。西探福特报告，在东方旅社搜出共产党文件，从林育南身上搜出一包重要的东西，在何刚身上搜到几张可疑的纸。之后华探报告，东方旅社 31 号房系李云卿所开，中山旅社 6 号房为王君明所开，王君明下落尚未查到。公安局侦察员补充报告，本案是上海国民党市党部所报，称 17、18 两日共产党在那边有重要会议，公安局才请求工部局逮捕的。

法官依次审讯各人，但只是走过场形式。审判长宗源不顾王育和所聘律师张横海的辩护和法律程序，就宣读事先早已拟定的判决书："被告等犯共产党之嫌疑及疑与共产党有关系，华界公安局当局请求上海特区法院将伊等移交，谕知准予移提。" 18 位同志举拳高声抗议，但被法警强行押往上海市公安局。

按：据浙江文艺出版社 2006 年版《林淡秋百年纪念集》，林淡秋《忆柔石——纪念柔石遇难十六周年》记述：

大概两天或三天后的下午，我坐在英租界法庭的旁听席上。几个案子审过了。于是眼前突然一阵纷乱，五个青年作家被押到法庭上来了，个个蓬头垢面，有的穿西装，有的穿长袍。殷夫穿的是长袍，柔石是穿西装的，近视眼镜不知哪里去了。大家的脸上都有些浮肿,浮肿得最利害的是冯铿。审问开始了,一刹那工夫,真正一刹那工夫呀,我简直还没听清楚什么,审问就结束了,判决是"引渡"(引渡给中国当局,这是"死刑"的同义语)。十个紧握的拳头一齐举起,五张嘴巴高声嚷起来:"我们不服判决!""我们没有罪!""我们抗议!"但立刻被法警们七手八脚拖开去,引渡到公安局去了。我们当天托人到公安局去查问,公安局根本否认有这么五个人。据那个朋友的估计,他们大概由公安局解到警备司令部去了。

　　按:上海人民出版社 2008 年张云《潘汉年的一生》载:

　　四中全会后不久,何孟雄、林育南、李求实、胡也频、冯铿等 24 位反对王明错误路线的重要干部,因叛徒告密,先后在旅社和家里被捕。而此时江苏省委机关正在开会。潘汉年从中央特科处获得这一情报,便冒险赶到省委,向王明等人通报。潘还要求省委立即停止会议,设法营救被捕同志。但王明"左"倾机会主义者不愿营救被捕的同志,还幸灾乐祸地说这批人是"反党的右派分子,进行反党活动才被捕的",他们的被捕是"咎由自取"。

　　20 日　上午,魏金枝去鲁迅家,报告昨日林淡秋和张横海律师在法庭上获悉的"案情重大"消息。

　　同日　下午,鲁迅烧掉朋友的旧信札,在内山完造帮助下,当夜从北四川路拉摩斯公寓寓所举家搬迁,避居于黄陆路一家日本人开设的小旅店花园庄公寓。

　　23 日　上午,与其余由租界法庭引渡来的 17 人,以及上海市公安局 19、20 两日与巡捕房联合行动所逮捕的江苏省委宣传部秘书李初梨,和刚到上海的南京市委书记恽雨棠及其妻李文,郑襄阁,何孟雄的妻子、妻妹、孩子等 13 人,连同先前另案在押的柯仲平等 4 人,一共 35 人,被提出监狱,押上警车,驶往龙华警备司令部牢房关押。

因于龙华监狱二弄十室。

按：龙华监狱，本名淞沪警备司令部军法处看守所，分男女囚室。男囚室南北并列三幢，称"天""地""人"，亦叫一、二、三弄，幢与幢之间为走道，走道尽头是便池，走道两侧各分隔成5间囚室，各囚室都设门，白天开，入夜锁。每幢房端走道口有大铁栅门，除提审犯人或开饭时开启外，终日加锁紧闭。每囚室内置四五张双人木床。女囚室3间，面向男囚室，地上铺木板，狭小无床，室外侧有口水井，通常女犯可到井旁汲水洗衣，并在院子里活动，算是对女犯的优待。因之，革命者的信息传递，常依赖女犯秘密承担。

24日 柔石通过送饭狱卒带给王育和一封信，让其转交冯雪峰。王育和收到信后，就托付魏金枝送交周建人，由周建人转达鲁迅。信中告知简况，并暗示他没有透露鲁迅的信息。

信内容如下：

雪兄：我与三十五位同犯（七个女的）于昨日到龙华。并于昨夜上了镣，开政治犯从未上镣之纪录。此案累及太大，我一时恐难出狱，书店事望兄为我代之。现亦好，且跟殷夫兄学德文，此事可告周先生；望周先生勿念，我等未受刑。捕房和公安局，几次问周先生地址，但我那里知道。诸望勿念。祝好！赵少雄一月二十四日。

此信背面记："洋铁饭碗，要二三只，如不能见面，可将东西望转交赵少雄。"

30日 《红旗日报》发表题为《反对反革命的国民党政府底"紧急治罪法"》的社论，抨击当局的血腥镇压，号召群起反对白色恐怖，响应苏区的革命战争。

按：在殷夫等被捕之后，各人家属和所属党组织、互济会，通过各种渠道，积极作营救努力。但由于叛徒的出卖具体真确，中央领导王明态度暧昧，终使营救难以奏效。

按：本月 25 日，中共中央发出《中央委员会为肃清李立三主义反对右派罗章龙告全体党员和青年团员书》，对罗章龙等人公开反对中共四中全会、公开组织江苏第二省委和各区区委、公开散布右倾纲领小册子等反共产国际、反党的行为，给予严厉批评。号召全体党员和团员"反对一切罗章龙、王十人等同志的小组织者与分裂党的分子和对他们的调和者"。

按：本月 30 日，国民政府公布《危害民国紧急治罪法》，规定"扰乱治安者""私通外国图谋扰乱治安者"和"勾结叛徒图谋扰乱治安者"以及"煽惑军人不守纪律放弃职务或与叛徒勾结者"都要判死刑，"以危害民国为目的而组织团体或集会或宣传与三民主义不相容之主义者，处五年以上十五年以下有期徒刑"。

本月　在狱中，教柔石德语。

按：据《新文学史料》1981 年第 1 期，郑择魁《柔石的生平思想和创作》载：

柔石等人被关在龙华警备司令部的监狱中，他与杨国华（即欧阳立安）、柴颖堂等人同在一室。柴颖堂在监狱里已经被关了一段时间，柔石有空时，就要柴讲述监狱中的情况，以及同志们在狱中英勇顽强斗争的故事，柔石一边听，一边就拿了筷笔（用一只筷子劈开，夹上一个铅笔头，扎上线做成的）很快的记下来，写成文章，编了号包起来，打算将来出一本书。……每天，他总要找殷夫学习德文，他觉得平时没有空，坐牢倒是学习的好机会。

本月底　柔石带字条给林淡秋，说难友在水门汀地上很冷，要求送被子和衣服去。林淡秋通知相关之人送去,但结果无法进入司令部。

2 月

2 日 鲁迅致韦素园信中说:"上月十七日,上海确似曾拘捕数十人,但我并不详知,此地的大报,也至今未曾登载。后看见小报,才知道有我被拘在内,这时已在数日之后了。然而通信社却已通电全国,使我也成了被拘的人。"

4 日 鲁迅致李秉中信中说:"上月中旬,此间捕青年数十人,其中之一,是我之学生。(或云有一人自言姓鲁)飞短流长之徒,因盛传我已被捕。通讯社员发电全国,小报记者盛造谰言,或载我之罪状,或叙我之住址,意在讽喻当局,加以搜捕。"

5 日 狱中,柔石写信给同乡王育和。

清溪兄:在狱已半月,身上满生起虱来了。这里困苦不堪,饥寒交迫。冯妹脸膛青肿,使我每见心酸! 望你们极力为我俩设法。大先生能转托得一蔡先生的信否? 如须赎款,可与家兄商量。总之,望设法使我俩早日脱离苦海。下星期三再来看我们一次。借钱给我们。丹麦小说请徐先生卖给商务。祝你们好! 雄 五日

7 日 深夜,与李求实、柔石和欧阳立安等各囚室的其他同志被提押至监狱审讯室,识破敌人诡称将他们转移去南京大牢并诱骗在死刑判决书上盖手印的阴谋,被反动军警强行驱赶至监狱后面的一个荒场行刑,高呼"打倒国民党反动派!""中国共产党万岁!"口号,喋血荒场。

按:据《新文学史料》1981 年第 1 期,郑择魁《柔石的生平思想和创作》记载:殷夫等人的处决方式是秘密执行:

二月七日晚点名时……外面还布置好了一班宪兵，荷枪实弹，如临大敌。点过名以后不久，宪兵就由看守所长带着来提人，说是"因为南京造了大牢，趁最后一次班车，要把你们送上南京去"。……对了照片以后，就要大家盖指印。开头两个同志以为这是解到南京去的公文，糊里糊涂地就盖上了指印。第三个轮到做事向来认真细心的柔石，他就在盖指印时仔细的看了一下，认出了是执行书，就高叫起来："同志们！这是执行书！我们不盖！"于是，审讯室里一片大乱。

按：8日，林育南妻子李林贞等人到龙华要求探监，得一岗哨士兵告知昨日"执行"消息，随即向所属党组织汇报，并通知有关烈士家属和亲人。狱中党支部即将烈士殉难消息及狱中表现报告上级党组织。

按：殷夫牺牲后，二姊徐素云赴上海搜寻烈士遗物两铁箱，运回象山。

后世影响

一、1930 年代的影响

1931 年 2 月 10 日,鲁迅得知殷夫、柔石等被害,深夜作七律悼诗《惯于长夜过春时》:"惯于长夜过春时,挈妇将雏鬓有丝。梦里依稀慈母泪,城头变幻大王旗。忍看朋辈成新鬼,怒向刀丛觅小诗。吟罢低眉无写处,月光如水照缁衣。"

1931 年 2 月 12 日,中共中央机关报《红旗日报》以"二七纪念日龙华司令部秘密枪杀廿三名战士"为题发布消息,并发出"反对白色恐怖"的战斗号召。这是当时有关"二七"烈士牺牲一事的首次报道:

龙华卫戍司令部于二七纪念日晚七时,秘密枪杀二十三名被拘的革命战士,其中最后的一个,被枪杀时,高呼"共产党万岁!""打倒帝国主义国民党!"等口号,把行刑的兵士都掉下泪来。闻被难的战士中,有一个是女子,其幼儿尚在怀抱中,母子均被屠杀云。

1931 年 2 月,继《红旗日报》后,《上海报》《海光报》《群众日报》相继发表消息和社论,肯定无产阶级先锋战士,预言他们的热血必将燃起更加炽烈的革命火焰。

1931 年 2 月 18 日,鲁迅作《中国无产阶级革命文学和前驱的血》,愤怒谴责反动派的血腥屠杀。

中国无产阶级革命文学在今天和明天之交发生,在诬蔑和压迫之中滋长,终于在最黑暗里,用我们的同志的鲜血写了第一篇文章。……统治者也知道走狗的文人不能抵挡无产阶级革命文学,于是一面禁止书报,封闭书店,颁布恶出版法,通缉著作家,一面用最末的手段,将左翼作家逮捕,拘禁,秘密处以死刑,至今并未宣布。这一面固然在证明他们是在灭亡中的黑暗的动物,一面也在证实中国无产阶级革命文学阵营的力量,因为如传略所罗列,我们的几个遇害的同志的年龄,勇气,尤其是平日的作品的成绩,已足使全队走狗不敢狂吠。……我们的同志的血,已经证明了无产阶级革命文学和革命的劳苦大众是在受一样的压迫,一样的残杀,作一样的战斗,有一样的运命,是革命的劳苦大众的文学。

1931年2月,米夫、王明以中国共产党中央名义,以"反党的右派分子"为借口,开除烈士们的党籍,并乘机扩大打击面。

1931年3月12日,《群众日报》发表周恩来为"国民党又惨杀我们二十三个同志"所作社论《反对国民党残酷的白色恐怖》。社论指出:"革命战士英勇斗争的热血,必然更要燃烧着广大工农群众的革命火焰,更迅速摧毁和埋葬帝国主义、国民党及一切反动势力到死亡的进程。"此篇社论,既是声讨国民党反动派暴行的一篇檄文,也是纪念龙华烈士的第一篇悼词。

1931年3月30日,《文艺新闻》以"读者来信"的方式刊登了冯雪峰以"蓝布"为笔名写的《在地狱或人世的作家:一封读者来信探听他们踪迹》:

最近听说青年作家柔石、胡也频、冯铿及白莽等四人,忽于一月十七日同时失踪! 原因不明,至今已二月余,尚无着落……后忽一传闻,谓胡君等系皆被逮捕,早于一月前枪毙。

这是新闻界第一次公开透露左联五作家被杀消息。此前,由于东方旅社会议本身是一个秘密会议,案发后国民党当局又始终没有公布被捕、被杀者的确切消息，王明集团则对事件采取了默认的态度，再加上左翼的公开刊物已无法出版，所以，外界始终无法获知东方旅社案和2月7日龙华警备司令部大屠杀事件的真相。冯雪峰多方奔走，试图通过报界披露柔石等人被害消息，后通过《共产党宣言》译者、时任复旦大学中文系系主任陈望道找到了袁殊①主编的《文艺新闻》，设法披露此事。

1931年三四月间，应史沫特莱之约，鲁迅为美国《新群众》杂志撰写《黑暗中国的文艺界的现状》②。文中指出：

现在，在中国，无产阶级的革命的文艺运动，其实就是惟一的文艺运动。因为这乃是荒野中的萌芽，除此以外，中国已经毫无其他文艺。属于统治阶级的所谓"文艺家"，早已腐烂到连所谓"为艺术而艺术"以至"颓废"的作品也不能生产。现在来抵制左翼文艺的，只有诬蔑，压迫，囚禁和杀戮；来和左翼作家对立的，也只有流氓，侦探，走狗，刽子手了。……单是禁止，还不是根本的办法，于是今年有五个左翼作家失了踪，经家族去探听，知道是在警备司令部，然而不能相见，半月以后，再去问时，却道

---

① 袁殊（1911—1987），本名袁学易，湖北蕲春人。父亲袁晓岚是同盟会会员，母亲贾仁慧出生于书香人家。袁殊早年曾在狂飙社出版部当小伙计，后担任过国民党报纸副刊编辑。北伐时期加入北伐军，曾任国民革命军第六军十八师政治部连指导员。蒋介石叛变革命后，他脱离部队，回到上海参加了狂飙社发起的狂飙运动。1925年因不满当时报刊是"买办阶级统治者的御用代言者"，决定从事新闻事业，并于1929年进入东京日本大学东亚预备学校新闻系专攻新闻学。回国后不久便于1930年3月16日在上海创办了一份以新闻为中心，以"不偏不倚，中立公正"为宗旨的报纸《文艺新闻》。《文艺新闻》出刊后不久引起左联的重视，由袁牧之、冯雪峰、楼适夷等参加编辑工作。

② 该文当时未发表，后以《中国的新文学运动》为题发表于1934年4月6日在北平出版的《理论与创作》创刊号，署名隋洛文。该文请史沫特莱译成英文在国外发表。史沫特莱提醒鲁迅说，这篇文章如果发表出来，他可能会被杀害。鲁迅坚决地说："这几句话，是必须说的。中国总得有人出来说话！"

已经"解放"——这是"死刑"的嘲弄的名称——了,而上海的一切中文和西文的报章上,绝无记载。

1931 年 4 月 1 日,鲁迅作《〈勇敢的约翰〉校后记》。文中说:"作者的事略,除译者已在前面叙述外,还有一篇奥国 Alfred Teniers 做的行状,白莽所译,登在第二卷第五本,即最末一本的《奔流》中,说得较为详尽。"

《勇敢的约翰》作者是匈牙利爱国诗人彼得斐·山陀尔(Petöfi Sándor),孙用翻译。鲁迅说:"我向来原是很爱 Petöfi Sándor 的人和诗的。"为弘扬彼得斐精神,鲁迅在日本留学时就介绍彼得斐事迹,后在国内不仅开创翻译彼得斐诗歌的先河,而且鼓励文学青年致力于此工作。鲁迅在上海遇到的第一个热爱彼得斐的青年即殷夫。因而,殷夫就义一个多月后,鲁迅校毕《勇敢的约翰》,撰写了《校后记》。文中回想起殷夫同他一起谈论彼得斐的情景,在文章中提及这位年轻战友的名字,称赞殷夫翻译的彼得斐传略译文"说得较为详尽"。

左联五烈士牺牲当年,鲁迅虽然没有撰写有关悼念殷夫的专文或介绍,但通过编校《勇敢的约翰》,写作《校后记》,将痛惜与哀悼殷夫的感情流露于笔端,在文字上曲折地表达出来。

1931 年 4 月 13 日,《文艺新闻》第 5 期以《呜呼,死者已矣!——两个读者来信答蓝布》为总标题发表《李伟森亦长辞人世》(编者)、《作家在地狱》(曙霞①)、《青年作家的死》(海辰②)及编者按语,披露了五作家已于 2 月 7 日被杀害的消息,并评论:"大批枪毙青年作家,在中国还算是第一次哩。——恐怕在全世

---

① 冯雪峰化名。
② 冯雪峰化名。

界的文学史上亦是很少见罢。他们为了文学竟受到这样残酷的牺牲，这恐怕不是他们意料所及，亦不是我们读者所能梦想的罢！……他们的作品都是代社会抱不平的，都是为多数人谋利益的，我们读者谨向他们敬致我们无限的哀痛和景仰！"这两封"读者来信"，为左联对五作家遇害事件的报道和宣传确定了"为文学而牺牲"的基调，左联五烈士的群体形象由此定型。

1931年4月20日，《文艺新闻》第6期刊发冯雪峰提供的左联五作家的照片。同版发表一篇冯雪峰转来的鲁迅给李秉中的信。因为左联五作家被害消息在《文艺新闻》上披露后，有消息称鲁迅也被国民党杀害，冯雪峰于是决定以发表鲁迅信函的方式从侧面报导鲁迅健在的消息。

1931年4月25日[①]，《前哨》[②]创刊号（纪念战死者专号）出版，主要刊载如下文章：

《中国左翼作家联盟为国民党屠杀大批革命作家宣言》（简称《宣言》）

《中国左翼作家联盟为国民党屠杀同志致各国革命文学和文化团体及一切为人类进步而工作的著作家思想家书》（简称"公开信"）

《中国无产阶级革命文学和前驱的血》　L.S.（鲁迅）

《血的教训——悼二月七日的我们的死者》　梅孙（许峨）

《被难同志传略：1.李伟森 2.柔石 3.胡也频 4.冯铿 5.殷夫

---

① 据《新文学史料》1980年第1期陈漱渝《关于〈前哨〉的出版日期》考证：《前哨》面印着"1931.4.25出版"，但实际的发行时间应该在7月下旬。

② 关于《前哨》的编辑情况，据楼适夷回忆："《前哨》的编辑委员会是由鲁迅、茅盾、夏衍、阳翰笙等七八个人组成的，党通过瞿秋白同志和'左联'的党团直接领导这个编委会。"

6. 宗晖^①》

《被难同志遗著：〈五一歌〉〈殷夫〉〈血在沸〉〈柔石〉〈红的日记〉〈冯铿〉〈同居〉〈胡也频〉》

《短评：我们同志的死和走狗们的卑劣》　文英（冯雪峰）

《无产阶级革命作家国际协会主席团来信》

《美国〈新群众〉社来信》

《前哨》印刷和出版颇费周折。冯雪峰在《冯雪峰谈左联》（《新文学史料》1980年第1期）中回忆：

> 五烈士牺牲后，朱镜我叫我接替冯乃超当左联党团书记，乃超当文委书记。我接左联党团书记后第一件事是同鲁迅商量出版《前哨》纪念战死者，鲁迅同意。于是立即写稿，找私人印刷所承印。那印刷所的老板是我一个熟人，他表示同意，但提出一个条件：如果出了问题，就说是工人自愿印的，他根本不知道，不能牵连到他身上。我们只得联络了几个革命的排字工人，他们在半夜到天亮之前，遮住灯光，没有一点声音地来给我们排印。我们就守在他们旁边，他们排好一段我们校对一段，务必在天亮以前把刊物印好拿出印刷所。鲁迅很快写了那篇著名的悼文《中国无产阶级革命文学和前驱的血》，写完就交给我，原来没有题目，题目是我加的。鲁迅还写了《柔石小传》。《前哨》的名字也是他想出的，他亲笔写的刊头，后来来不及制版，只好用木头刻成，五个同志的照片，也是事先在别处印好的。拿刊物到我家里，然后一份一份印上去，一张一张贴上去的。因此在那刊物上错漏很多，那是无怪的。

---

① 被难的6位同志中，宗晖是左翼剧作家联盟会员，1930年10月在南京遇害，他的遇难与东方旅社事件没有联系，将他与左联五烈士同列是为了扩大左联作家被害的影响。

直接参与《前哨》印刷工作的是左联成员楼适夷。他在《记"左联"的两个刊物》(载《左联回忆录》上编)中回忆印刷情况：

"左联"的同志们通过各种关系找到了一个贪图高利愿意接受这个印刷任务的上海白克路一家小印刷所的老板。他的条件非常苛刻，不但要几倍的排印费，而且不准印上报头和照片，以免在印刷过程中万一引起外人的注目，发生危险；同时从排版到印成必须在一个晚上完成；排校完毕之后在印刷的过程中要有"左联"的同志留在印刷所里，以便中途发生情况有人出头去顶；天没有亮印好之后，还得把成品立刻搬走，不许在印刷所里停留片刻。这些条件，"左联"的同志一一都接受了，稿子便在一个春寒的漫漫的长夜中变成了刊物……由于在这样匆促的时间进行这样高速度的排校工作；同时，这个小印刷所的设备条件又很低；特别是那位又贪钱又怕事的老板，睡在床上好像没有睡好，一次又一次地起来催促，连校样改版也不许仔细进行，就匆匆忙忙地上机器印刷。印成之后，错字多得惊人，就是在这样的情况下造成的。

《前哨》的《宣言》是纪念五烈士的重要文献。《宣言》以五作家被害为背景，揭露和控诉了国民党的"文化围剿"政策的残酷性和反动性，及其所造成的白色恐怖：

这样严酷的摧残文化，这样恶毒的屠杀革命的文化运动者，不特现在世界各国所未有，亦是在旧军阀吴佩孚，孙传芳等的支配时代所不敢为。但国民党为图谋巩固其统治计，而竟敢于如此的施其凶暴无比的白色恐怖，而竟造成这种罕见的黑暗的时代……同志们，这原是国民党维持统治所能用的唯一的办法，于既往的四年中，国民党已经用刀刮，用油煎，用索绞，砍头，活埋，枪毙了不知几千百万的革命群众了；而现在竟屠杀到文化领域上来,这是它更走近了末日一步,于是黑暗的乱舞也更近一步了。

"公开信"由鲁迅、茅盾和史沫特莱等起草,基调与《宣言》一致。信中简要介绍了左联五作家的身份和创作情况,全文的重点在概述四年来国民党"文化围剿"政策对左翼文艺运动的摧残和对革命作家的屠杀。与《宣言》不同的是,这封"公开信"在说明五作家被害的同时,指出与五作家同时遇害的还有其他"十九位革命家"①。"公开信"用中、英、俄、日等多种文字最后向世界各国革命文学团体和革命文化团体发出呼吁,期望它们声援中国左翼革命文艺运动。左联也将英译本"公开信"易题为《为纪念被中国当权的政党——国民党屠杀的大批中国作家而发出的呼吁书和宣言》,寄给苏联作家高尔基,请求支援。该信由谢曼诺夫译成俄文。这份"呼吁书"详细地叙述了左联成立以来所受到的国民党独裁统治及其白色恐怖政策的压迫和迫害,同时提供了更多的五作家被捕、被杀的细节。"呼吁书"希望通过高尔基,呼吁全世界所有的作家、艺术家、哲学家和科学家支持和声援中国左翼文艺运动。

1931年5月25日,《文艺新闻》第11期发表林莽(楼适夷)的《白莽印象记》。文中谈道:"他留给我们的著作并不多,但都是永远不朽于我们记忆中的,尤其是他那篇最后的用自己的血,用自己的年青的生命,写给穷苦大众的伟大的诗。"林莽在日本东京寄此文给《文艺新闻》编辑部,附一段文字:"记者先生,寄上这一篇纪念文字,请你在贵报上发表,想来贵报决不至于拒绝这要求吧:我在岛上,怅望着中华大陆的天野,这些死者用血溅了

---

① 应为十八位。

的土地，是在放映着光明；我寄去我的企愿，随着东海的汹涛，这纸片，它不能被湮殁于渺茫啊！——文艺新闻应是给一切人都看的报。林莽顿首，五月二日。"

1931年6月，《中国作家致全世界的呼吁书》在美国《新群众》第7卷第1期发表，英文稿由茅盾和史沫特莱翻译。

1931年8月5日，《前哨》易名《文学导报》，出版第1卷第2期，由冯雪峰、楼适夷编辑，上海湖风书店出版。发表《世界无产阶级革命作家对于中国白色恐怖及帝国主义干涉的抗议书》（德国革命作家路特威锡·稜、美国无产阶级诗人和作家密凯尔果尔德、奥地利革命诗人翰斯·迈伊尔、英国哈罗·海斯洛普、日本无产阶级作家永田宽）。其中，鲁迅翻译了路特威锡·稜的文章《对于中国白色恐怖及帝国主义干涉的抗议》和翰斯·迈伊尔的诗《中国起了火》。

1931年10月，日本东京四六书院出版《中国小说集〈阿Q正传〉》日文版，山上正义翻译，尾崎秀实编辑。该书是由夏衍协助在日本出版的纪念左联五烈士的专集。书中除收录了鲁迅的《阿Q正传》，还收录了李伟森、宗晖、冯铿、殷夫四烈士的肖像，柔石、胡也频、冯铿三烈士小传和他们的作品《一个伟大的印象》（译为《伟大的印象》）、《黑骨头》、《红的日记》（译为《女同志马英的日记》。日本革命作家尾崎秀实以白川次郎笔名作序《谈中国左翼文艺战线的现状》评介鲁迅、左联及左翼文艺运动情况。同时，序言引录了左联《为国民党屠杀同志致各国革命文学和文化团体及一切进步的著作家思想家书》（即前述"公开信"）。另据夏衍《懒寻旧梦录》回忆："公开信"定稿后，即在《前哨》出版之前由尾崎秀实和山上正义分头翻译，而且很快在日本左翼文艺杂志上发表。

1931 年 11 月 15 日，国际革命作家联盟开会纪念左联五烈士。

1931 年 11 月 23 日，美国 104 名作家联名抗议国民政府捕杀中国革命作家。

1931 年，"公开信"俄文本通过国际革命作家联盟发表在联盟的机关刊物《世界革命文学》第 11、12 期合刊上。

1931 年，"公开信"和"呼吁书"在国外发表后，引起很大反响。国际革命作家联盟发表《为国民党屠杀中国革命作家宣言》，称"国际革命作家联盟坚决地反对国民党逮捕和屠杀我们的中国同志，反对蒋介石的'文学恐怖政策'……号召全世界一切革命作家和艺术家，共同起来反对国民党对于我们同志的压迫"。在"宣言"上签名的有俄国作家法捷耶夫、法国作家巴比塞、德国作家倍赫尔、美国作家辛克莱等 20 余位作家。此外，苏联的《世界革命文学》、美国的《新群众》都刊出专辑表示声援。

1933 年 2 月 7 至 8 日，鲁迅作《为了忘却的记念》，文末写道：

前年的今日，我避在客栈里，他们却是走向刑场了；去年的今日，我在炮声中逃在英租界，他们则早已埋在不知那里的地下了；今年的今日，我才坐在旧寓里，人们都睡觉了，连我的女人和孩子。我又沉重的感到我失掉了很好的朋友，中国失掉了很好的青年，我在悲愤中沉静下去了，不料积习又从沉静中抬起头来，写下了以上那些字。……不是年青的为年老的写记念，而在这三十年中，却使我目睹许多青年的血，层层淤积起来，将我埋得不能呼吸，我只能用这样的笔墨，写几句文章，算是从泥土中挖一个小孔，自己延口残喘，这是怎样的世界呢。夜正长，路也正长，我不如忘却，不说的好罢。但我知道，即使不是我，将来总会有记起他们,再说他们的时候的。

1936 年 3 月 11 日,鲁迅作《白莽作〈孩儿塔〉序》①。此文发表时题为《白莽遗诗序》。

1936 年 7 月 25 日,《东方文艺》第 1 卷第 4 期封底书籍广告预告出版联合出版社的"三大丛书"。其中"诗歌丛书"有《大阪井》(许幸之)、《乡曲》(杨骚)、《生活》(蒲风)、《殷夫遗诗集》(殷夫)、《光慈遗诗集》(光慈)五种书目。但《殷夫遗诗集》最终未出。

1937 年 1 月,马宁发表《记白莽》纪念殷夫。

1937 年 6 月 15 日,林千叶发表《白莽的诗》纪念殷夫。

1939 年 11 月 25 日,姜馥森发表《鲁迅与白莽》纪念殷夫。

二、中共决议发布及纪念地建设

1945 年 4 月 20 日,中共第六届中央委员会第七次全体会议通过《关于若干历史问题的决议》,其中对"龙华烈士"作如下评价:"林育南、李求实、何孟雄等二十几个党的重要干部,他们为党和人民做过很多有益的工作,同群众有很好的联系,并且接着不久就被敌人逮捕,在敌人面前坚强不屈,慷慨就义","所有这些同志的无产阶级英雄气概,乃是永远值得我们纪念的"。中共

---

① 关于殷夫遗诗,曾发生文氓史济行向鲁迅行骗一事。1936 年 3 月 10 日,鲁迅收到不相识者齐涵之从汉口寄来的信,自称其与白莽是同济学校的同学,藏有白莽遗稿《孩儿塔》,正在经营出版,请求鲁迅作序。鲁迅当即于次日夜里写了《白莽作〈孩儿塔〉序》,13 日寄出《孩儿塔》序稿和给齐涵之的复信。4 月 4 日,鲁迅在上海《社会日报》上得知为《孩儿塔》索序的齐涵之即当时文坛上"善于翻戏"的文氓史济行。史济行多年前曾与鲁迅通信,此时正在汉口编辑《人间世》,所谓经营《孩儿塔》的出版并向鲁迅索序完全是一个圈套。在得知真相后,鲁迅于 4 月 11 日写了《关于〈白莽遗诗序〉的声明》,以指明真伪,澄清事实,载于本年 5 月《文学丛报》月刊第 2 期。

中央的这一历史结论为评价"龙华烈士"确立了历史标准。

1950年4月,上海市政府根据线索找到烈士们当年就义地址,并挖掘出烈士们的遗骸,合葬在上海烈士陵园。

1981年,上海烈士陵园将烈士殉难处辟为纪念地,树立"龙华革命烈士就义地"碑。

1984年,中共中央办公厅、国务院办公厅批准在上海龙华革命烈士纪念地修建龙华烈士陵园及纪念馆。

1986年,殷夫故居被列为象山县文物保护单位。

1988年,国务院公布龙华革命烈士纪念地(含烈士就义地和淞沪警备司令部建筑遗址)为全国重点文物保护单位。

1990年,龙华烈士陵园建设工程启动。同年10月,邓小平亲笔题写园名"龙华烈士陵园",江泽民题写碑铭"丹心碧血为人民"。

1990年,殷夫故居被浙江省人民政府列为省级文物保护单位。

1991年,象山县人民政府修缮殷夫故居。故居正式对外开放。

1991年,象山县大徐中学更名为殷夫中学。

1992年,殷夫故居被列为宁波市中小学德育教育基地。

1993年,上海市龙华烈士陵园被列为全国重点烈士纪念建筑物保护单位。

1995年,殷夫故居被列为宁波市爱国主义教育基地。

1997年,龙华烈士纪念馆建成开馆。

2000年,殷夫故居后庭院开辟碑廊。内有60余块石碑,镌刻有全国人大原委员长乔石录鲁迅缅怀殷夫烈士的诗《惯于长夜过春时》书法和各地名家颂扬殷夫烈士的书法诗文,也有于右任、张治中等名家因徐培根的关系为徐孔甫所书写的诔赞等诗文手迹。

2005年,上海民立中学殷夫烈士纪念广场落成。

2005年,殷夫故居被列为宁波市党史教育基地。

2010年,殷夫故居全面整修,烈士史迹陈列室重新布展。殷夫广场建成,广场中间矗立一座汉白玉殷夫雕像。

2010年,象山县殷夫公园奠基暨殷夫路命名。

2013年,殷夫故居被列为浙江省党史教育基地。

三、新中国成立后海内外的传播

1951年,苏曼莎作诗《悼殷夫》,载于《大公报》2月25日。

1951年,丁玲作《读殷夫同志诗有感》,载于《文艺新地》第2期。

1951年,冯雪峰作《鲜血记录的历史第一页》,载于《解放日报》2月25日。

1951年,《被难同志传略——殷夫》载于《文艺新地》第2期。

1952年,杨纤如作《忆白莽,纪念李伟森——为"左联"五烈士殉难二十一周年而作》,载于《光明日报》2月2日。

1954年,牛汉作《试谈殷夫的诗》,载于《文艺报》(合订本)第19期。

1956年,阿英作《鲁迅忌日忆殷夫》,载于《北京日报》10月20日。

1958年,凡尼作《论殷夫的诗——纪念殷夫殉难二十七周年》,载于《跃进文学研究丛刊》第2期。

1959年,H. Ф. 马特科夫作、纪家俊译《论中国革命作家——谈殷夫、胡也频、柔石、李伟森和冯铿》,载于《作品》7

月号。

1960 年,北京大学中文系 1960 年级鲁迅文学社编《殷夫的诗》,载于《文学评论》第 2 期。

1961 年,阿英作《重读殷夫遗稿〈写给一个哥哥的回信〉》,载于《人民日报》2 月 7 日。

1961 年,瞿光熙作《关于胡也频、殷夫几件事迹的考证》,载于《左联五烈士研究资料编目》上海文艺出版社。

1961 年,陈长歌作《诗人——战斗的歌手和鼓动者——纪念殷夫烈士殉难卅周年》,载于《解放日报》2 月 7 日。

1961 年,丁景唐作《殷夫烈士的手稿》,载于《文汇报》2 月 8 日。

1961 年,丁景唐、陈长歌作《殷夫烈士和"摩登青年"》,载于《学术月刊》第 7 期。

1961 年,瞿光熙作《殷夫的叙事长诗》,载于《新民晚报》8 月 11 日。

1962 年,丁景唐作《〈文艺生活〉和殷夫烈士的遗文》,载于《文汇报》6 月 10 日。

1962 年,苏联汉学家 H. Ф. 马特科夫著《殷夫——中国革命的歌手》由莫斯科大学出版社出版。该书于 2011 年由象山县政协文史资料委员会内部印行,宋绍香译。

1962 年,凡尼著《论殷夫及其创作》,由上海文艺出版社出版。

1963 年,丁景唐作《殷夫烈士的一些新史料》,载于《学术月刊》第 1 期。

1963 年,一石作《关于殷夫笔名的一点辨证》,载于《中国现代文艺资料丛刊》第 3 辑。

1963 年，胡从经作《殷夫的一首佚诗——"呵，我们踯躅于黑暗的丛林里"》，载于《光明日报》10 月 12 日。

1964 年，丁景唐作《〈殷夫烈士的一些新史料〉补正》，载于《学术月刊》第 5 期。

1978 年，凡尼作《关于殷夫研究工作中的若干问题》，载于《文学评论丛刊》第 1 辑。

1979 年，丁景唐、陈长歌作《诗人殷夫的生平及其作品——纪念殷夫烈士诞生七十周年》，载于《社会科学》第 1、2 期。

1979 年，徐忠杰作《殷夫轶事三则》，载于《新文学史料》第 5 期。

1979 年，楼适夷作《殷夫，永不凋谢的青春》，载于《诗刊》第 2 期。

1980 年，徐忠杰作《关于殷夫的传略》，载于《新文学史料》第 1 期。

1980 年，马宁作《左联五烈士别记》，载于《新文学史料》第 1 期。

1980 年，李海文、佘海宁作《东方旅社事件——记林育南、李求实、何孟雄等二十三烈士的被捕与殉难》，载于《社会科学战线》第 3 期。

1980 年，杨秀英作《缅怀我的启蒙老师殷夫》，载于《河南大学学报》第 3 期。

1981 年，丁景唐作《阿英〈殷夫小传〉校读杂记及其他：对殷夫史料的探索与正误》，载于《新文学史料》第 1 期。

1981 年，肖荣、莽砂作《殷夫的生年和姓名》，载于《文学评论丛刊》第 8 辑。

1981 年，杨秀英作《关于殷夫的一些回忆》，载于《新文学史料》第 1 期。

1981 年，杨秀英作《〈关于殷夫的一些回忆〉订正》，载于《新文学史料》第 4 期。

1981 年，张雪痕作《忆殷夫》，载于《上海文史资料选辑》第 1 辑。

1981 年，张雪痕作《蓓蕾年华映血波——忆青年革命诗人殷夫》，载于《浙江文史资料选辑》第 19 辑。

1981 年，莽砂等作《"无缘似有缘，又是那么短"——盛淑真女士回忆殷夫》，载于《东方》第 1 期。

1981 年，丁景唐《殷夫的生平事略——纪念殷夫烈士英勇就义五十周年》(校订稿)，载于《东海》第 2 期。

1981 年，殷参作《忆殷夫》，载于《新华文摘》第 3 期。

1981 年，丁景唐等编著《诗人殷夫的生平及其作品——纪念殷夫烈士牺牲 50 周年》，由浙江人民出版社出版。

1981 年，杨秀英《忆殷夫老师》，载于《随笔》第 19 期。

1983 年，胡从经作《〈孩儿塔〉未刊诗稿及其他》，载于《中国现代文学研究丛刊》第 1 期。

1983 年，曹仲彬作《对东方旅社事件若干史实的辨析》，载于《史学集刊》第 3 期。

1983 年，丁景唐作《殷夫——革命家和革命诗人》，载于《浙江学刊》第 4 期。

1983 年，丁景唐作《彩虹片片抒诗灵(在纪念殷夫烈士的日子里)》，载于《文学报》5 月 12 日。

1983 年，丁景唐作《关于殷夫(白莽)遗诗〈孩儿塔〉的说明》，载于《中国现代文艺资料丛刊》第 7 辑。

1983 年，王庆祥作《孩儿塔小考》，载于《中国现代文艺资料丛刊》第 7 辑。

1983 年,马瞻作《关于徐素云珍藏殷夫手稿和遗物的一点史料》,载于《中国现代文艺资料丛刊》第 7 辑。

1983 年,康锋作《〈孩儿塔〉未刊稿三十首校勘记》,载于《中国现代文艺资料丛刊》第 7 辑。

1983 年,罗国贤作《记忆中的淡淡笑容(殷夫亲友谈殷夫)》,载于《新民晚报》9 月 23 日。

1983 年,康锋作《鲁迅与殷夫的初次会面及余话:读《〈为了忘却的记念〉札记》,载于《语文学习》第 12 期。

1984 年,丁玲作《〈殷夫集〉续序》,载于《杭州日报》2 月 12 日。

1984 年,胡从经作《云霾掩蔽的明星——殷夫佚诗〈怀拜伦〉》,载于《艺谭》第 2 期。

1984 年,丁景唐作《青运先驱殷夫生平事略》,载于《上海青运史资料》1984 年第 3 辑。

1984 年,丁景唐作《殷夫(白莽)著译版本丛谈》,载于《古旧书讯》第 6 期。

1984 年,上海文艺出版社编者作《〈孩儿塔〉未刊稿三十首校正》,载于《中国现代文艺资料丛刊》第 8 辑。

1984 年,盛执真作《殷夫烈士光辉的一生》,载于《中国现代文艺资料丛刊》第 8 辑。

1984 年,丁景唐(署名"奋")作《殷夫烈士亲笔签名的一本藏书》,载于《中国现代文艺资料丛刊》第 8 辑。

1984 年,丁景唐(署名"景玉")作《殷夫的音乐修养》,载于《中国现代文艺资料丛刊》第 8 辑。

1984 年,康锋作《殷夫著译选本校阅札记》,载于《中国现代文艺资料丛刊》第 8 辑。

1984 年，H. Ф. 马特科夫作、砚衡译《殷夫——中国革命的歌手》，载于《文学研究动态》第 9 期。

1985 年，象山殷夫诗社成立，编印诗集《白色莽原》。

1985 年，方凡人作《殷夫传》，载于《红岩》第 2 期。

1985 年，张潇作《殷夫与西寺及其罗曼史》，载于《西湖》第 3 期。

1985 年，康锋作《殷夫与民立中学》，载于《新民晚报》10 月 19 日。

1986 年，王庆祥作《殷夫史料十考》，载于《象山文史资料》第 1 辑。

1986 年，康锋作《殷夫在浦东中学》，载于《解放日报》2 月 27 日。

1986 年，康锋作《关于殷夫致徐素云信》，载于《鲁迅研究资料》第 15 辑。

1986 年，盛孰真作《往事的回顾——我所认识的徐白、徐素韵》，载于象山县政协文史资料委员会编《象山文史资料》第 1 辑。

1987 年，周思源作《新发现的殷夫佚信》，载于《文艺报》9 月 19 日。

1987 年，丁景唐作《有关 1931 年龙华二十三烈士被捕牺牲等的五件史料》，载于《鲁迅研究动态》第 11 期。

1988 年，周思源作《殷夫和徐培根》，载于《文艺报》3 月 26 日。

1988 年，周思源作《人，是复杂的——谈殷夫长兄二姐对他的影响》，载于《鲁迅研究动态》第 4 期。

1988 年，周思源作《殷夫与"真"姑娘的爱情悲剧》，载于《文艺报》11 月 19、26 日。

1990 年，浙江象山殷夫研究会成立。

1991 年，盛挚真作《长歌一曲谱遗恨——回忆我和殷夫的交往》，载于《人物》第 3 期。

1992 年，丁玲作《祝殷夫烈士诗文总集〈殷夫集〉出版——致丁景唐》，载于《广西师范大学学报》第 3 期。

1995 年，丁景唐作《为〈中国新诗库·殷夫卷〉正误》，载于《上海鲁迅研究》第 6 期。

四、诗文结集传世

1951 年 7 月，开明书店初版《殷夫选集》（诗文集）出版，1951 年 12 月二版。本书为茅盾主编的"新文学选集"之一。32 开本，扉页有殷夫肖像一幅。正文 132 页，丁玲作《序——读了殷夫同志的诗》(1951 年 1 月 22 日夜作，以《读殷夫同志诗有感》为题发表于《文艺新地》1951 年第 2 期)，雪峰作《代序——鲜血记录的历史第一页》(1951 年 2 月 7 日作于上海，发表于《解放日报》2 月 25 日)，阿英作《殷夫小传》。

丁玲《序——读了殷夫同志的诗》中说："他是这样的年青，这样的富有革命热情，这样的有力量，他是一个十足的诗人，同时又是个勇敢的战士，他为了我们，为了革命，写过他的诗，流过他的血。他的放射了异彩的生命，却是这样的短促。""他的诗，仅仅在这能找到的二十多首中，我以为每首都像大进军的号音，都像鏖战的鼓声。我们听得见厮杀的声音，看得见狂奔的人群。这战斗像泰山崩裂，像海水翻腾，像暴风骤雨，像雷电交鸣。我们感得到被压迫的人们的斗争决心，无产阶级团结起来与统治阶级的殊死的斗争。诗人的心是沉重的,是坚定的,是激烈的,诗人的感情是炽热的,它紧紧的拥抱着抗争的人们","殷夫同志是一个诗坛的骄子,我还没有读到过像他这样充满了阶级革命感情的诗。他对旧的毫无留恋,而是讽刺,是卑视。他是新的诗人。"

冯雪峰《代序——鲜血记录的历史第一页》指出:"这是鲜血记录的革命文学历史的第一页。这个血的斗争,在那时还正是开始。嗣后压迫更厉害,血也继续的流,一直到人民革命胜利的今天。今天是胜利了,这就证明了当时鲁迅和'左联'所有同志们所认识的道路是正确的。认识了鲜血所开辟的道路是胜利的道路,这认识是正确的。今天的胜利,尤其照耀出了五个战死同志的不朽的光辉!作为人民的战士和英雄的光辉,作为模范的革命作家的光辉,作为先驱者的光辉,将长久照耀在人民革命史和人民革命文学史上。"

1954年8月,《殷夫诗文选集》由人民文学出版社出版。扉页有殷夫像和《梦中的龙华》手迹各一幅及阿英《殷夫小传》,分4辑。该版本在1951年开明书店《殷夫选集》的基础上,第一次选入《孩儿塔》65首诗中的35首。篇名是《放脚时代的足印》《呵,我爱的》《白花》《我们初次相见》《清晨》《祝——》《花瓶》《独立窗头》《孤泪》《给某君》《东方的玛利亚》《地心》《虫声》《给——》《心》《归来》《给母亲》《Epilogue》《给——》《旧忆》《我醒时……》《无题》《写给一个姑娘》《赠朝鲜女郎》《梦中的龙华》《春天的祷词》《月夜闻鸡声》《寂寞的人》《给林林》《给茂》《妹妹的蛋儿》《幻象》《夜的静……》《是谁又……》《孩儿塔》。当时,由于未曾注意到殷夫对诗的编序的说明,因此上述35首诗的编排次序与殷夫自订手稿的编排次序有些出入。此后,1958年版的《殷夫选集》

也依此书次序编入 35 首诗。

1956 年 8 月，臧克家编选的《中国新诗选（1919—1949）》由中国青年出版社出版。其中选录殷夫诗 5 首：《别了，哥哥》《血字》《一九二九年的五月一日》《让死的死去吧！》《议决》。

1958 年 12 月，《殷夫选集》（诗文集）由人民文学出版社出版。该选本以 1954 年人民文学出版社《殷夫诗文选集》为蓝本，稍作增删，32 开本，正文 157 页。扉页有殷夫像和《梦中的龙华》手迹各一幅。

1958 年 12 月，《孩儿塔》（诗集）（列为"文学小丛书"第 44 种）由人民文学出版社出版。正文 122 页，前言 2 页，目次 4 页。第 1 辑收入《孩儿塔》65 首诗中的 27 首，比 1951 年上海开明书店《殷夫选集》和 1954 年人民文学出版社《殷夫诗文选集》少选以下 8 首：《放脚时代的足印》《白花》《虫声》《心》《写给一个姑娘》《春天的祷词》《寂寞的人》《夜的静……》。

1959 年 4 月，萧三编《革命烈士诗抄》由中国青年出版社出版，收录殷夫诗 6 首：《血字》《让死的死去吧！》《五一歌》《我们是青年的布尔塞维克》《别了，哥哥》《译彼得斐诗》[①]

1959 年 7 月，《殷夫选集》由人民文学出版社出版，分 3 辑。第 1 辑中的 35 首诗系选自鲁迅所保存的殷夫《孩儿塔》手稿。第 2 辑中的 29 首诗则抄录自《奔流》《萌芽月刊》《拓荒者》《巴尔底山》和《列宁青年》等杂志。第 3 辑小说和速写 4 篇，也是抄录自上述杂志。

1964 年，苏联 Г·亚罗斯拉夫采夫译编的俄文版殷夫诗集

---

① 此译诗即鲁迅《为了忘却的记念》中录出的"生命诚宝贵，爱情价更高；若为自由故，两者皆可抛"。

《血字》由莫斯科艺术文学出版社出版。全书分《孩儿塔》《时代的代谢》《长诗》三部分，共收录殷夫遗诗 55 首，是苏联第一部介绍殷夫诗歌作品的专集。Г·亚罗斯拉夫采夫作序，题为《诗人与战士的道路》。

1979 年 2 月，《诗刊》2 月号载殷夫诗 4 首，分别为《血字》《让死的死去吧！》《写给一个新时代的姑娘》《梅儿的母亲》。

1984 年 2 月，《孩儿塔》由人民文学出版社依据手稿排印发行，列为"中国现代文学作品原本选印"之一种，收录包括未刊稿在内的殷夫自编《孩儿塔》全部 65 首诗。

1984 年 2 月，《殷夫集》出版。该书为"浙江烈士文丛"之一。《殷夫集》吸收 1950 年代开明书店和人民文学出版社出版的殷夫诗文选集的成果，又增补了历年来新发现的不少作品和译文、译诗等，还对《孩儿塔》全部手稿和原来刊登这些作品、译文、译诗的原刊，作了校勘和注释。这本新版《殷夫集》共分 6 辑。第 1 辑收录了殷夫 1930 年初自编的《孩儿塔》全部诗作 65 首和《"孩儿塔"上剥蚀的题记》，比 1950 年代选录版《孩儿塔》增加了 30 首。将鲁迅在殷夫就义后所写的《白莽作〈孩儿塔〉序》和《续记》列在《孩儿塔》诗作之前。第 2 辑收集《孩儿塔》以外的当时所能收集到的殷夫诗作 34 首。其中，殷夫 17 岁写于狱中的《在死神未到之前》《呵，我们踯躅于黑暗的丛林里！》《怀拜伦》《与新时代的青年》《伟大的纪念日中》等，都是第一次编入殷夫诗文集出版。第 3 辑小说、速写，收入了第一次结集的《在音乐会的晚上》等。第 4 辑散文、传记等，收入了第一次结集的《写给一个哥哥的回信》《李卜克内西的生平事略》等。还收入了殷夫 1930 年 7 月 7 日写给二姊徐素云的信。第 5 辑论文。作为革命家的殷夫，曾写过不少政论文和有关青年运动的论文。《殷夫集》限于收录文学方面的作品,所以只选发表在《列宁青年》(1930年1月1日第2卷第6期)上的一篇有关文化工作的论文《过去文化运动的缺点和今后的任务》。这也是在此之前从未结集过的一篇重要文章。第6辑译文、译诗。除彼得斐译诗9首曾被选入1954年人民文学出版社《殷夫诗文选集》外,《彼得斐·山陀尔行状》《一个青年女革命家的小史——Stoya Markovich的自述》等译文和译诗《青年的进军曲》也是初次结集,亦收入殷夫根据奥地利人滕尼斯编译的德文《彼得斐集》转译的"生命诚宝贵,爱情价更高;若为自由故,二者皆可抛"一诗。

丁玲为《殷夫集》作《续序》。在1983年9月22日致信丁景唐[①],信中云:"景唐同志:九月十三日信和《殷夫集》部分校样已收到。看到你们搜集和出版这样丰富的烈士遗作,真像打了一次大胜仗那样的喜悦,而且对你们这些参战的勇士产生了莫大的敬意。年来我因身体、时间和写作,一般约稿我都谢绝。承你来信相邀,我为五一年的序文又续写了几百字,不知是否合用,现寄上,请你斧正"。在《续序》中,丁玲说:"五十多年前,我读殷夫同志的诗,我喜欢;三十多年前,我为殷夫同志的选集写序,我重读他的诗,我激动。现在,五十多年以后,我再读他的诗,我觉得好像我仍在和着他的咚咚的战鼓声,举着红旗,无所畏惧地挺胸前进;而且当年在上海坚持斗争的我们年轻战友们的身影,一个一个涌现在我眼前。殷夫同志和许多先烈一样,用他们的鲜血,描绘我们辉煌的战斗历史;殷夫同志和许多牺牲了的年轻作家一起,用他们的笔和生命,写出了这辉煌历史中的诗。我们是永远不会忘记的。我们要学习他们爱祖国,爱人民,为共产主义

---

① 《祝〈殷夫集〉出版——致丁景唐》信。

事业奋斗终生的崇高品德和革命精神。"

1990 年 5 月,《中国新诗库 第 2 辑 殷夫卷》(周良沛编选)由长江文艺出版社出版。

2001 年 11 月,《中国现代名家名作文库 殷夫卷 孩儿塔》(姜德铭主编)由中国戏剧出版社出版。

五、新世纪新传承

2001 年,上海市龙华烈士纪念馆举办"龙华二十四烈士"殉难 70 周年纪念学术研讨会。

2010 年 6 月,象山隆重集会纪念殷夫烈士诞辰 100 周年。著名诗人、剧作家、文化部原代部长贺敬之发贺电和题词。贺电指出,殷夫是党的重要干部,是杰出的无产阶级革命诗人,也是中国现代诗歌史上里程碑式的诗人。在纪念殷夫诞辰 100 周年之际,在其故乡举办这样一个活动,同样"别有意义"。殷夫不朽,殷夫的诗歌不朽,殷夫的精神不朽。

2010 年 6 月,纪念殷夫诞辰 100 周年学术研讨会在殷夫故乡象山举行,研讨会以"百年殷夫:新解读、新感悟"为主题,由中国作家协会创研部、宁波市委宣传部、浙江省中国现代文学研究会和象山县委、县政府联合举办。中国社科院文学研究所、鲁迅博物馆、北京大学、浙江大学、首都师范大学、澳门大学、浙江师范大学、宁波大学等高校和研究机构的 60 余名专家、学者参加了这次研讨会。

2010 年 6 月,象山县文化馆展出由县政协书画院主办的殷夫烈士诞辰 100 周年书画展,展示了纪念殷夫诞辰书画作品 32 幅。

2010 年 6 月,由象山县委、县政府主办,县委宣传部和县文广新闻局承办,浙江话剧团、杭州丽智舞蹈团演出的《生命如歌——纪念殷夫烈士诞辰 100 周年》音画诗剧在象山剧院开演。音画诗剧共分为序幕、年华、奔流、铭记、尾声 5 个篇章,运用现代高科技多媒体舞台技术,以诗歌朗诵和舞蹈的形式再现了殷夫革命的一生。

2010 年 6 月,殷夫烈士塑像揭幕仪式在象山县大徐镇大徐村殷夫故居门前举行,并举行了纪念殷夫的电视专题片、《百年殷夫——纪念殷夫烈士诞辰一百周年书法作品集》《殷夫遗诗校注》《殷夫年谱》《殷夫传》及纪念邮票等的首发仪式。

2011 年 2 月,“百年殷夫学术研讨会”论文集《百年殷夫:新解读、新感悟——纪念殷夫诞辰一百周年》由上海文艺出版社出版。论文集由中共象山县委宣传部和浙江省中国现代文学研究会合编,骆寒超、王嘉良主编。结集中论文围绕“百年殷夫:新感悟、新解读”主题,对殷夫作为中国左翼诗人的杰出代表,对其诗作体现特定时代精神所达到的艺术高度,作了全面深入的阐述。

2011 年 3 月,同济大学、民立中学、浦东中学数百名师生齐聚同济大学四平路校区,举行“我也有新的生命”纪念殷夫烈士牺牲 80 周年诗文诵读会。

2013 年 5 月,上海民立中学殷夫文学社《新叶》殷夫特辑出刊,纪念殷夫。

2020 年 6 月,象山县大徐镇举办“缅怀革命烈士、传承红色基因”殷夫诗歌朗诵比赛,弘扬殷夫精神,传承红色文化。

2020 年 6 月,纪念殷夫烈士诞辰 110 周年大型书画作品展在象山港国际大酒店展出,共展出书画作品 80 余幅。图片展全面反映了殷夫革命的一生。

2020 年 6 月,由中共象山县委宣传部、中共象山县委党史研究室、象山县社会科学界联合会、浙江省中国现代文学研究会等单位主办的"殷夫诞辰110周年学术研讨会"在殷夫故乡象山举行。来自浙江大学、浙江师范大学、杭州师范大学、殷夫中学、宁波图书馆、上海市委党史研究室、中国左翼作家联盟成立大会会址纪念馆、上海龙华烈士纪念馆等院校、机构的专家学者齐聚象山,以"新时代视野中的殷夫"为主题,结合殷夫生平事迹,围绕诗歌成就、时代意义等展开深入交流研讨。

2020年6月,象山县组织召开"纪念殷夫诞辰110周年座谈会"。县有关部门负责人、殷夫研究会部分会员、殷夫烈士亲属、大徐村(镇)及殷夫中学师生代表齐聚一堂,共同回顾革命先烈的光辉一生,表达弘扬革命精神,继承革命传统的心声。

2020年6月,同济大学开展"寻根图书馆"活动,纪念殷夫诞辰110周年。

2020年6月,象山县博物馆举办"馆藏纪念殷夫书法作品展",展览主题为缅怀革命烈士,继承烈士遗志,弘扬革命精神。展览作品40余件(套),为县博物馆历年来收藏的殷夫题词、殷夫诗抄等书法作品,作者有全国人大原委员长乔石,文化部原代部长贺敬之,左联研究专家丁景唐,书法家刘江、朱关田等。

2020年11月,上海民立中学开展"在烈火中永生——革命烈士诗歌赏诵"活动。

2021年2月,象山县殷夫故居举行殷夫烈士牺牲90周年纪念活动,缅怀先烈事迹,弘扬先烈精神。

2021年2月,大徐镇殷夫中学举行殷夫就义90周年纪念活动。

2021年2月,象山县文联与宁波市文联联合举办"殷夫柔石书画作品展",与大徐镇政府联合举办"殷夫杯"红色诗歌大奖赛。

2021年6月,上海民立中学开展殷夫烈士的诗歌艺术导赏活动。

2021年6月,象山等慈禅寺举行庆祝中国共产党成立100周年殷夫诗歌朗诵会。活动由中共象山县委统战部主办,由象山县朗诵协会、义乌市朗诵协会、象山等慈禅寺承办。

2021年6月,同济大学以一台原创话剧《铸诗成剑》、一场纪念座谈会、一本新书《先驱诗人殷夫》,深切缅怀、致敬殷夫烈士。同济大学师生自编自导自演的原创话剧《铸诗成剑》在四平路校区大礼堂成功首演,该剧生动展现了殷夫以笔为戈、用诗歌坚持战斗的光辉革命历程。

2021年7月,上海市龙华烈士陵园、中国福利会儿童艺术剧院共同主办"龙华魂"上海市中小学生情景剧汇演,浦东中学《少年殷夫》荣获中学组一等奖。

主要参考文献

一、资料汇编与专著

东海斌记:《徐氏宗谱稿》,光绪十二年春王月。

国立同济大学编:《国立同济大学二十周年纪念册》,1928年。

王庆祥编:《徐孔父诔赞》,象山县政协文史资料委员会。

丁景唐、陈长歌:《诗人殷夫的生平及其作品》,浙江人民出版社,1981年。

王庆祥:《殷夫遗诗校注》,浙江文艺出版社,2010年。

H. Ф. 马特科夫著,宋绍香译:《殷夫——中国革命的歌手》,象山县政协文史资料委员会,2011年。

象山县政协文史资料委员会编:《象山文史资料》第1辑,1986年。

中国共产主义青年团中央委员会办公室编:《中国青年运动历史资料》,中央党史资料出版社,1958年。

丁景唐、瞿光熙编:《左联五烈士研究资料编目》,上海文艺出版社,1981年。

象山县志编纂委员会编:《象山县志》,浙江人民出版社,1988 年。

中国社会科学院文学研究所《左联回忆录》编辑组编:《左联回忆录》,中国社会科学出版社,1982 年。

王艾村:《殷夫年谱》,人民文学出版社,2010 年。

中国人民政治协商会议上海市委员会文史资料工作委员会编:《上海文史资料选辑》第 1 辑,上海人民出版社,1981 年。

上海文艺出版社"中国现代文艺资料丛刊"编辑组编:《中国现代文艺资料丛刊》第 7 辑,上海文艺出版社,1983 年。

张广海:《左联筹建与组织系统考论》,浙江大学出版社,2018 年。

中共上海市委党史资料征集委员会、中共上海市委党史研究室、中共上海市委宣传部党史资料征集委员会合编:《上海革命文化大事记 1919—1937》,上海书店出版社,1995 年。

姚辛:《左联史》,光明日报出版社,2006 年。

中国左翼作家联盟会址纪念馆编:《新编左联回忆》,上海文化出版社,2020 年。

上海鲁迅纪念馆编:《左联研究资料集》,上海市新闻出版局,1991 年。

王锡荣:《"左联"与左翼文学运动》,上海人民出版社,2016 年。

孔海珠:《"文总"与左翼文化运动》,上海人民出版社,2016 年。

丁言模:《穿越岁月的文学刊物和作家》,中国社会出版社,2017 年。

唐沅、韩之友、封世辉等编著:《中国文学史资料全编·现代卷·中国现代文学期刊目录汇编》,知识产权出版社,2010年。

刘小清:《红色狂飙:左联实录》,人民文学出版社,2004年。

汪纪明编:《文学与政治之间:文学社团视野中的左联及其成员》,中国社会科学出版社,2012年。

中国社会科学院文学研究所《左联回忆录》编辑组编:《左联回忆录》,知识产权出版社,2010年。

中国现代文艺资料丛刊编辑部编:《中国现代文艺资料丛刊第五辑:"左联"成立五十周年纪念特辑》,上海文艺出版社,1980年。

中共上海市委党史研究室:《中国共产党上海史(1920—1949)》,上海人民出版社,1999年。

李扬、刘运峰:《左联文艺期刊全编》,南开大学出版社,2018年。

上海左翼作家联盟成立大会会址纪念馆编:《左联纪念集1930—1990》,百家出版社,1990年。

马良春、张大明编:《三十年代左翼文艺资料选编》,四川人民出版社,1980年。

丁景唐:《犹恋风流纸墨香》,上海文艺出版社,2004年。

上海社会科学院文学研究所编:《三十年代在上海的"左联"作家》,上海社会科学出版社,1988年。

王宏志:《上海的政治与文学:中国左翼作家联盟(1930—1936年)》,英国曼彻斯特大学出版社,1991年。

赵新顺:《太阳社研究》,中国社会科学出版社,2010年。

郑择魁、黄昌勇、彭耀春:《左联五烈士评传》,重庆出版社,1995年。

张潇:《诗坛骄子——殷夫传》,浙江人民出版社,2001年。

凡尼:《论殷夫及其创作》,上海文艺出版社,1962年。

骆寒超、王嘉良主编:《百年殷夫:纪念殷夫诞辰一百周年》,上海文艺出版社,2011年。

赵建夫、干国华:《星汉璀璨同济人》(第1辑),同济大学出版社,2007年。

屠听泉、陈铨娥主编:《同济英烈》,同济大学出版社,1997年。

二、文　章

鲁迅:《为了忘却的记念》,《现代》1933年第2卷第6期。

鲁迅:《白莽作〈孩儿塔〉序》,《文学丛报》1936年第1期。

鲁迅:《关于"白莽遗诗序"的声明》,《文学丛报》1936年第2期。

马宁:《记白莽》,《西北风》1937年第15期。

姜馥森:《鲁迅与白莽》,《现实》1939年第7期。

丁玲:《读殷夫同志诗有感》,《文艺新地》1951年第2期。

冯雪峰:《鲜血记录的历史第一页》,《解放日报》1951年2月25日。

苏曼莎:《悼殷夫》,《大公报》1951年2月25日。

黄芝冈:《永远难忘的二月七日晚——纪念柔石、也频诸兄》,《文汇报》1951年2月25日。

《被难同志传略——殷夫》,《文艺新地》1951年第2期。

杨纤如:《忆白莽,纪念李伟森》,《光明日报》1952年2月2日。

阿英:《鲁迅忌日忆殷夫》,《北京日报》1956年10月20日。

Н. Ф. 马特科夫著、纪家俊译:《论中国革命作家——谈殷夫、胡也频、柔石、李伟森和冯铿》,《作品》1959 年 7 月号。

卢国庆等:《左联时期文艺界烈士传略:殷夫》,《左联时期无产阶级革命文学》,江苏文艺出版社 1960 年。

阿英:《重读殷夫遗稿〈写给一个哥哥的回信〉》,《人民日报》1961 年 2 月 7 日。

瞿光熙:《关于胡也频、殷夫几件事迹的考证》,《左联五烈士研究资料编目》,上海文艺出版社 1981 年。

陈长歌:《诗人——战斗的歌手和鼓动者——纪念殷夫烈士殉难卅周年》,《解放日报》1961 年 2 月 7 日。

丁景唐:《殷夫烈士的手稿》,《文汇报》1961 年 2 月 8 日。

丁景唐、陈长歌:《殷夫烈士和"摩登青年"》,《学术月刊》1961 年第 7 期。

丁景唐:《〈文艺生活〉和殷夫烈士的遗文》,《文汇报》1962 年 6 月 10 日。

胡从经:《殷夫的一首佚诗——"呵,我们踯躅于黑暗的丛林里"》,《光明日报》1963 年 10 月 12 日。

丁景唐:《殷夫烈士的一些新史料》,《学术月刊》1963 年第 1 期。

一石:《关于殷夫笔名的一点辨证》,《中国现代文艺资料丛刊》1963 年第 3 辑。

丁景唐:《〈殷夫烈士的一些新史料〉补正》,《学术月刊》1964 年第 5 期。

凡尼:《关于殷夫研究工作中的若干问题》,《文学评论丛刊》1978 年第 1 辑。

丁景唐、陈长歌:《诗人殷夫的生平及其作品——纪念殷夫烈士诞生七十周年》,《社会科学》1979 年第 1、2 期。

徐忠杰:《殷夫轶事三则》,《新文学史料》1979 年第 5 期。

楼适夷:《殷夫,永不凋谢的青春》,《诗刊》1979 年第 2 期。

徐忠杰:《关于殷夫的传略》,《新文学史料》1980 年第 1 期。

马宁:《左联五烈士别记》,《新文学史料》1980 年第 1 期。

李海文、佘海宁:《东方旅社事件——记林育南、李求实、何孟雄等二十三烈士的被捕与殉难》,《社会科学战线》1980 年第 3 期。

曹仲彬:《对东方旅社事件若干史实的辨析》,《史学集刊》1983 年第 3 期。

杨秀英:《缅怀我的启蒙老师殷夫》,《河南大学学报》1980 年第 3 期。

丁景唐:《阿英〈殷夫小传〉校读杂记及其他:对殷夫史料的探索与正误》,《新文学史料》1981 年第 1 期。

肖荣、莽砂:《殷夫的生年和姓名》,《文学评论丛刊》1981 年第 8 辑。

杨秀英:《关于殷夫的一些回忆》,《新文学史料》1981 年第 1 期。

杨秀英:《〈关于殷夫的一些回忆〉订正》,《新文学史料》1981 年第 4 期。

张雪痕:《忆殷夫》,《上海文史资料选辑》1981 年第 1 辑。

张雪痕:《蓓蕾年华映血波——忆青年革命诗人殷夫》,《浙江文史资料选辑》1981 年第 19 辑。

莽砂等:《"无缘似有缘,又是那么短"——盛淑真女士回忆殷夫》,《东方》1981 年第 1 期。

殷参:《忆殷夫》,《新华文摘》1981 年第 3 期。

杨秀英:《忆殷夫老师》,《随笔》1981 年第 19 期。

丁景唐：《殷夫的生平事略——纪念殷夫烈士英勇就义五十周年》(校订稿)，《东海》1981年第2期。

康锋：《鲁迅与殷夫的初次会面及余话：读《〈为了忘却的记念〉札记》，《语文学习》1983年第12期。

丁景唐：《彩虹片片抒诗灵（在纪念殷夫烈士的日子里）》，《文学报》1983年5月12日。

丁景唐：《殷夫——革命家和革命诗人》，《浙江学刊》1983年第4期。

丁景唐：《关于殷夫（白莽）遗诗〈孩儿塔〉的说明》，《中国现代文艺资料丛刊》1983年第7辑。

胡从经：《〈孩儿塔〉未刊诗稿及其他》，《中国现代文学研究丛刊》1983年第1期。

王庆祥：《孩儿塔小考》，《中国现代文艺资料丛刊》1983年第7辑。

马瞻：《关于徐素云珍藏殷夫手稿和遗物的一点史料》，《中国现代文艺资料丛刊》1983年第7辑。

康锋：《〈孩儿塔〉未刊稿三十首校勘记》，《中国现代文艺资料丛刊》1983年第7辑。

丁玲：《〈殷夫集〉续序》，《杭州日报》1984年2月12日。

丁景唐：《青运先驱殷夫生平事略》，《上海青运史资料》1984年第3辑。

上海文艺出版社编者：《〈孩儿塔〉未刊稿三十首校正》，《中国现代文艺资料丛刊》1984年第8辑。

盛孰真：《殷夫烈士光辉的一生》，《中国现代文艺资料丛刊》1984年第8辑。

Н. Ф. 马特科夫作、砚衡译：《殷夫——中国革命的歌手》，

《文学研究动态》1984 年第 9 期。

丁景唐：《殷夫（白莽）著译版本丛谈》，《古旧书讯》1984 年第 6 期。

康锋：《殷夫著译选本校阅札记》，《中国现代文艺资料丛刊》1984 年第 8 辑。

胡从经：《云霾掩蔽的明星——殷夫佚诗〈怀拜伦〉》，《艺谭》1984 年第 2 期。

王庆祥：《殷夫史料十考》，《象山文史资料》1986 年第 1 辑。

盛孰真：《往事的回顾——我所认识的徐白、徐素韵》，《象山文史资料》1986 年第 1 辑。

康锋：《殷夫与民立中学》，《新民晚报》1985 年 10 月 19 日。

康锋：《关于殷夫致徐素云信》，《鲁迅研究资料》1986 年第 15 辑。

康锋：《殷夫在浦东中学》，《解放日报》1986 年 2 月 27 日。

周思源：《新发现的殷夫佚信》，《文艺报》1987 年 9 月 19 日。

丁景唐：《有关 1931 年龙华二十三烈士被捕牺牲等的五件史料》，《鲁迅研究动态》1987 年第 11 期。

周思源：《殷夫和徐培根》，《文艺报》1988 年 3 月 26 日。

盛孰真：《长歌一曲谱遗恨——回忆我和殷夫的交往》，《人物》1991 年第 3 期。

应文天：《魂系大徐》，《上海鲁迅研究》2009 年第 2 期。

陈梦熊：《鲁迅所说的一个“罗曼蒂克”的怪名字及其他——殷夫友人的若干回忆》，《鲁迅研究月刊》2002 年第 4 期。

王宏志：《西方有关“左联”五烈士的论述分析》，《上海鲁迅研究》2001 年第 12 期。

陈漱渝：《殷夫研究三题》，《鲁迅研究月刊》2010 年第 7 期。

王艾村:《殷夫被捕经徐培根保释后被"关在家里"考谬及对〈写给一个哥哥的回信〉之我见》,《上海鲁迅研究》2012 年第 2 期。

王艾村:《殷夫若干史事辨识及其他》,《鲁迅研究月刊》2010 年第 1 期。

后　记

　　故纸丛中,悠悠往事。三年以来,追索这一段殷夫烈士的历程,人物和事件的回溯,在拨开时间的迷雾中找寻历史的风景,于我,既是一次治学的沉淀,去伪存真,感受钩沉与甄别的乐趣;亦是一次心灵的涤荡,感受谱主纯粹的一生,学思悟觉,自己的人格心性也在潜移默化中得到浸润。

　　凝眸历史,探究个体生命多样的色彩,勾勒革命诗人的鲜活形象,也许,年谱呈现的,最终只是冰山露出水面的峰顶,遗憾不可避免。比如,关于殷夫日记。苏联 H．Ф．马特科夫的专著《殷夫——中国革命的歌手》中,曾证殷夫生前确有日记传世。据当年知情人讲,殷夫牺牲时,二姐徐素云收集的遗物中,其中就有日记多本。殷夫外甥马瞻《关于徐素云珍藏殷夫手稿和遗物的一点史料》也证实,其母徐素云在殷夫牺牲后长期精心收藏着殷夫不少未曾发表的诗稿、日记、书信,以及存放在象山家中的进步书刊和外文书籍,足有两铁箱之多。但新中国成立之初,遗物不知去向,日记的下落自此成谜。还如,在 1920 年代,殷夫与朝鲜有关人士有过较多交往。在他牺牲不久,徐素云在搜集遗物过程中,曾发现多封朝鲜文信函。但是,目前却基本没能找到相关线索,朝鲜文信函最终不知去向。这些史料的缺失,对于还原一个完整的殷夫,无疑是重大的缺憾。

在史料的广泛求索中,与缺憾相伴的,也并不乏得获奇珍的惊喜。比如,新发现的殷夫佚文,有小说 2 篇、杂文 3 篇、政论文 3 篇、译文 3 篇。比如,诸多殷夫在共青团中央作为干事的事迹钩沉。这些史料的发掘,填补了之前殷夫研究的些许空白,对我们深入探析殷夫短暂人生中的主体精神、思想历程,无疑具有重要的意义。

年谱的编撰未有尽时,搜寻与查证似乎永远都可以在路上,而结项时间已在眼前,断舍离是无奈却必然的选择。

往事并不苍老,而在追寻历史遗迹中邂逅的情谊,也将历久弥新,永难忘记。

感谢王庆祥先生。王庆祥是象山县原政协主席,多年来一直致力于殷夫与象山地方文史资料的发掘。他在殷夫史料发掘与考证上功绩卓然,取得了诸多殷夫研究中重要史事辨识的突破。如果没有他将许多积累的史料倾囊相授,年谱的完成几乎不可能,在此向他表达深深谢意!

感谢导师王嘉良教授,他多年的教诲深铭我心。

也感谢所有在年谱撰写过程中给予我帮助的老师、朋友。关爱的面孔一一浮现,谢谢你们。

作者

2023 年 7 月